股权投资尽职调查实务研究

中国出版集团
中译出版社

图书在版编目（CIP）数据

股权投资尽职调查实务研究 / 何舸著 . -- 北京：中译出版社 , 2025. 7. -- ISBN 978-7-5001-8324-2

Ⅰ . F272

中国国家版本馆 CIP 数据核字第 2025UL6633 号

股权投资尽职调查实务研究
GUQUAN TOUZI JINZHI DIAOCHA SHIWU YANJIU

作　　者：何　舸
策划编辑：于　宇
责任编辑：于　宇
文字编辑：李梦琳
出版发行：中译出版社
地　　址：北京市丰台区右外西路 2 号院中国国际出版交流中心
电　　话：（010）68002494（编辑部）
邮　　编：100069
电子邮箱：book@ctph.com.cn
网　　址：http：//www.ctph.com.cn

印　　刷：固安华明印业有限公司
经　　销：新华书店
规　　格：710 mm×1000 mm　1/16
印　　张：24.5
字　　数：203 千字
版　　次：2025 年 7 月第 1 版
印　　次：2025 年 7 月第 1 次印刷

ISBN 978-7-5001-8324-2　　　　定价：79.00 元

版权所有　侵权必究
中 译 出 版 社

目录

理论篇 导论

第一章 股权投资尽职调查概述

第一节 股权投资 / 003

第二节 股权投资尽职调查及案例分析 / 015

第二章 股权投资的市场环境

第一节 股权投资的市场环境种类 / 051

第二节 股权投资市场环境分析 / 054

第三节 我国股权市场发展分析 / 056

第四节 尽职调查前的股权投资筹划 / 069

实务篇　股权投资尽职调查实务案例

第三章　业务尽职调查

第一节　业务尽职调查概述 / 081

第二节　业务尽职调查的内容及案例展示 / 096

第四章　财务尽职调查的基本内容

第一节　财务尽职调查概述 / 133

第二节　财务尽职调查资料清单 / 162

第三节　财务尽职调查内容 / 179

第四节　财务尽职调查的常见问题及案例分析 / 216

第五章　法律尽职调查

第一节　法律尽职调查概述 / 266

第二节　法律尽职调查重要内容 / 293

第三节　法律尽职调查应注意的问题及案例分析 / 315

第六章　股权投资项目尽职调查风险及退出

第一节　股权投资风险评估 / 329

第二节　股权投资风险分析案例 / 331

第三节　股权投资退出及案例展示 / 336

第七章　股权投资项目投资价值分析

第一节　股权投资项目投资价值分析的地位和作用 / 345
第二节　股权投资项目投资价值分析方法 / 347
第三节　股权投资项目投资价值分析案例 / 360

第八章　股权投资尽职调查报告

第一节　股权投资尽职调查报告的作用、特点和编写要求 / 362
第二节　股权投资尽职调查报告的内容 / 364
第三节　股权投资尽职调查总结 / 368

附件 / 371

参考文献 / 381

理论篇

导 论

第一章　股权投资尽职调查概述

第一节　股权投资

有人曾说过这样一句话:"如果人生可以重新来过,每个人都可以成为伟人。"如果你能清楚地预测每一次牛市或是大的经济周期,甚至是每一次大的社会变革,你将成为成功的投资人。现实中,虽然我们无法像穿越者一样准确地预知未来,但尽可能提高预知准确率也能为我们带来巨大的财富。

正所谓"风起于青萍之末",未来任何的发展和变化都不会毫无迹象可寻,未来的每一处景象都来自现在的细微变化。要预见未来,首先得理解现状。对现状理解得越深刻,对未来的预见越准确。

当然,我们也必须承认运气在投资中的重要作用,毕竟投资行业是个靠结果说话的行业。相对于大众来说,傲人的业绩远比严密的推理有更强的号召力。但是,好运气可遇不可求,而正确的投资方法能让我们比别人离成功更近一步。坚持正确的投资方法,与时间做朋友,成功将会向你走来。

一、股权投资概念和分类

股权投资是指投资者以资金、技术、资源或其他形式对目标企业进行出资,从而获得相应股权并参与企业未来收益的一种投资活动。与债券、基金等间接融资或二级市场金融工具不同,股权投资通常伴随更高风险和更高的不确定性,但也可能带来可观的回报,尤其在企业快速成长期或资本市场活跃阶段。

在具体分类上,可以根据多种维度对股权投资进行划分。

1.按投资阶段划分,可分为种子期/天使投资、风险投资(VC)、私募股权投资(PE)。

种子期/天使投资:主要面向初创型企业或项目处于概念验证和极早期阶段的团队。投资者常需承担极高风险,但若能成功孵化企业,收益倍数也可能相对较高。

风险投资:多面向成长初期到中期的企业,侧重于技术创新型或具备高增长潜力的行业,回报主要依靠企业后续上市或并购退出。

私募股权投资:关注成熟或准成熟企业,资金规模较大,持股比例更高,投资期限相对VC更长。通常在目标企业具备一定经营规模、较稳定的现金流和较为明晰的退出路径时入场。

2.按投资策略划分,可分为控股投资、参股投资、联合投资。

控股投资:通过收购目标企业的大部分或全部股权,取得对企业经营管理的实际控制权。

参股投资:投资人仅以少数股权方式介入,对企业战略有一定话语权或影响力,但未必达到控制性地位。

联合投资:多个投资机构共同出资,分散风险的同时,互相结合资源优势或产业背景,提升企业成功率和增值空间。

3.按行业或主题划分,可分为面向特定行业(如科技、医疗、环保、消费升级、文体娱乐等)进行专业化聚焦,或采取综合性投资策略；注重环境、社会与公司治理（ESG）理念的可持续投资，或关注产业整合及供应链延伸等主题型投资。

二、股权投资的风险

股权投资相较传统金融产品，风险往往更高，主要包括以下七个方面。

一是政策风险。政策风险指由于政策调整、法律法规变化等因素，企业经营环境发生变化，进而影响到投资者收益的风险。政策风险具有不确定性，投资者应关注政策动向，评估政策对企业经营和投资者收益的影响。

二是法律风险。法律风险是指投资者在股权投资过程中，由于合同签署、股权转让等法律事务处理不当或违法违规等原因，投资者面临法律纠纷或损失的风险。为了降低法律风险，投资者在投资过程中应严格遵守法律法规，与合作伙伴签订合法合规的合同，并加强法律风险防范意识。法律风险包括股权代持、股东特殊权利、股权集中、股权质押、出资未实缴等。

三是财务风险。财务风险包括估值风险、内控瑕疵风险、现金流风险等。比较重要的是估值风险。估值风险是指投资者在评估投资项目价值时，由于评估方法不当、数据不准确或市场变化等因素，评估结果与实际价值存在偏差的风险。估值风险直接影响到投资者的投资收益，因此投资者应掌握科学的估值方法，提高估值准确性。

四是业务风险。业务风险包括经营合规性风险、客户/供应商／经销商依赖风险、同业竞争风险等。比较重要的是经营风险。经营风险是指由于企业经营状况不佳、盈利能力下降或管理层决策失误等原因，企业业绩下滑，进而影响到投资者收益的风险。经营风险是股权投资中最为常见的风险之一，投资者在选择投资标的时，应充分了解企业的经营状况、财务状况和管理层团队，以降低经营风险。

五是行业风险。行业风险包括市场波动风险、行业竞争风险、监管政策风险等。市场波动风险是指由于宏观经济环境、市场情绪、投资者预期等多种因素影响，证券市场整体或个股价格出现大幅波动的风险。这种波动可能使投资者在投资过程中面临资金损失。因此，投资者在进行股权投资时，应密切关注市场动态，做好风险管理。

六是流动性风险。流动性风险是指投资者在需要卖出股权时，由于市场流动性不足或卖出价格低于预期，投资者难以在较短时间内以合理价格卖出股权的风险。流动性风险在股权投资中较为常见，特别是在一些小众市场或企业规模较小的投资项目中。因此，投资者在选择投资项目时，应关注其流动性情况，避免流动性风险。

七是信息不对称风险。信息不对称风险是指投资者在获取投资信息时，由于信息来源有限、信息质量不高或信息更新不及时等原因，投资者无法全面、准确地了解投资项目的情况，进而影响到投资决策的风险。为了降低信息不对称风险，投资者应加强信息收集和分析能力，多渠道获取信息，并对信息进行核实和验证。

上述划分方式的问题有两点。

第一，有些风险是多种因素的混合结果，无法界定具体类型。比如，以互联网用户隐私数据保护为例，这既涉及业务合规流程设置，又涉及行业监管政策执行，而最终结果可能体现为被监管部门查处或者被起诉等，是业务、行业与法律风险的结合。

第二，在尽调的具体分工方面，存在这类事项只需要评估影响即可，不用作为风险提示。很多报告中的风险其实并不是风险，可能存在重合领域的风险被反复提及，而"三不管地带"的风险却无人关注的问题。基于上述原因，本书将上述风险整理、简化，归纳成两个大类：成长性风险和持续经营风险。

（一）成长性风险

成长性风险是指对企业的成长性构成直接影响的风险，一般是业务、财务、行业尽调关注的内容。该风险可能对业务产生直接影响，一般只关乎企业的业务增速快慢，而不会对企业的经营存续能力构成影响。此外，因为尽调操作所导致的可能影响投资决策判断的风险也归入成长性风险。

在尽调中，成长性风险分析应该由负责业务、行业和财务尽调的人员来完成。在成长性判断方面，业务尽调的对象一般包括产品、技术、商业模式等。行业尽调的对象一般包括行业天花板、行业竞争格局、行业发展趋势等。具体来看，成长性风险包括市场天花板风险、市场恶性竞争风险、市场格局确立风险；行业变化风险。从成长性角度分析，财务一般扮演着业务"晴雨表"的角色，更多是业务结果的一种体现。不少尽调报告会在财务方面提示各类风险，但实际上这些所谓的财务风险仅仅是财务会计层面上的披露问题，或者是尽调操作问题，对业务均不构成实际影响。

📖 **案例分析**：XX 创投公司对 XX 项目的尽调报告

> 目标公司销售费用中记录的销售佣金分别为 336.9 万元、352.9 万元，根据管理层信息，该销售佣金主要为出口印度市场原料药业务的销售佣金。经查，审阅期内目标公司在印度市场的销售收入金额分别约为 5.93 亿元、5.03 亿元，销售佣金占收入比分别约为 0.6%、0.7%。针对上述销售佣金，我们未能获取到任何佣金协议和支付单据，仅根据管理层访谈得知，因印度市场每年的销售规模比较稳定，销售佣金每年都会发生，公司每年根据业务人员反馈年底一次性计提和支付。
>
> 该事项既是一个财务规范性问题，也是一个尽调问题。从财务规范性角度看，企业的利润确认不规范意味着其他财务数据可能也存在问题，其财务真实性存疑。从尽调角度看，该尽调显然没有还原真实的财务情况，意味着企业的财务情况可能比报表体现的情况要差，这会影响投资决策和估值。这才是真正的风险。

在尽调中，受时间和人员等投入成本和企业配合程度等因素的影响，尽调结果可能与企业的实际情况存在一定的差异，这种差异可能会导致对企业未来成长性的预测偏差，进而导致投资决策出现失误。

📖 **案例分析**：XX 创投公司对 XX 工业股份公司定增项目尽调

> 公司减震器、发动机密封件产品主要出口海外售后市场，市场需求主要取决于全球汽车保有量，并与车辆的行驶路况、载荷情况、驾车习惯、保养方式等密切相关。根据国际汽车制造商协会（OICA）数据，近年来，全球汽车保有量稳步增长，截至 2020 年已接近 16 亿辆。减震器在欧美市场的更换周期通常为 5—10 万公里或 6—8 年；发动机密封

件的使用寿命一般为8—10万公里或6—8年，全球汽车保有量庞大的基数及其持续增长是减震器、发动机密封件市场发展的主要推动力。

但是，如果全球经济长期低迷，将可能导致全球汽车保有量增速放缓甚至负增长，驾驶者亦有可能因此减少驾车，采购商则可能出于控制经营风险的考虑，采取更为保守的采购和付款政策，这都将影响到公司的产品销售和货款回收，增加公司的经营风险。

（二）持续经营风险

持续经营风险是指对企业的经营存续构成直接影响的风险，一般是法律尽调关注的内容。该风险指可能影响企业持续经营能力的事项，一旦发生可能导致企业无法经营。持续经营风险可以分为以下类型。

1. 团队风险

团队风险主要是指创始人、联合创始人、掌握关键技术的研发技术人员等核心人员发生的变动与合作等风险，如人员离职、被禁业、违法犯罪、内部纠纷等。由于上述人员所处位置较为重要，所以一旦出现问题会对企业造成重大影响，甚至可能动摇企业根基。

2. 股权风险

股权是企业的核心资源，它关系到利益的分配、责任的承担，以及在企业中的控制权和表决权。适量的股权掌握在适合的股东手中，才能最大限度地发挥其价值，否则，股权也有可能成为影响企业稳定运作的"炸弹"。

3. 业务合规风险

业务合规风险是指因企业经营存在违法违规行为或者可能被认定

为违法违规的瑕疵行为而导致经营资质被撤销的风险。这要求企业拥有正向价值观。正向价值观包含两层含义：第一，产品本身能产生价值；第二，业务有益于社会。之所以将业务合规放在风险事项中，是因为即使不符合上述两条标准，如传销、非法买卖用户数据等业务，企业在一段时间内也很有可能符合成长性要求，甚至超过一般企业的增长水平。但是从长期来看，这类企业会存在较大的持续经营风险。一旦监管政策变化，企业的业务逻辑可能就会失去支撑。

📖 案例分析

　　XX创投公司对XX能源企业尽调中发现，2021年11月23日，工信部就符合《新能源汽车废旧动力蓄电池综合利用行业规范条件》企业白名单（第三批）公开征求意见。本次共20家企业入选，至此，新能源汽车废旧动力蓄电池综合利用行业"正规军"扩充至47家。XX能源公司未进入新能源汽车废旧动力蓄电池综合利用行业白名单，未来是否会受到政策制约风险存在不确定性。

　　守法合规是企业经营的底线，有些所谓打擦边球的经营方式虽然暂时没有被发现或者查处，但可能招致严重处罚甚至动摇企业经营基础，是企业经营的大忌。投资人在发现这类端倪时应该予以充分重视。实践中由于新兴业务层出不穷，新商业模式不断出现，有些时候并不能很容易判断业务是否存在合规性问题。投资人在无法明确判断时应该谨慎决策，并尽可能多听取行业专家和法律专家的意见。此外，行业监管政策发生变化而导致行业经营环境发生重大变化，可能导致企业丧失经营合法性或者商业基础逻辑被颠覆，对这类风险也需要充分予以重视。

4. 重大财务风险

重大财务风险是指能够对企业持续经营构成重大影响的财务管理风险，主要包括三类：现金流风险、税务风险和内控风险。

现金流风险是指尚无法实现正向现金流的企业在现金流管理方面存在的风险，如现金流断裂等。

> **案例分析：** XX 创投公司对 XX 定增项目的调研
>
> XX 公司存在应收账款规模较大的风险，2021 年末、2022 年末、2023 年末，公司应收账款余额分别为 6.23 亿元、7.66 亿元、9.79 亿元，占营业收入的比例分别为 51.32%、55.11%、53.82%，占比较高且呈持续高位态势。随着公司经营规模的扩大，应收账款余额可能会进一步扩大，若应收账款不能按期收回，将会对公司的现金流、资金周转和生产经营活动产生不利影响。

以上案例分析，在投资尽调时需要关注企业的未来资金使用计划，包括扩产、增加员工、业务垫资等，避免在自有现金流尚无法支撑企业正常发展时激进投入、大量消耗资金；以对外融资为主要现金流补充方式的企业，要考虑目前融资结构是否合理，避免对单一融资方式的依赖，同时应该合理规划使用目前账面资金，避免因对融资进展估计过于乐观而导致经营风险。

5. 税务风险

税务风险是指企业纳税不规范可能导致被税务机关稽查处罚的风险。在这里要按照重要性原则判断，重点关注税务问题可能造成企业被查处甚至无法经营的情形。

6. 内控风险

内控风险是指因内部控制制度不完善或者执行不到位所带来的重大风险，如内部贪腐、职务侵占等。

> **案例分析：** 公司尚未建立健全内控制度的风险

公司尚未建立健全内控制度，目前在用的内控制度为XX药业于2017年制定，该制度涉及的生产管理流程与公司大部分业务不相符，无法对公司架构内各管理部门、生产经营环节形成有效控制。

根据证监会审核案例及《企业内部控制应用指引》，拟首次公开募股（IPO）公司需建立健全的内控制度包括：《关联交易决策制度》《对外投资决策管理制度》《对外担保决策制度》《内部审计制度》《采购管理规定》《销售管理规定》《安全生产管理制度》《仓储管理制度》《货币资金管理制度》《对外投资决策管理制度》《薪酬管理制度》《研发管理制度》等。

证监会对拟IPO企业要求内部控制制度健全且被有效执行，财务核算能够真实、准确、完整地反映业务活动。

公司生产经营过程中的大部分数据依靠员工手工记录核算，下属各公司管理未形成统一的管理制度，尚无法满足证监会对拟IPO企业的财务信息披露及内控合规要求。

三、股权投资的收益

股权投资，作为现代投资方式的重要一环，其收益不仅仅局限于传统意义上的股息或分红。下面我们将从多个角度详细探讨股权投资的收益构成。

（一）股息收益

股息收益是股权投资最直接的收益形式。当公司盈利时，会根据股东的持股比例分配利润，这部分利润以股息或红利的形式支付给股东。股息收益的多少与公司盈利水平、利润分配政策以及持股比例等因素直接相关。股息收益的稳定性较强，对于长期投资者来说，是一种可靠的收入来源。

（二）资本增值

资本增值是股权投资中更为重要的收益来源。随着公司的发展壮大，其市场价值也会相应提升，从而带动股权价值的增长。这种增长可能源于公司业绩的持续改善、行业地位的提升、市场份额的扩大等多种因素。对于长期持有股权的投资者来说，资本增值能够带来显著的收益增长。

（三）股权转让

股权转让是股权投资中较为灵活的一种收益方式。投资者可以通过出售持有的股权来实现资金回收和利润变现。在二级市场上，股权的转让价格受到多种因素的影响，包括公司基本面、市场情绪、宏观经济环境等。因此，股权转让的收益具有较大的不确定性，但也为投资者提供了更多获取超额收益的机会。

（四）股权质押

股权质押是一种将股权作为抵押物进行融资的方式。通过股权质押，投资者可以在不丧失股权所有权的前提下，获得一定比例的流动资金。这种方式对于那些需要短期资金周转但又不想放弃股权的投资者来说，是一种有效的融资手段。同时，股权质押也可以作为投资者获取额外收益的一种方式，通过质押获得的资金可以用于其他投资渠道，从而实现资产的多元化配置。

（五）公司控制权

对于一些拥有较高持股比例的投资者来说，他们可以通过股权投资获得公司的控制权。控制权不仅意味着能够参与公司的决策和管理，还能够对公司的经营战略、资源分配等产生重大影响。对于长期投资者和战略投资者来说，公司控制权是他们进行股权投资的重要目标之一。通过获得公司控制权，他们可以更好地推动公司的发展壮大，从而实现更高的投资回报。

（六）参与管理

股权投资不仅意味着成为公司的股东，还意味着能够参与公司的管理和运营。对于那些具有专业知识和管理经验的投资者来说，他们可以通过参与公司的管理来提升自己的影响力和话语权。通过参与管理，投资者可以更好地了解公司的运营情况和未来发展前景，从而做出更明智的投资决策。同时，参与管理也可以为投资者带来额外的收益机会，如通过优化公司的经营策略、提升公司的运营效率等方式来增加公司的盈利能力和市场竞争力。

第二节 股权投资尽职调查及案例分析

一、股权投资尽职调查的概述

（一）股权投资尽职调查概念和分类

尽职调查，又称为审慎调查，是投资者在对目标公司进行股权投资前，对目标公司进行全面的调查、分析、评估和核实的过程。这一过程旨在深入了解目标公司的经营状况、财务状况、市场前景、法律风险等各方面情况，其目的在于帮助投资者做出科学、审慎的投资决策，并为投资方案设计、风险管控和投资后管理提供依据。包括业务尽职调查、财务尽职调查和法律尽职调查。

1. 业务尽职调查：了解企业主营业务模式、市场地位、竞争策略、供应链以及业务发展前景。

2. 财务尽职调查：审阅企业财务报表与会计记录，评估企业资产、负债、收入、成本及盈利能力等，排查潜在财务风险或舞弊行为。

3. 法律尽职调查：重点核查企业法律结构、股权架构、主要合同、知识产权、合规性或有负债及诉讼风险等。

投资人和目标企业达成初步合作意向后，经过协商，投资人对目标企业进行投资相关事项的现场调查与资料分析。通常应用于收购与其他资本运作活动，除此之外企业上市发行也会开展尽职调查，判断企业是否具备上市的条件。通过谨慎性调查，例如，所在行业、企业所有者以及人力资源等，判明潜在的致命缺陷及其对收购、预期投资收益造成的影响，实现对投资风险的有效防范与应对，切实提高投资的效益。在股权投资过程中,尽职调查是一项至关重要的环节。它涉及对目标企业的全面深入了解,旨在为投资者提供决策依据,确保投资安全,并促进双方建立互信与合作基础。

(二)股权投资尽职调查的目的和基本原则

尽职调查的主要目的在于降低投资风险、确保投资安全。通过尽职调查,投资者能够更加清晰地了解目标公司的真实情况,避免受到虚假信息或隐瞒信息的误导,从而减少投资决策中的不确定性。

尽职调查的目的有以下七点。

一是评估目标企业价值。尽职调查的首要目的是对目标企业进行全面的价值评估。通过对企业的财务状况、市场地位、技术实力、管理团队、竞争优势等方面的深入了解,投资者可以更准确地判断企业的实际价值,为投资决策提供重要参考。

二是识别潜在风险。尽职调查还有助于识别目标企业存在的潜在风险。这些风险可能涉及市场、技术、法律、财务等多个方面。通过尽职调查,投资者可以及时发现并评估这些风险,从而制定相应的风险应对策略,确保投资安全。

三是确定投资可行性。尽职调查为投资者提供了深入了解目标企业的机会,有助于确定投资的可行性。通过调查,投资者可以评估目标企业是否符合其投资策略、风险承受能力和投资目标,从而做出明智的投资决策。

四是为投资决策提供依据。尽职调查的结果为投资者提供了丰富的信息和分析数据,为投资决策提供了有力依据。投资者可以根据这些信息综合评估目标企业的投资价值,做出更为明智的投资决策。

五是保障投资者利益。尽职调查通过揭示目标企业的真实情况，有助于保障投资者的利益。投资者可以通过尽职调查了解目标企业的真实财务状况、市场前景、法律风险等信息，避免因信息不对称而遭受损失。

六是促进双方信息对称。尽职调查有助于消除投资者与目标企业之间的信息不对称现象。通过调查，投资者可以获取到目标企业的详细信息，使双方在投资决策和合作过程中处于更加平等的地位。

七是增进互信与合作基础。尽职调查还有助于增进投资者与目标企业之间的互信，为双方的合作奠定坚实的基础。通过深入了解目标企业的运营情况和发展前景，投资者可以更加信任目标企业，并愿意与其建立长期稳定的合作关系。

总之，尽职调查在股权投资中发挥着重要作用，有助于评估目标企业价值、识别潜在风险、确定投资可行性、为投资决策提供依据、保障投资者利益、促进双方信息对称以及增进互信与合作基础。

尽职调查需要遵循以下五点原则。

一是全面性原则。通过多种调查手段对目标企业的历史、现状及未来发展潜力进行全方位审视，避免局限于单一领域的孤立判断。

二是客观性原则。通过交叉验证、第三方佐证等方式确保调查数据与信息的真实与可靠，减少企业单方面宣传与包装的干扰。

三是独立性原则。调查团队应保持专业独立性，不因外部压力或企业过度干预而妥协，从而维持结论的公正。

四是重点与关键性原则。对企业核心业务、关键财务指标、重大法律问题等方面应着重调查，在有限的尽调时间内优先识别核心风险。

五是保密性原则。在尽调过程中的商业信息多属机密，应严格规范保密协议与信息使用流程，避免投资者与企业双方信息泄露造成损害。

（三）企业价值的逻辑

经常会有人问，什么样的企业是投资意义上的好企业。有人认为按照行业去判断，押对赛道的就是好企业。有人认为按照估值去判断，估值低的就是好企业。有人认为按照团队去判断，团队实力强的就是好企业。有人认为按照上市速度去判断，在短期内能上市的就是好企业。企业价值逻辑是一个复杂而多维的概念，它涵盖了企业创造、传递和实现价值的全过程。以下是对企业价值逻辑的详细阐述。

1. 企业价值的定义与构成

企业价值是指企业在其生命周期内所能创造的全部经济价值的总和。这包括了企业当前的盈利能力、未来的增长潜力、品牌价值、市场份额、技术创新能力、管理效率等多个方面。这些因素共同构成了企业价值的内涵，决定了企业在市场中的竞争力和地位。

2. 企业价值创造的逻辑

（1）创造价值

企业创造价值的核心在于提供满足市场需求的产品或服务，并通过创新的方法提高定价权。这要求企业具备强大的研发能力和市场洞察力，能够不断推出具有竞争力的新产品或服务，以满足消费者的不断变化的需求。同时，企业还需要通过有效的营销策略和品牌建设，提高产品或服务的知名度和美誉度，从而增加市场份额和盈利能力。

（2）传递价值

传递价值是指企业利用提高效率的手段，降低定倍率（即商品的零售价和成本之间的倍数），将创造的价值有效地传递给消费者。这要求企业具备高效的供应链管理和物流配送能力，确保产品或服务能够及时、准确地送达消费者手中。同时，企业还需要通过优质的售后服务和客户关系管理，增强消费者的满意度和忠诚度，从而进一步巩固市场份额和品牌价值。

3.企业价值评估的逻辑

企业价值评估是指运用科学的方法和技术，对企业的经济价值进行量化分析和判断的过程。评估企业价值时，需要考虑多个因素，包括公司的财务状况、行业前景和竞争地位、管理团队的能力和经验、公司的创新能力、市场需求和客户基础、宏观经济环境和政策法规等。这些因素共同作用于最终的评估结果，决定了企业的市场价值和潜在增长空间。

在评估方法上，常用的有资产基础法、收益法、市场法和现金流折现法等。这些方法各有优缺点和适用范围，需要根据被评估企业的特点和评估目的进行综合考虑和选择。例如，资产基础法适用于非持续经营或停止经营的企业；收益法适用于持续经营或具有成长性的企业；市场法适用于市场活跃或有足够交易信息的企业。

4.企业价值实现与提升的逻辑

企业价值的实现与提升需要依靠有效的战略规划和执行。这包括制定明确的市场定位和发展目标、加强研发创新和品牌建设、优化供应链管理和物流配送体系、提升管理团队的能力和效率等。同时，企业还需要密切关注市场动态和消费者需求的变化，灵活调整战略和业务模式以适应市场变化。此外，企业还可以通过并购重组等方式扩大规模和市场份额，进一步提高竞争力和盈利能力。

凡此种种，不一而足。根据前文的论述，企业价值主要体现于其未来的持续经营能力与盈利潜力。投资者需要在尽调过程中，将企业商业模式、业务规模、市场前景、核心竞争力以及财务健康度等要素统一到"企业价值创造逻辑"之上，从而判断企业的长远成长空间与投资回报可能性。例如，以下三个维度。

一是市场拓展逻辑。行业规模与增速、企业所处赛道的竞争结构、产品渗透率与用户黏度提升空间等。

二是盈利逻辑。企业目前盈利能力、定价策略、成本结构及长期盈利可持续性，是否存在规模效应与边际利润改善的机会。

三是核心资源与壁垒。技术专利、品牌优势、供应链整合能力或核心团队运营能力等决定企业核心价值。

投资者需结合以上逻辑对企业进行多维度考察，并通过系统尽调来核实企业是否真能兑现其价值主张。

二、股权投资尽职调查的内容

（一）股权投资尽职调查的主要方式

1. 业务尽职调查

业务尽调，全称为业务尽职调查，是一种对企业的业务、经营和财务状况，进行全面、系统、深入的调查和分析的活动。它旨在通过对目标公司的深入了解，为投资者、合作伙伴或其他相关方提供决策依据，帮助其评估投资或合作的风险和机会。

2.财务尽职调查

在市场化经济高速发展的环境下，分析财务尽职调查在企业股权投资中的价值，经济市场的竞争越发激烈，企业为了提高经济效益、实现资本扩张，采取股权投资的方式对企业资源进行有效整合是目前经济市场的发展趋势。然而，由于涉及多方经济利益加之经济市场的动态变化，在股权投资过程中存在许多不稳定因素，极易产生一系列的投资风险影响企业的稳定发展。鉴于此，实施股权投资前，需先对目标企业进行全面且详细的尽职调查，在充分掌握投资项目基本信息的前提下，完善风险防范措施。

一般来说，财务尽职调查是由财务专业人员针对目标企业，对与投资有关的财务状况进行的一系列审阅、分析、核查等工作。在企业投资、并购等资本运作流程中，财务尽职调查是投资及整合方案设计、交易谈判、投资决策不可或缺的前提，是判断投资能否符合战略目标及投资原则的基础。

与一般审计的目的不同，财务尽职调查主要是为了给投资、并购提供合理化建议，是为了以较好的估值投资相应价值的资产，所以财务尽职调查一般不采用函证、实物盘点、数据复算等审计方法，而是更多地使用分析工具，这样才能够更好地满足投资机构的诉求。与传统年度审计不同，财务尽职调查关注企业财务的规范性、股东背景和管控结构、行业和产品情况、经营和财务数据，以及同业态相关情况，并且要给投资机构提出对于拟投资企业应如何整改的建议和意见，以便配合好下一步投资和并购的资本运作。

3.法律尽职调查

法律尽职调查是指在公司并购、证券发行等重大公司行为中，由律师对目标公司或者发行人的主体合法性存续、企业资质、资产和负债、对外担保、重大合同、关联关系、纳税、环保、劳动关系等一系列法律问题进行的调查。法律尽职调查大体分为两种，即公司并购的法律尽职调查和证券发行等重大行为的法律尽职调查。私募股权投资，从本质上可以归类于公司并购，因此，私募股权投资中的法律尽职调查属于公司并购类的法律尽职调查。

（二）股权投资尽职调查的内容

1. 公司基本情况

主要关注目标公司的成立时间、注册地、注册资本、股权结构、历史沿革、组织架构、经营范围、营业执照、法定代表人等基本信息。同时，还会了解公司的业务模式、市场定位、发展战略等，以便对公司的整体情况有一个全面的认识。

2. 财务审计分析

财务审计分析是尽职调查的核心环节。通过审阅公司的财务报表、账簿记录、税务文件等资料，分析公司的财务状况、盈利能力、偿债能力、运营效率等关键指标。此外，还会对公司的会计政策、内部控制体系、财务管理制度等进行评估，确保公司财务信息的真实性和准确性。通过查阅调查公司的资产负债表、利润表、现金流量表等，通过对公司财务数据的分析以及披露的财务报告、审计报告等材料，了解该公司的财务状况，判断是否稳定、健康。

3. 法律合规审查

法律合规审查主要关注目标公司是否遵守国家法律法规和行业规定，包括但不限于公司治理结构、合同管理、知识产权保护、环境保护、劳动用工等方面。同时，还会对目标公司涉及的诉讼、仲裁、行政处罚等法律风险进行评估，确保公司在法律层面没有重大隐患。

4.业务运营调研

业务运营调研旨在了解目标公司的实际运营情况。通过实地走访、访谈管理层和员工、分析运营数据等方式，对公司的产品质量、生产能力、供应链管理、销售渠道、客户服务等方面进行评估。此外，还会关注公司的市场竞争地位、行业发展趋势等外部因素，以便对公司的未来发展做出更准确的判断。

5.市场竞争分析

市场竞争分析主要关注目标公司所在行业的竞争格局、市场规模、增长潜力等。通过收集和分析行业报告、市场数据、竞争对手信息等资料，了解目标公司在行业中的定位和竞争力水平。同时，还会评估公司的竞争优势和劣势，以及面临的机遇和挑战。分析市场前景是否良好以及公司的竞争力和优劣势，为投资决策提供参考。

6.管理团队评估

管理团队评估主要关注目标公司的管理层和核心团队成员的背景、能力、经验等方面。通过查阅个人简历、业绩记录、行业声誉等资料，评估管理团队的专业素养、领导能力和团队协作能力。同时，还会关注管理团队的稳定性和持续发展能力，以确保公司在未来能够保持稳定的运营和发展。了解公司管理层的组成，包括董事会、监事会、经理层等，并对他们的经历、资历、能力、背景进行查证，分析公司管理层对公司未来发展的影响。

7.知识产权评估

知识产权评估主要关注目标公司的专利、商标、著作权等知识产权情况。通过查阅知识产权证书、许可协议、诉讼记录等资料，评估公司知识产权的数量、质量、价值以及潜在的法律风险。同时，还会关注公司对知识产权的保护和管理情况，以确保公司的创新成果能够得到有效地保护和应用。分析公司的知识产权是否充足，是否能够有效保护公司的技术和产品优势。

8.企业价值评估及案例分析

投资就像购物，只有好东西还不够，还要有好价格。估值会直接影响投资目的的实现。投资估值过低的标的，会导致流动性低，退出困难；投资估值过高的标的，会导致无法实现预期盈利目标。对于投资人来说，需要对估值的高低进行权衡，一味地"追风口"或者"捡垃圾"都是不可取的。

（1）合理估值的概念

在实践中，估值是通过询价等方式确定的，对这些风险点进行分析和评估，为投资方提供建议和提醒。

结果不是依靠公式计算得来的。通常情况下，企业根据相对估值法报价，投资机构再根据尽调情况调整报价，最终得出一个双方都能接受的估值结果。合理的估值应该兼顾二者利益，其判断标准是：基于该估值，投资人能获得合理的投资回报。

（2）合理投资回报率

投资回报率真的是越高越好吗？实际并非如此。股权投资成功的标志应该是实现既定的投资回报率目标，而不是追求无限高收益。

确定股权投资的合理投资回报率应该考虑以下两点。

第一，机会成本的风险回报率。例如，信托投资收益率在6%左右，高峰时期能达到15%，甚至更高。由于信托投资是债权投资，相对于股权投资而言，投资周期更短、风险更低。假设二者的投资门槛等条件相同，如果股权投资项目的收益率低于6%，从投资价值角度分析，股权投资项目就失去了投资的意义，因为有其他风险更低、收益更高的标的可以选择。考虑到投资风险并结合经验，我认为，股权投资的合理回报率至少应该达到年化收益率30%。

第二，风险收益配比。股权投资风险主要受投资阶段和投资期限等因素影响。不同项目在投资回报率上应该有差异。首次公开募股前（Pre-IPO）项目作为股权投资中最为稳健的类型，风险最低，则回报率也应该最低。以标准Pre-IPO项目投资（3年退出）作为参考，以此作为股权投资收益率的下限，即年化收益率为30%；上限可以参考早期天使投资。根据市场经验，天使投资的成功率约为5%，平均投资期限在8年。假设一只天使基金共投资20个项目，按照5%成功率，即只有1个项目成功。失败项目的残值均为0，存续期为8年，所有项目均为第1年年初投资，第8年年末退出。如果基金的整体投资回报率目标想要维持年化收益率为30%，意味着成功项目的回报倍数应该为163倍，对应内部收益率（IRR）为89%。这个可以视为天使投资的合理投资回报率。在天使轮和Pre-IPO之间阶段的项目，可以根据具体风险情况来相应调整确定合理估值。

如何确定合理估值。在讨论完合理投资回报率之后，这个问题现在转化为：在实现合理投资回报率的情况下，确定估值。

我们先来看看影响估值的因素有哪些。这里采用的是相对估值法，计算方法具体如下。

投资时点：

投资估值＝估值倍数（投资）× 历史业绩

预期投资回报倍数＝估值倍数（投资）× 历史业绩 × 成长性预期 / 投资估值

退出时点：

实际投资回报倍数＝估值倍数（退出）× 合理投资回报率 × 历史业绩 × 实际成长性 / 投资估值

根据公式可以发现，影响投资回报倍数达成的因素有两点：第一，成长性预期与实际成长性；第二，投资时点的估值倍数与退出时点的估值倍数。

成长性预期是指在投资时点上管理层对企业未来增长的预计，一般是通过管理层盈利预测表来体现的，而通常企业会倾向于高估盈利预测水平，这就要求必须把根据尽调情况对管理层盈利预测表进行修正作为确定估值的核心工作之一。

由于我们无法掌控企业未来的实际成长性，所以在投资时点上企业的成长性预期是我们判断的关键。

要想达到投资回报率目标，企业的未来实际成长性应该不低于投资时的成长性预期。因此，实际尽调中投资人应该全面地考虑各类因素对未来实际成长性的影响，与管理层协商将成长性预期控制在合理的范围内。

估值倍数跟行业因素直接相关。通常来说，行业天花板越高，市场规模增速越快，估值倍数越高。通常以可比上市公司或者同行业企业最近融资估值的数据作为参考。估值倍数往往跟企业成长性预期正相关。企业成长性预期越高，则估值倍数越高。估值倍数也会受到项目供求关系等因素影响。正如前文所述，估值是询价结果，并无计算公式，亦无对错之分，最终取决于双方的谈判结果。

投资人在确定目标企业的合理估值时的步骤如下。

第一，根据项目的风险因素确定其合理投资回报率目标。

第二，找到目标企业细分同行业的相对权威的估值方法，进行对比分析，以此修正企业估值倍数。

第三，根据尽调情况修正管理层盈利预测中的成长性预期。

第四，根据前述情况确定投资估值区间。

其中，成长性预期的修正是合理估值的核心与关键，也是难点所在。

此外，虽然历史业绩不影响投资回报率目标的达成，但尽调时仍要注意根据开展尽调时的情况来修正目标企业的历史业绩，避免出现为粉饰历史业绩而透支未来业绩的情况。

案例分析：XX 创投公司对 XX 公司定增项目尽调，对 XX 公司估值预测

一、盈利预测

2022 年、2023 年及 2024 年第一季度，公司归母净利润及扣非后归母净利润均呈现下滑趋势，具体情况见表 1-1。

表 1-1　2014—2024 年第一季度净利润

时间	营业收入/亿元	同比增长率/%	归母净利润/亿元	同比增长率/%	扣非后归母净利润/亿元	同比增长率/%
2014 年	34.640 7	18.92	1.286 2	0.79	1.119 4	−6.72
2015 年	32.999 9	−4.74	0.873 5	−32.09	0.612 5	−45.28
2016 年	40.010 3	21.24	0.098 9	−88.68	−0.117 2	−119.13
2017 年	45.463 6	13.63	0.066 3	−32.92	−0.161 2	−37.60
2018 年	49.774 0	9.48	0.418 9	531.73	0.316 4	296.28
2019 年	57.698 9	15.92	1.275 1	204.38	1.113 4	251.84
2020 年	57.855 1	0.27	1.586 6	24.43	1.589 6	42.77
2021 年	69.682 8	20.44	2.705 0	70.49	2.652 6	66.88

续表

时间	营业收入/亿元	同比增长率/%	归母净利润/亿元	同比增长率/%	扣非后归母净利润/亿元	同比增长率/%
2022 年	85.433 8	22.60	2.684 4	−0.76	2.532 9	−4.51
2023 年	77.604 6	−9.16	2.185 7	−18.58	2.161 5	−14.66
2024 年第一季度	19.816 8	12.65	0.558 6	−8.92	0.522 2	−10.48

预计此次募投的安徽项目、贵州项目2024年分别贡献的收入增量为1.83亿元、2.10亿元，预测的项目净利率分别为10.30%、10.74%，因此预计2024年此次募投的安徽项目、贵州项目分别贡献的归母净利润增量为0.188 5亿元、0.225 5亿元，合计2024年为公司带来0.414 0亿元的归母净利润。

以0、5%、10%的增长率预测公司原业务低速、中速、高速增长情况，叠加公司募投项目带来的归母净利润，预测见表1-2。

表1-2 预测2024年原业务归母净利润情况

盈利增速	2023年归母净利润/亿元	原业务增长率/%	预测2024年原业务归母净利润/亿元	预测2024年募投项目归母净利润增量/亿元	预测2024年归母净利润/亿元
低速	2.185 7	0.00	2.185 7	0.414 00	2.599 70
中速		5.00	2.295 0		2.708 99
高速		10.00	2.404 3		2.818 27

二、市盈率

选取同行业可比公司近一年市盈率情况进行对比，具体见表1-3。

表1-3 同行业市盈率情况对比

证券简称	PE（TTM）	扣非后PE（TTM）	近一年PE（TTM）最低值	近一年PE（TTM）平均值	近一年PE（TTM）最高值
奥瑞金	13.49	14.13	13.04	16.69	21.42
中粮包装	14.45	15.29	7.71	12.53	14.75
昇兴股份	13.58	13.55	13.36	18.46	22.33

续表

证券简称	PE（TTM）	扣非后PE（TTM）	近一年PE（TTM）最低值	近一年PE（TTM）平均值	近一年PE（TTM）最高值
嘉美包装	17.20	17.30	17.20	64.54	114.94
XX包装	27.60	28.00	17.94	25.53	31.14
最小值	13.49	13.55	7.71	12.53	14.75
最大值	27.60	28.00	17.94	64.54	114.94
平均值	17.26	17.65	13.85	27.55	40.92
中位值	14.45	15.29	13.36	18.46	22.33

根据XX包装及4家可比公司及金属包装指数的市盈率情况，给予公司在保守、中性、乐观情况下18、26、30倍市盈率估值，公司市值预计为46.79—84.55亿元，具体见表1-4所示。

表1-4　公司总市值预测

利润增速	市盈率	2024净利润/亿元	PE	预测退出时市值/亿元
低	保守	2.599 7	18	46.794 6
低	中性	2.599 7	26	67.592 2
低	乐观	2.599 7	30	77.991 0
中	保守	2.709 0	18	48.761 7
中	中性	2.709 0	26	70.433 6
中	乐观	2.709 0	30	81.269 6
高	保守	2.818 3	18	50.728 9
高	中性	2.818 3	26	73.275 0
高	乐观	2.818 3	30	84.548 1

9.风险因素分析

风险因素分析是尽职调查的最后一步。通过综合分析上述各个方面的信息，识别出目标公司面临的主要风险因素，包括但不限于财务风险、法律风险、市场风险、运营风险等。同时，还会对风险的大小、可能性和影响程度进行评估，以便投资者或合作方能够充分了解并制定相应的应对策略。

如何理解上述概念？打个比方，把企业比喻成一名运动员，能否拿金牌，取决于他的运动能力和临场发挥，这是所谓的成长性风险；而能否作为运动员在这个行业里持续工作，则取决于他的身体健康水平和职业操守，这是所谓的持续经营风险。比如，他可能患有先天性疾病，职业生涯随时可能结束；他可能在服用禁药，一旦被发现将终生禁赛。虽然持续经营风险发生的概率较小，但如若发生会对企业的经营产生巨大影响。

成长性风险和持续经营风险的差异还在于应对措施。成长性风险主要通过降低盈利预期和调整估值等方式来解决；而持续经营风险的应对措施分为在投资前解决风险和约定风险发生后的责任分担机制两种。讨论"投资风险"的原因有两个：一是为了投资决策；二是为了投后管理。

在投资决策中，成长性风险可以作为企业成长性的抵消项，成长性风险与企业成长性二者结合后与估值进行对比。如果成长性风险过高，可以以此作为估值修正的理由与目标企业进行估值谈判。

对于持续经营风险，则需要考虑其发生概率、影响大小和应对措施等情况。在某些情况下，持续经营风险是可以解决的，比如，创始人分歧可以通过一致行动协议、协议约定特定情况下退出机制等方式来解决；再比如，股东适格问题，可以要求瑕疵股东在新的投资进入前将股权对外转让等。

对于不可控或者不可预测的风险，一般可以通过约定风险分担的方式来应对，要求目标企业或创始人在一定条件或是一定限度内承担相应的责任。由于实践中不可能考虑到所有的风险所有因素，所以投资机构往往要约定回购条款，确保投资项目有解决方案。

如果投资决策是对风险进行充分考量和设计措施，那么投后管理就是具体的落实。在退出期中，投资机构需要根据前期制定的风险目标来定期跟踪，同时针对新发生的情况进行风控机制的调整。

案例分析：XX 创投公司对 XX 新能源公司 Pre-IPO 项目尽调风险分析及应对措施

一、政策变动风险

目前，国家对新能源及新能源汽车领域的支持力度比较大，给下游的动力电池及其回收再利用带来井喷式需求。如果未来新能源及新能源汽车产业政策发生变化，可能会对公司经营业绩产生不利影响。

应对措施：国家提出的"碳达峰"和"碳中和"远景规划，给新能源及新能源汽车行业带来重大的发展机遇，XX 公司所处的锂电正负极材料回收领域，受新能源及新能源汽车行业的双重推动，预计未来行业政策将给行业带来持续推动作用。

二、研发核心人才流失和技术泄密风险

公司的产品研发和生产很大程度上依赖于专业人才，特别是研发和技术人员。公司技术员工在工艺改进、技术研发等方面积累了实践经验，是公司产品质量合格、品质稳定及产品创新的重要保障。随着行业竞争格局的不断变化，技术人才的争夺必将日趋激烈，若公司未来不能在发展前景、薪酬、福利、工作环境等方面持续提供具有竞争力的待遇和激励机制，可能会造成技术人才队伍流失，进而造成研发进程的放缓、停滞，并对公司的生产经营、业务及长远发展造成不利影响。

应对措施：公司建立了知识产权保护体系，加强核心团队股权激励并与核心技术人员签署保密协议和竞业禁止协议，公司最早就设立了核心员工持股平台东莞市壹鑫股权投资合伙企业（普通合伙），持股比例为9.98%，公司计划在未来设立股权奖励等激励制度，有效避免核心技术人员的外流，避免对公司的生产经营造成不利影响。

三、上市审核风险

尽管XX新能源符合创业板上市标准，但在申请上市过程中可能还会面临其他方面的审核风险。

应对措施：XX新能源证券部已经与会计师事务所、律师事务所进行IPO上市辅导合作，本次融资后将新增多家专业投资机构，专业机构投资者将会督促和向公司管理层提供经营和上市方面的意见。与此同时，公司的副董事长陈X女士具有非常丰富的资本运作经验，自从她入职工作后，公司管理规范性有了大幅提升，存在影响上市的因素均已被解决，公司正处于业绩快速增长期，IPO成功可能性大。

四、股价波动风险

此次投资XX新能源股权，公司上市后，股票价格的波动，不仅受公司本身盈利水平和发展前景的影响，而且受宏观经济波动、国家政策变化、国际形势、股票市场的投机行为等诸多因素的影响。在股票市场低迷的情形下，若市场对公司估值低于预期，投资收益将不如预期。

应对措施：目前XX新能源股权结构分为：XX先生持有XX新能源70.123 2%的股份，是公司实际控制人，本次融资释放约20.8%（金额约2.5亿元）的股份，之后约持有49.323 2%的股份，依然是公司最大股东。公司核心员工及部分高管持股平台是东莞市XX股权投资合伙企业（普通合伙），持股比例为10.216 9%，陈X副董事长持股4.708 9%，股东中银XX股权投资基金管理（广东）有限公司是国有投资平台，持股5.154 7%，本次融资将新增多家专业机构投资者（已知意向投资者：深圳基石、君度资本）。

由此推算，公司大部分股票掌握在大股东以及机构投资者手里，机构投资者较为看好XX新能源发展前景，上市后不会轻易出售股票，由此股价波动也相应减缓。

三、股权投资尽职调查的方法和工具

（一）基本调查方法

股权投资尽职调查的基本调查方法包括审阅文件资料、参考外部信息、相关人员访谈、企业实地调查、分析财务数据、小组内部沟通以及综合运用多种方法。通过这些方法的综合运用，可以全面、客观、准确地评估目标公司的投资价值和风险。

1. 审阅文件资料

通过审阅公司工商注册、财务报告、业务文件、法律合同等各项资料，发现异常及重大问题。这些资料有助于了解公司的历史沿革、股权结构、经营状况、财务状况以及法律合规性等方面。

2. 参考外部信息

利用网络、行业杂志、业内人士等信息渠道了解公司及其所处行业的情况。这包括行业的竞争环境、政策环境、市场容量、发展趋势等。通过对比同行业内的其他公司，可以评估目标公司的行业地位和竞争优势。

3. 相关人员访谈

与企业内部各层级、各职能人员，以及中介机构的充分沟通。这包括对高管人员、财务人员、销售人员、生产人员、核心员工、合作伙伴、客户等相关方进行面对面或电话交流，通过访谈可以深入了解公司的业务模式、市场竞争力、财务状况及未来规划等方面。同时，也可以向中介机构如会计师事务所、律师事务所等咨询专业意见。

📖 案例分析

对于政府引导基金的尽调，管理团队是支撑基金历史业绩的关键因素，亦是该支基金的优势和历史业绩能否继续保持的核心，在很大程度上可以代表母基金的未来。一个能力、资源和默契并重的管理团队是投资成功的先决条件，关系到基金的募、投、管、退全流程。管理团队的尽调主要从人员资质与能力、业务分工、团队稳定性与激励机制等方面展开，见图1-1。

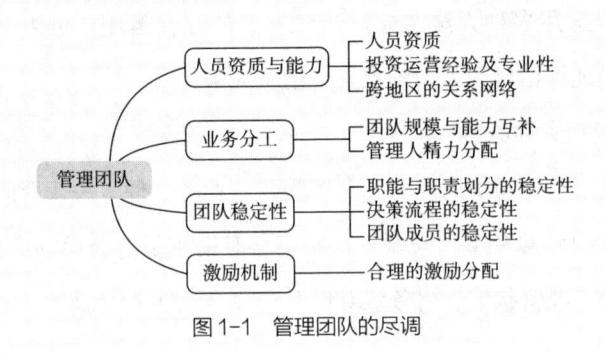

管理团队
- 人员资质与能力
  - 人员资质
  - 投资运营经验及专业性
  - 跨地区的关系网络
- 业务分工
  - 团队规模与能力互补
  - 管理人精力分配
- 团队稳定性
  - 职能与职责划分的稳定性
  - 决策流程的稳定性
  - 团队成员的稳定性
- 激励机制
  - 合理的激励分配

图1-1 管理团队的尽调

4. 企业实地调查

查看企业厂房、土地、设备、产品和存货等实物资产。实地调查有助于直观地了解公司的生产规模、生产能力、资产质量、设备、生产线、研发等方面。此外还可以观察公司的现场管理、员工工作状态等，对公司的管理、技术、人员等进行详细了解。以评估公司的管理水平和运营效率。

5.分析财务数据

通过财务报表分析，了解公司的收入规模、毛利率、净利率、负债情况、现金流等关键财务指标。这些指标有助于评估公司的盈利能力、偿债能力和运营效率。同时，还需要关注公司的关联交易、税收政策及风险等方面，以全面评估公司的财务状况和风险。

6.小组内部沟通

调查小组成员来自不同背景及专业，其相互沟通也是达成调查目的的方法。通过小组讨论和沟通，可以集思广益，发现潜在的问题和风险，并制定相应的应对策略。

7.综合运用多种方法

在实际调查中，需要综合运用以上多种方法以形成全面、客观、准确的尽职调查报告。同时，还需要注意以下几点。

一是保持中立偏疑的立场。在尽职调查中，需要站在中立偏疑的立场，对目标公司进行客观公正的调查和评估。

二是突出重点。需要发现并重点调查目标公司的技术或产品特点，避免陷入"眉毛胡子一把抓"的境地。同时，也要关注公司的战略规划、未来规划等方面。

三是注重细节。在尽职调查中，需要注重细节，对每一个环节都要进行深入细致的调查和分析。这有助于发现潜在的问题和风险，为投资决策提供有力的支持。

（二）调查查询工具

1.主体信息查询

在股权投资尽职调查中，主体信息查询是至关重要的一环，涉及对被投资企业的全面、深入的了解。以下是一些常用的工具主体信息查询方式。

（1）官方渠道

可通过国家企业信用信息公示系统、全国组织机构代码管理中心、中国证监会指定信息披露网站、巨潮资讯网等渠道查询。

（2）第三方平台

企查查、天眼查是第三方企业信息查询平台，企业预警通是一款企业风险监控和预警移动端手机软件，它集企业实时情报、企业关联关系于一体，可以实时监控及预警推送风险事件、重大公告、负面信息等。

（3）其他渠道

各省、市级工商局网站及信用网、证券交易所网站如上海证券交易所和深圳证券交易所，与巨潮资讯网信息有所交叉，但侧重点略有不同。诉讼仲裁查询网站如中国裁判文书网、全国法院被执行人信息查询系统、全国失信被执行人公示系统等，知识产权查询网站如国家知识产权局专利检索及分析系统、国家知识产权局商标局中国商标网等。

（4）注意事项

信息准确性：在查询过程中，要特别注意信息的准确性，尤其是官方渠道和第三方平台的信息可能存在差异，需要进行比对和验证。

信息全面性：尽职调查需要全面了解企业的各方面情况，因此查询时要尽可能覆盖所有相关信息，避免遗漏。

信息时效性：企业信息会随着时间的推移而发生变化，因此在查询时要特别注意信息的时效性，确保获取到的是最新、最准确的信息。

合法合规性：在查询过程中，要遵守相关法律法规和规定，确保查询行为的合法合规性。

2.涉诉信息查询

在股权投资尽职调查中，涉诉信息查询是至关重要的环节，它有助于投资者全面了解目标公司的法律风险和潜在纠纷。以下是一些常用的涉诉信息查询工具。

（1）官方渠道

国家企业信用信息公示系统、中国裁判文书网、全国法院被执行人信息查询系统、全国失信被执行人公示系统、人民法院公告查询系统等。

（2）第三方平台

企查查、天眼查、启信宝、OpenLaw、理脉等。

（3）其他渠道

人民法院诉讼资产网、淘宝司法拍卖等。

3.财产信息查询

在股权投资尽职调查中，财产信息查询是至关重要的环节，有助于投资者全面了解目标企业的财务状况和资产状况，从而做出更明智的投资决策。以下是一些常用的财产信息查询工具和方法。

（1）官方查询平台

国家企业信用信息公示系统和各省市级工商局网站以及中国证监会指定信息披露网站——巨潮资讯网等。

（2）商业查询平台

企查查、天眼查等。

（3）其他专业查询工具

人民法院诉讼资产网、淘宝司法拍卖、中国土地市场网、国家知识产权局等。

（4）实地走访与资料审阅

除了上述在线查询工具外，实地走访目标企业的办公场所或生产基地，以及审阅其提供的各类文件和资料，也是尽职调查中获取财产信息的重要手段。通过实地走访，可以直观地感受企业的经营状况和管理水平，验证在线查询信息的真实性。同时，通过审阅资料，可以深入了解企业的财务状况、业务运营情况、法律诉讼情况等。

4. 投融资信息查询

在股权投资尽职调查中，投融资信息查询是至关重要的环节。以下是一些常用的投融资信息查询工具，它们能够帮助投资者全面、准确地了解目标企业的投融资状况。

（1）官方查询平台

国家企业信用信息公示系统、中国证监会指定信息披露网站——巨潮资讯网、全国中小企业股份转让系统等。

（2）第三方查询平台

企查查、天眼查、爱企查、启信宝等。

（3）专业查询工具

企业预警通、中国人民银行征信中心等。

（4）其他相关查询

资本市场相关查询：包括上交所、深交所、北交所等证券交易所的官方网站，提供上市公司的相关信息及公告查询。还可以查询股票质押信息、股票回购信息等。

行政资质查询：如住建资质查询平台、金融保险许可信息查询等，提供企业相关行政资质的查询服务。

知识产权查询：国家知识产权局提供专利、商标、地理标志和集成电路布图设计的申请受理和查询服务。中国版权保护中心提供计算机软件著作权登记、著作权质权登记等服务。

综上所述，股权投资尽职调查中的投融资信息查询工具多种多样，投资者可以根据实际需求选择合适的工具进行查询。同时，也需要注意信息的准确性和时效性，以确保投资决策的合理性。

四、尽职调查流程

1. 调查前准备工作

在股权投资过程中，如果需要对一个企业展开尽职调查，我们要做哪些准备工作呢？

（1）核实信息

得益于尽调人员的专业背景以及长时间的行业工作经验，在开展尽调前，对企业的上下游，包括企业所在行业已经非常了解，且核实到了更多的信息。

（2）利用工具

除专家访谈之外，很重要的一点是善于利用工具。例如数据库，生物医药行业经常会用到汤森路透或者是 Informa 等，这样才会了解到一些平常通过公开信息无法获取的数据，帮助加深你的判断和认知。

（3）全面尽调

我们了解信息的时候，还有一个方式就是把这条产业链所有的企业尽调一遍，尽量把这个产业上下游都了解一遍。每个企业的负责人都是这个领域出身的，这样可以互相印证、互相了解一些有价值的信息。

（4）了解对标企业

在做中后期股权投资项目的时候，它的技术是相对成熟一些的，所以财务或者其他经营信息会更重要，判断企业和行业龙头之间的差距也会更重要。所以中后期股权投资了解对标企业对我们来说会更重要。

（5）职能与职责划分的稳定性

了解基金管理团队的组织架构，明确每个团队成员的职位描述、具体职责以及他们在投资流程中的角色定位。比如，投资经理负责项目筛选和尽调、风控团队负责风险评估等。

一是决策流程的稳定性。考察团队内部的决策层级，包括重大投资决策是如何制定的，由单一决策者、管理委员会还是需要经过投资委员会审议。了解决策过程中是否包含充分的讨论、数据分析和风险评估，以及是否有明确的投票规则或共识机制。另外，评估需要考查团队面对突发事件或市场急剧变化时的决策响应速度和灵活性，以及是否有既定的应急决策流程。

二是团队成员的稳定性。研究团队成员的变动情况，包括核心成员的任职年限、离职率，以及过去是否有关键人员离职带走了项目资源，从而对基金运营造成影响。尤其对于一些小机构，如果重要的投资业绩都是由某一中层团队成员挖掘或者推动的，一旦该成员离职，未来基金的业绩就可能面临下滑。

（6）业务分工

一是团队规模与能力互补。分析团队的规模是否与其管理的资产规模相匹配，以及团队内部的层级结构、分工是否合理。评估团队成员间是否存在技能和经验上的互补，比如是否能够结合投资分析、风险管理、运营管理等不同专长的团队成员，形成高效的协作机制。

二是管理人员精力分配。主要针对平台化发展的知名机构，其合伙人数量有二三十人，他们分别管理不同领域、不同阶段的基金，有一些合伙人还会进行交叉管理。此时，核定哪些人全职在新成立的基金中是关键点。而且，一旦发生关键人的风险，有限合伙人（LP）能够迅速判断该风险是否对于基金未来影响比较大。另外，很多普通合伙人（GP）还有自己的直投业务，包括做一些早期投资或者是控股性投资，导致管理人在基金管理上与直投管理方面会产生精力分散的问题。

（7）激励机制

合理的激励分配应更多是分散型分配，而不要过于集中。对于优秀的管理机构来说，更多的是面临优秀的中层团队成员留不住的问题。如果能够给予中层团队成员良好的分配比例，或者是与一些资深的合伙人分配差距缩小，将会是比较积极的做法。比如，投后和风控人员，因为本身工作属性的问题，不是项目的主要负责人，如果能在激励和分配方面给他们更多倾斜，他们在工作推进上将更加顺利。相反，如果分配不合理，成员的积极性和团队的向心力就会受到较大的影响。

（8）评估团队

通过对基金管理人的投资策略进行尽职调查，一方面可以了解其对宏观经济周期与形势的洞悉能力、投资的行业侧重点以及对投资风险的规避和控制能力。另一方面可以评估团队采用的投资策略的逻辑性、可行性和适应性，以及这些策略在过去是否得到有效执行。主要从项目来源、投资阶段偏好、投向与行业专注、资金配置及退出策略等方面展开尽调。

一是项目来源。考察基金管理人项目获取的渠道是否广泛，包括直接发掘、合作伙伴推荐、行业网络、孵化器/加速器合作等，多元化渠道能增加接触到优质项目的机会。了解基金管理人对项目初步筛选的标准和流程，包括如何评估项目质量、市场需求、团队能力等，以及是否有科学的评分系统或技术辅助手段。

二是投资阶段偏好。明确基金管理人专注于哪个投资阶段，评估其在此阶段的投资经验和历史表现。分析该投资策略是否与当前市场环境、行业发展趋势、基金的投资周期相匹配，以及团队是否具备相应阶段所需的专业知识和资源。

三是投向与行业专注。调查基金管理人是否有特定的行业投资偏好，如科技、医疗、消费、环保等，以及他们在这些领域的深入理解和资源积累。理解其选择特定行业或领域的逻辑，包括行业增长潜力、政策导向、市场需求等，并评估其对行业趋势的判断能力。

案例分析

合肥市 XX 有限公司作为基金管理人，基于自身资源积累、合肥市政策导向与未来的发展、芯片行业的发展前景等，运作合肥芯片产业投资基金专注于投资集成电路和新型显示面板两大产业。成功吸引了京东方、长鑫存储、维信诺、彩虹集团等一批行业龙头企业落户，带动了合肥市集成电路和新型显示面板产业产值的快速增长。

四是资金配置。分析基金规模与其投资策略的匹配度，包括单笔投资规模、投资组合的多样性、预留资金以应对后续融资需求等。了解是否使用财务杠杆，以及杠杆使用对风险和收益的影响，评估基金管理人在资金管理上的审慎度。

五是退出策略。考察基金管理人规划的退出途径，包括 IPO、并购、股权转让、回购等，评估其过往项目的退出成功率及平均退出周期。并且，分析其在市场变化时的退出策略灵活性，以及是否制定了针对不同市场环境的退出预案，确保投资能有效回收。

2. 基础材料解读

股权投资尽职调查流程的基础材料解读涉及多个方面，这些材料对于评估投资项目的可行性、价值和风险至关重要。以下是对尽职调查流程中常见基础材料的解读。

（1）公司基本情况材料

营业执照、公司章程、工商局登记信息等。

（2）公司治理与运营材料

组织架构图、董事会与管理团队简介、管理制度与内部控制体系等。

（3）财务材料

财务报表：包括资产负债表、利润表、现金流量表等。

审计报告：由专业审计机构出具的审计报告。

税收优惠说明：了解公司享受的税收优惠政策及其对公司盈利能力的影响。

（4）法律材料

合同文件、诉讼与仲裁记录、知识产权文件：包括专利、商标、著作权等知识产权的权属证明文件,评估公司的技术实力和市场竞争力。

(5)业务与技术材料

业务介绍与市场调研报告:了解公司的主营业务、市场定位、竞争优势及市场前景。

核心技术资料:包括核心技术的名称、来源、专利保护情况等,评估公司的技术实力和创新能力。

研发计划与投入:了解公司的研发计划和资金投入情况,评估公司的技术创新能力。

(6)人力资源材料

员工名册与劳动合同:了解公司的员工构成、劳动合同签订情况及员工福利待遇等。

高管人员简历:了解高管人员的背景、经验和专业能力,评估其对公司发展的贡献程度。

(7)尽职调查报告与反馈

尽职调查报告:根据尽职调查收集的材料和信息,撰写详尽的尽职调查报告,评估公司的投资价值、风险及潜在问题。

沟通反馈:与目标公司及相关方进行沟通和反馈,就尽职调查中发现的问题和建议进行讨论和协商,为后续投资决策提供依据。

3.信息查询方式

股权投资尽职调查是一个复杂而细致的过程,其目的在于全面评估目标公司的价值、风险以及潜在的增长机会。以下是股权投资尽职调查流程中常用的信息查询方式。

(1)明确尽调目的与制订计划阶段

明确尽调目的:查阅相关资料和文件,如投资意向书、收购计划、退出策略等，明确尽调的动机、意义、范围、内容、标准和目标。

制订尽调计划：通过内部讨论或咨询外部专家，确定尽调团队的组成和分工，以及所需的专业技能和资源。

确定尽调方法和工具，如文件审阅、数据分析、访谈访问、实地考察等，并准备相应的问卷、报告模板等工具。设定尽调时间和进度，包括时间限制、分阶段或分批进行的计划，以及定期汇报或反馈的机制。

（2）执行尽调工作阶段

收集资料与信息：向目标公司发送资料清单，要求提供财务报表、合同文件、证书证照等关键资料。从外部渠道获取行业报告、市场数据、法律判决等公开信息，以了解目标公司所处的行业环境和市场地位。通过访谈记录、分析报告、评估模型等内部生成的方式，整理和归纳收集到的信息。

核实信息真实性与可靠性：核对原件或复印件，确保资料的完整性和准确性。与目标公司及相关方面进行确认或咨询，解决存在的疑问或不一致之处。进行交叉验证或逻辑验证，如通过访谈上下游企业来核实目标公司的业务往来情况。进行敏感性分析或假设检验，评估目标公司可能面临的风险和不确定性。

（3）撰写尽调报告阶段

确定报告结构与框架：参照行业标准和惯例，设计尽调报告的结构和框架，包括摘要、目录、正文、附件等部分。正文部分按照财务、法律、业务、技术等方面分章节撰写，每个章节包括背景介绍、方法说明、结果呈现、问题发现、建议提出等内容。

编写报告内容：使用规范、统一、专业的语言和术语，确保报告的准确性和可读性。使用图表、图片、表格等辅助工具，直观展示数据和分析结果。引用、注释、参考文献等标注方式要清晰明确，确保报告的权威性和可追溯性。

（4）沟通与反馈阶段

确定沟通对象和层级：根据尽调结果和目标公司的实际情况，确定沟通对象和层级，如高层管理者、核心员工、股东代表等。

选择沟通方式和方法：采用书面或口头的形式，在正式或非正式的场合，以单独或集体的模式进行沟通。根据沟通内容和目的，选择合适的沟通策略，如直接说明尽调过程和结果、解释发现的问题和建议、征求对方的意见和反馈等。

记录与反馈：详细记录沟通过程中的关键信息和对方的反馈意见。对反馈意见进行整理和分析，作为后续投资决策的参考依据。

（5）制定投资决策阶段

评估投资意愿和条件：根据尽调报告和沟通结果，评估目标公司的价值和潜力，及接受的风险和问题。判断是否满足自己的投资标准和策略，以及是否有足够的资金和资源进行投资。

确定投资方式和模式：根据目标公司的实际情况和自身需求，选择合适的投资方式和模式，如股权投资、债权投资、直接投资或间接投资等。

制订投资方案：综合考虑尽调结果、沟通反馈和投资决策等因素，制订详细的投资方案，包括投资金额、投资期限、退出策略等。

4.尽职调查简单报告的撰写

（1）报告结构

封面：包括报告标题、日期、编制人员等。

目录：列出报告的主要章节及页码。

引言：简要介绍尽职调查的背景、目的及范围。

主体部分：按照调查内容逐一展开，详细阐述调查结果及发现的问题。

结论与建议：基于调查结果，提出投资可行性判断及后续操作建议。

附件：包括相关文件、资料、访谈记录等。

（2）撰写技巧

客观公正：如实反映目标企业的真实情况，避免主观臆断。

突出重点：针对关键问题及发现的问题进行深入分析，避免冗长赘述。

逻辑清晰：确保报告内容条理清晰，便于读者理解。

数据准确：引用的数据、信息需经过核实，确保准确无误。

专业术语：使用专业术语及专业的表达方式，体现报告的专业性。

（3）注意事项

保密原则：严格遵守保密协议，确保调查资料不泄露。

及时沟通：在调查过程中，及时与投资方、目标企业及相关方沟通，确保信息准确无误。

持续跟踪：尽职调查并非一次性工作，需持续关注目标企业的发展动态及市场变化。

股权投资尽职调查报告是投资者决策的重要依据，通过全面、深入的调查和分析，能够帮助投资者发现企业的内在价值、评估潜在风险，并为投资方案设计提供有力支持。撰写尽职调查报告时，应确保报告内容专业、详尽、客观公正，同时注重逻辑清晰和数据准确，以提供有价值的参考信息。

5. 尽职调查的基本要点

我们对目标企业的10个方面及55个子项进行考察、分析、判断，最后得出投资意见。10个方面及55个子项的构成是，由宏观到微观，由大的方面到小的方面，由关键性子项到非关键性子项。前4个方面共10个子项特别重要，只有通过了第1个方面，才能进入下一个方面即第2个方面，以此类推。只有看懂、弄清、通过了前4个方面的考察和判断，才能进入随后6个方面的工作，否则，投资考察工作只能停止或放弃。

（1）看准一个团队（1个团队）

投资就是投人，投资就是投团队，尤其要看准投资团队的领头人。XX东方对目标企业团队成员的要求是：富有激情、和善诚信、专业敬业、善于学习。

（2）发掘两个优势（1优势行业＋2优势企业）

在优势行业中发掘、寻找优势企业。优势行业是指具有广阔发展前景、国家政策支持、市场成长空间巨大的行业；优势企业是在优势行业中具有核心竞争力，细分行业排名靠前的优秀企业，其核心业务或主营业务要突出，企业的核心竞争力要突出，要超越其他竞争者。

（3）弄清三个模式［1（业务模式）＋2（盈利模式）＋3（营销模式）］

就是弄清目标企业是如何挣钱的。业务模式是企业提供什么产品或服务，业务流程如何实现，包括业务逻辑是否可行、技术是否可行、是否符合消费者心理和使用习惯等，企业的人力、资金、资源是否足以支持。盈利模式是指企业如何挣钱、通过什么手段或环节挣钱。营销模式是企业如何推广自己的产品或服务，销售渠道、销售激励机制如何等。好的业务模式，必须能够盈利，好的盈利模式，必须能够推行。

（4）查看四个指标［1（营业收入）+2（营业利润）+3（净利率）+4（增长率）］

PE投资的重要目标是目标企业尽快改制上市，因此我们关注、查看目标企业近三年的上述前两个指标尤为重要。PE投资非常看重企业盈利能力和成长性，我们由此关注上述的后两个指标。净利率是销售净利润率，表达了一个企业的盈利能力和抗风险能力，增长率可以迅速降低投资成本，让投资人获取更高的投资回报。把握前四个指标，则基本把握了项目的可投资性。

（5）厘清五个结构

厘清五个结构也很重要，让投资人对目标企业的具体结构很清晰，便于判断企业的好坏优劣。

股权结构：主次分明，主次合理。

高管结构：结构合理，优势互补，团结协作。

业务结构：主营突出，不断研发新产品。

客户结构：既不太散又不太集中，客户有实力。

供应商结构：既不太散又不太集中，质量有保证。

（6）考察六个层面

考察六个层面是对目标企业的深度了解，任何一个层面存在关键性问题，都可能影响企业的改制上市。当然，有些企业存在一些细小瑕疵，可以通过规范手段予以改进。

历史合规：目标企业的历史沿革及合法合规性，在注册验资、股权变更等方面是否存在重大历史瑕疵。

财务规范：财务制度健全，会计标准合规，坚持公正审计。

依法纳税：企业严格遵守税收法律法规，不存在依法纳税的问题。

产权清晰：企业的产权清晰到位（含专利、商标、房产等），不存在纠纷。

劳动合规：严格执行劳动法规。

环保合规：企业生产经营符合环保要求，不存在搬迁、处罚等隐患。

第二章 股权投资的市场环境

第一节 股权投资的市场环境种类

股权投资的市场环境是一个复杂而多维的概念，它涵盖了多个方面，以下是对其主要组成部分的详细分析。

一、宏观经济环境

（一）经济发展状况

宏观经济的稳定增长为股权投资提供了良好的市场环境。国内经济的持续增长会带动企业盈利水平的提升，进而吸引更多的股权投资。在进行具体项目投资前，投资者往往需要了解宏观经济运行趋势，如国内生产总值（GDP）增速、货币供应量、就业状况、进出口贸易变化等。这些数据通常由政府统计部门或第三方研究机构发布，通过对宏观经济数据的跟踪，可初步判断未来企业所在行业的景气度与资本市场的活跃程度。

（二）政策环境

政府对股权投资行业的支持力度和政策导向，对市场环境有重要影响。每个国家或地区都有各自的产业政策与监管导向，如财政补贴、税收优惠、科技研发激励等。若目标企业处于政策重点鼓励的行业，可获得更多政府资源支持，从而增强企业竞争力；若企业所在领域恰逢政策收紧或行业整顿，则投资者需保持高度谨慎。

二、行业环境

（一）行业发展趋势

随着科技创新和产业升级的加速推进，一些新兴领域和高科技领域成为股权投资的热点。这些领域的快速发展为股权投资提供了丰富的投资机会。

（二）行业竞争格局

股权投资行业的竞争格局多元化，包括国内外私募股权机构、风险投资机构、产业投资基金、政府引导基金等。这些机构在资金来源、投资策略、投资领域等方面存在差异，共同构成了中国股权投资行业的多元化竞争格局。

三、金融市场环境

（一）资本市场国际化

随着经济全球化和资本市场国际化的趋势加快，国际市场和投资机会不断增多，为股权投资提供了更广阔的空间。

（二）金融市场成熟度

金融市场的完善程度直接影响股权投资的运作效率和风险管理。一个成熟、高效的金融市场能够为股权投资提供更好的服务和保障。

四、监管环境

（一）法律法规

相关法律法规的完善程度对股权投资市场环境具有重要影响。例如，私募基金备案制度的实施为私募股权投资基金的合法运作提供了法律保障。

（二）监管政策

监管政策的调整和变化直接影响股权投资市场的运行。例如，加强对私募投资基金的监管力度，可以提升行业的规范及发展水平、保护投资者的合法权益。

五、社会文化环境

（一）投资者观念

投资者的投资观念、风险意识和收益预期等都会影响股权投资市场环境。随着投资者对股权投资的认识加深和理性投资理念的普及，股权投资市场将更加健康、有序地发展。

（二）创业创新氛围

一个鼓励创业、支持创新的社会环境有助于激发企业的创新活力，为股权投资提供更多的优质项目。

综上所述，股权投资的市场环境包括宏观经济环境、行业环境、金融市场环境、监管环境以及社会文化环境等多个方面。这些因素相互交织、相互影响，共同构成了股权投资市场的复杂环境。

第二节　股权投资市场环境分析

一、宏观经济分析

宏观经济是股权投资市场的根本支撑。在当前全球经济一体化的背景下，各国经济之间的联系日益紧密，世界经济的波动往往会对股权投资市场产生直接或间接的影响。从国内来看，我国经济持续稳定增长，产业结构不断优化，为股权投资提供了广阔的市场空间和良好的发展机遇。此外，居民收入的增加和消费水平的提升，也为股权投资市场的繁荣提供了动力。

二、政策导向解读分析

政策导向是影响股权投资市场的重要因素。近年来，我国政府出台了一系列促进股权投资市场发展的政策措施，包括简化审批流程、降低市场准入门槛、加强市场监管等。这些政策不仅为股权投资市场提供了更加便利的条件，也增强了投资者的信心。同时，政府对股权投资市场的监管也日益加强，保障了市场的公平、公正和透明。

三、市场供需状况分析

市场供需状况是股权投资市场最直接的表现形式。从供给方面来看，随着我国资本市场不断发展和完善，越来越多的企业选择通过股权融资的方式来筹集资金，这为股权投资市场提供了丰富的投资标的。从需求方面来看，随着居民财富的增加和投资渠道的拓宽，越来越多的投资者开始关注股权投资市场，并愿意将资金投入到具有成长潜力的企业中。此外，随着社保基金、养老基金等机构投资者的加入，股权投资市场的资金规模也在不断扩大。

四、法律法规环境分析

法律法规环境是股权投资市场的重要保障。近年来，我国不断完善股权投资市场的法律法规体系，为投资者提供了更加清晰的权益保障和投资指引。例如，《中华人民共和国公司法》《中华人民共和国证券法》等法律法规明确了股东的权利和义务，为投资者提供了法律保护。同时，监管机构也加强了对市场的监管力度，打击违法违规行为，维护了市场的公平和秩序。

五、技术发展趋势分析

技术发展趋势对股权投资市场的影响日益显著。随着大数据、人工智能、区块链等技术的快速发展和应用,股权投资市场正面临着前所未有的变革机遇。这些技术的应用不仅提高了市场的运行效率,也为投资者提供了更加精准的投资工具和策略。例如,通过大数据分析可以更加准确地评估企业的价值和风险;通过人工智能可以实现更加智能化的投资决策和风险管理;通过区块链技术可以实现更加安全、透明的股权交易和融资过程。

第三节 我国股权市场发展分析

一、我国股权市场现状及特点

(一)我国股权市场现状

2023年,中国基金业协会新登记股权类基金管理人313家,同期注销数量高达1 726家。

1. 私募基金管理人进入强监管时代

2023年5月,《私募投资基金登记备案办法》及配套指引正式施行;2023年9月,《私募投资基金监督管理条例》正式实施;2023年12月,《私募投资基金监督管理办法(征求意见稿)》发布。随着一系列新规陆续发布、进一步完善全链条监管、明确差异化监管原则,股权投资基金管理人登记数量出现较大幅度下滑。据统计，2023年新增登记股权投资基金管理人数量共313家，不足2022年的50%。

2. 股权投资基金管理人加速出清

2023年以来，随着监管层再度明确扶优限劣导向，稳妥有序地推进不合规机构的清理工作，行业出清步伐大幅加速。据统计，2023年股权投资基金管理人注销数量达1 726家，同比上升22.1%，其中，协会依规注销75.2%，另有22.2%由管理人主动注销。

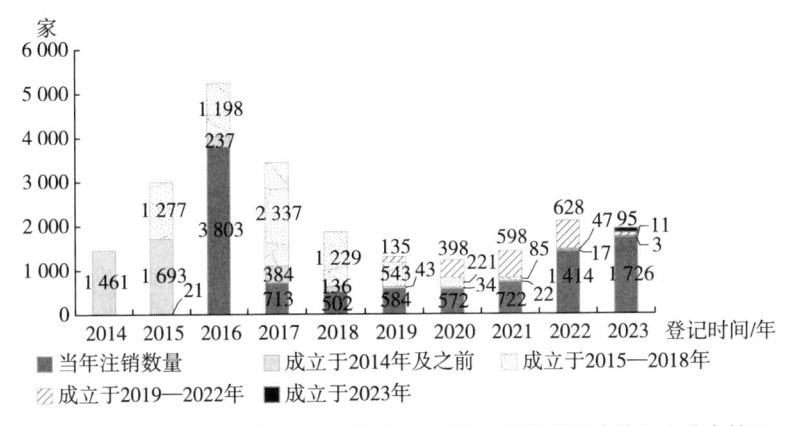

图 2-1 2014—2023 年中基协登记和注销的股权投资基金管理人分布情况

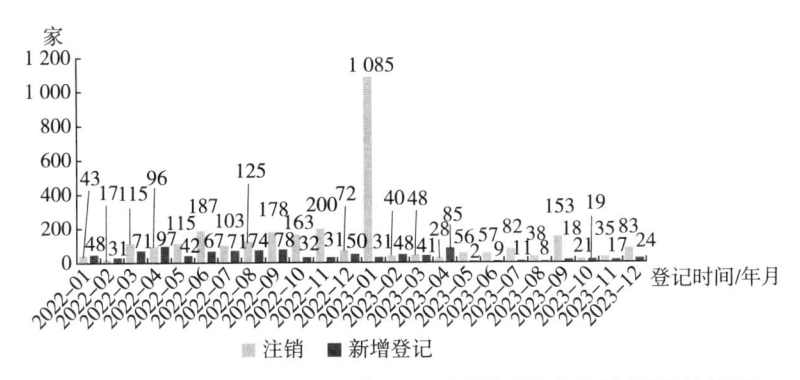

图 2-2 2022 年1月—2023 年12月中基协股权投资基金管理人情况

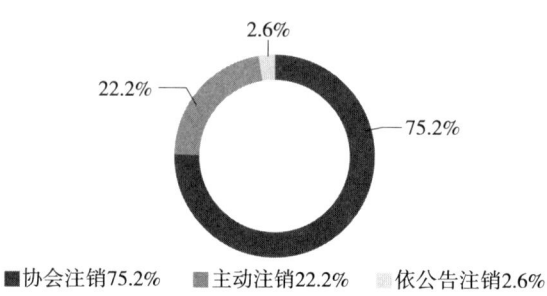

图 2-3 中基协股权投资基金管理人注销比例

协会注销 75.2%　主动注销 22.2%　依公告注销 2.6%

3. 备案情况

存续备案的股权投资类基金共计 559 万只，2023 年新备案数量为 7 579 只。2023 年，随着备案登记要求优化升级，新备案基金数量与新增登记管理人数量同步回落。据统计，全年新增备案 7 579 只股权投资类基金，同比下滑 12.3%。从新增备案基金地区分布来看，2023 年，嘉兴、青岛、深圳三地新备案且正在运作的股权投资基金数量均超 400 只，持续居于全国领先地位；而从累计备案情况来看，截至 2023 年，深圳、嘉兴、宁波三地累计备案且正在运作的基金数量均在 3 000 只以上，显著领先于其他地区。

（二）我国股权市场特点

2023 年，我国股权投资市场端仍处于下滑趋势，投资案例数超 9 000 起，案例数及金额分别同比下降 11.8% 和 23.7%，降幅较 2022 年有所收窄。其中，国有背景投资机构保持较高活跃度，为市场注入大量资金，带动前 100 的投资案例吸纳了近 2 300 亿元，占市场总投资金额的 33.1%，这些案例主要分布在半导体、清洁技术、汽车等领域，且多家获投标的具有大型企业或国有企业背景。如图 2-4 所示，

2023 年中国股权投资市场中，投资案例数（按市场）9 388 起，同比下降 11.8%；投资案例数（按企业）7 107 起，同比下降 12.2%；投资总金额 6 928.26 亿元，同比下降 23.7%。

图 2-4　2013—2023 年中国股权投资市场投资情况
（包括早期投资机构、VC、PE）

2023 年中国股权投资市场延续下滑态势，交易量和交易金额呈现双降。2023 年，中国股权投资市场共 13 685 次交易事件，交易金额合计 22 676 亿元，较去年同期分别下降 28.7%、29.2%，资本市场寒冬叠加监管趋严，在宏观环境影响下，资本出手越发谨慎（见图 2-5）。

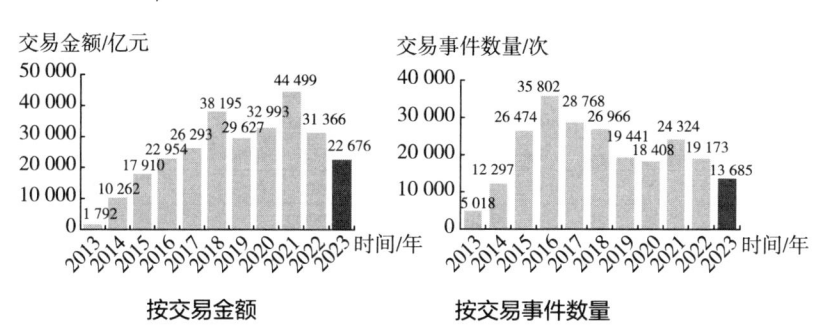

图 2-5　2013—2023 中国股权投资市场情况

国内各地投资金额占 GDP 比例普遍不足 1%，相较经济基础仍有较大发力空间（见图 2-6）。

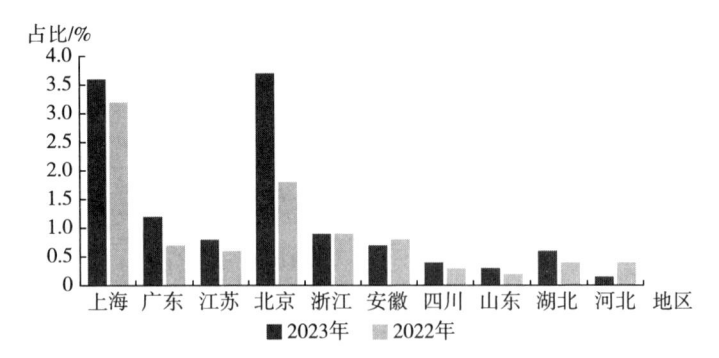

图 2-6　2022 年和 2023 年部分地区股权投资金额占当地 GDP 比例的情况

表 2-1　2023 年中国 GDP 总量排名 TOP 20 地区

排名	地区	2023 年 GDP/亿元	2022 年 GDP/亿元	实际增长率/%
1	广东	135 673.16	129 118.60	4.8
2	江苏	128 222.20	122 875.60	5.8
3	山东	92 069.00	87 435.10	6.0
4	浙江	82 553.00	77 715.40	6.0
5	四川	60 132.90	56 749.80	6.0
6	河南	59 132.39	61 345.10	4.1
7	湖北	55 803.63	53 734.90	6.0
8	福建	54 355.10	53 109.90	4.5
9	湖南	50 012.85	48 670.40	4.6
10	上海	47 218.66	44 652.80	5.0
11	安徽	47 050.60	45 045.00	5.8
12	河北	43 944.10	42 370.40	5.5
13	北京	43 760.70	41 610.90	5.2
14	陕西	33 786.07	32 772.70	4.3
15	江西	32 200.10	32 074.70	4.1
16	辽宁	30 209.40	28 975.10	5.3
17	重庆	30 145.79	29 129.00	6.1
18	云南	30 021.00	28 954.20	4.4
19	广西	27 202.39	26 300.90	4.1
20	山西	25 698.18	25 642.60	5.0

2022年和2023年中国创业投资数量占比升至46.4%，上市定增、战略投资金额占比增加（见图2-7、2-8）。

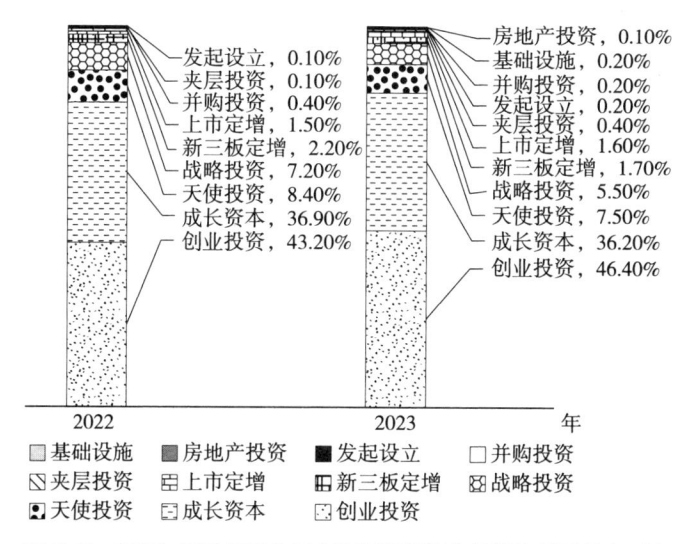

图2-7　2022年及2023年中国股权投资市场投资类型分布对比

（按投资案例数，起）

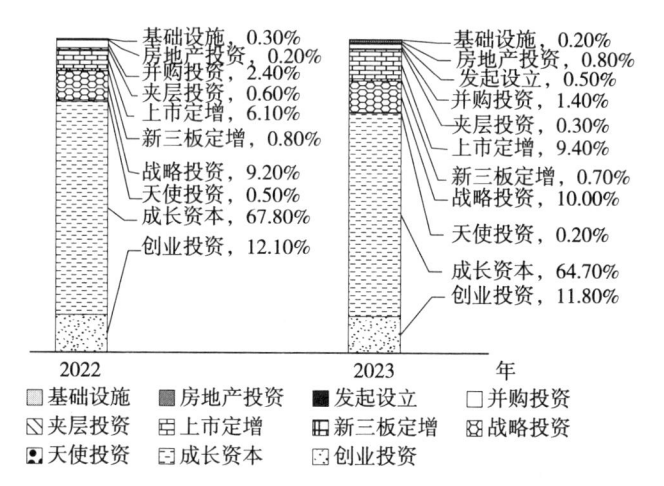

2022年：
- 发起设立，0.10%
- 夹层投资，0.10%
- 并购投资，0.40%
- 上市定增，1.50%
- 新三板定增，2.20%
- 战略投资，7.20%
- 天使投资，8.40%
- 成长资本，36.90%
- 创业投资，43.20%

2023年：
- 房地产投资，0.10%
- 基础设施，0.20%
- 并购投资，0.20%
- 发起设立，0.20%
- 夹层投资，0.40%
- 上市定增，1.60%
- 新三板定增，1.70%
- 战略投资，5.50%
- 天使投资，7.50%
- 成长资本，36.20%
- 创业投资，46.40%

图2-8　2022年及2023年中国股权投资市场投资类型分布对比

（按投资金额，亿元）

2022年：
- 基础设施，0.30%
- 房地产投资，0.20%
- 并购投资，2.40%
- 夹层投资，0.60%
- 上市定增，6.10%
- 新三板定增，0.80%
- 战略投资，9.20%
- 天使投资，0.50%
- 成长资本，67.80%
- 创业投资，12.10%

2023年：
- 基础设施，0.20%
- 房地产投资，0.80%
- 发起设立，0.50%
- 并购投资，1.40%
- 夹层投资，0.30%
- 上市定增，9.40%
- 新三板定增，0.70%
- 战略投资，10.00%
- 天使投资，0.20%
- 成长资本，64.70%
- 创业投资，11.80%

二、我国股权市场发展分析

(一)市场募资情况分析

浙江出资金额及数量双第一,政府资金主导市场。2023年,浙江、广东、北京成为向私募股权投资基金出资规模前三的地区,出资金额分别是1 626亿元、1 532亿元、1 360亿元,其他出资超千亿的地区还有江苏(1 304亿元)以及安徽(1 229亿元)。从出资数量来看,浙江、广东、江苏出资超千笔。北京在出资金额较多的情况下,出资数量仅664笔,平均单笔出资金额较高。

(二)IPO过会情况分析

1.过会企业数量

A股上会企业数量下降,企业主动"撤材料"现象频发(见图2-9、2-10、2-11和表2-2)。

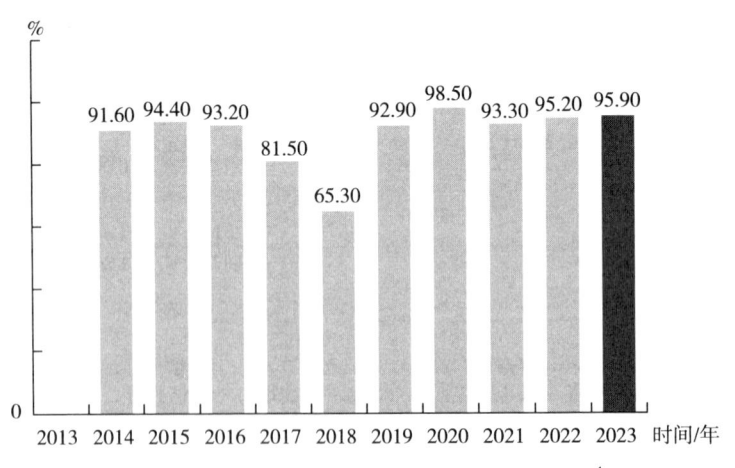

图2-9 2013—2023年A股名义过会率统计[1]

注:名义过会率=通过÷(通过+不通过)。

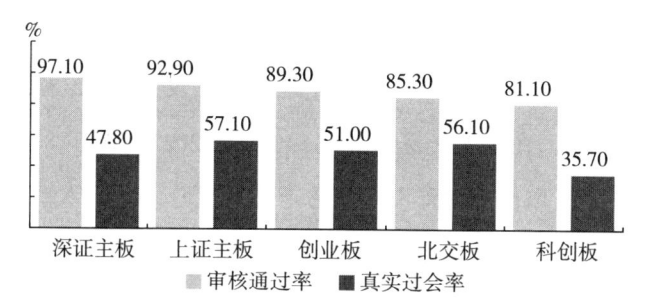

图 2-10　2023 年 A 股各板块审核通过率及真实过会率统计

注：审核通过率 = 通过 ÷ (通过 + 不通过 + 暂缓表决)；真实过会率 = 通过 ÷ (通过 + 不通过 + 暂缓表决 + 终止 / 撤回)。

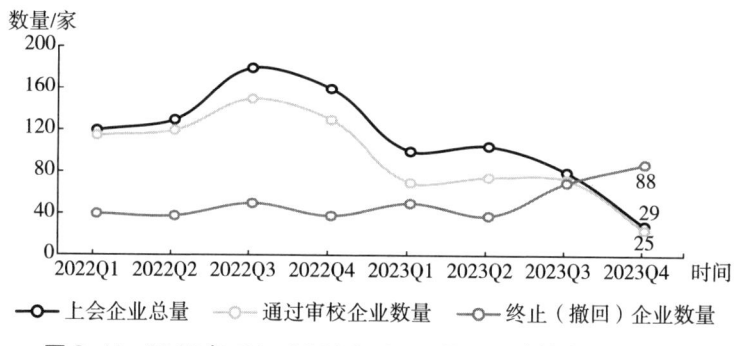

图 2-11　2022 年 Q1—2023 年 Q4 A 股 IPO 审核申报企业情况

表 2-2　2023 年保荐机构通过率排行榜

主承销商	审核公司总家/次	其中联席保荐家/次	通过家/次	通过率/%
中信证券	38	4	36	94.7
海通证券	23	1	22	95.7
中金公司	17	3	16	94.1
民生证券	17	0	16	94.1
国泰君安	15	1	14	93.3
华泰联合	15	1	14	93.3
招商证券	14	1	13	92.9
中信建投	14	0	13	92.9
国金证券	12	0	10	83.3
安信证券	10	0	9	90.0

2023年中国股权投资市场共发生3 946笔退出案例，同比下降9.6%。被投企业IPO方面，2023年全市场共发生2 122笔案例，同比下降21.3%，在各类交易中占比54%，比2022年减少8个百分点（见图2-12）。境内和境外市场交易走势发生分化，具体来看，A股在新股发行节奏阶段性放缓的背景下，2023年全年共发生1 348笔被投企业IPO，同比下降38.3%。境外市场则受益于中企赴美上市恢复常态化，2023年被投企业IPO达774笔，同比上升51.5%，其中美股共计117笔（2022年仅7笔）。

回购、股转及并购交易案例数量均实现同比增长。2023年全市场共发生604笔回购交易，同比增长27.2%，股转和并购同比分别增长4.8%、1.7%。

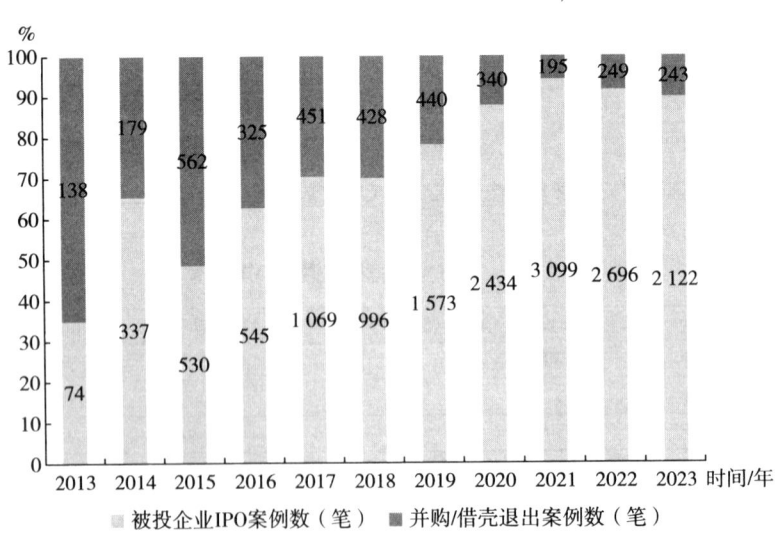

图2-12 2013—2023年中国股权投资市场退出数量情况

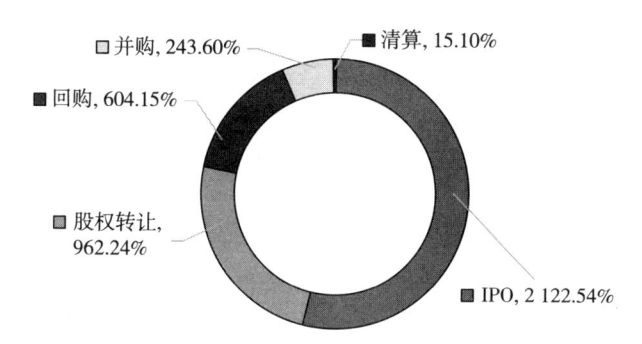

图 2-13　2023 年中国股权投资市场退出方式分布

（按退出案例数，笔）

并购, 243.60%
清算, 15.10%
回购, 604.15%
股权转让, 962.24%
IPO, 2 122.54%

2. 上市板块总市值

上市板块总市值十年年复合增长率达 13%，科创板近两年 IPO 企业数量减少，北交所成 IPO 企业热门选项之一。2013—2023 年国内上市板块总市值震荡增长，年复合增长率达 13%（见图 2-14）。2018 年，受贸易摩擦、美股大跌的传导效应等因素，国内股市低迷，整体市值出现较大幅度的下降，后续并购重组松绑。回购条款修订及一系列国资纾困政策手段的实施，为股市注入了新的活力，拉动上市板块总市值回升，2019 年又突破 600 000 亿元关口，后疫情期内（2022 年及 2023 年）经济仍处于恢复阶段，市场信心有待加强，上市板块总市值相较往年有所下降，但整体仍然保持超过 880 000 亿元的市场规模。

科创板近两年热度下降，北交所公司数量保持快速上涨：2019 年科创板成立，为科创项目打开了新的上市渠道，吸引大量项目递交申请，因此前两年上市公司数量暴涨；2021 年证监会发布关于修改《科创属性评价指引（试行）》的决定，科创板过会难度增加，再加上北交所的出现，科创板 2021—2023 年上市公司数量增速放缓。

2020年北交所正式成立，相较于科创板，北交所在市值、收入门槛等方面更加友好；叠加疫情影响，许多上市公司收入受到影响，许多企业纷纷投向北交所，寻求上市机会，因此北交所公司数量增长率始终保持较高水平（见图2-15和图2-16）。

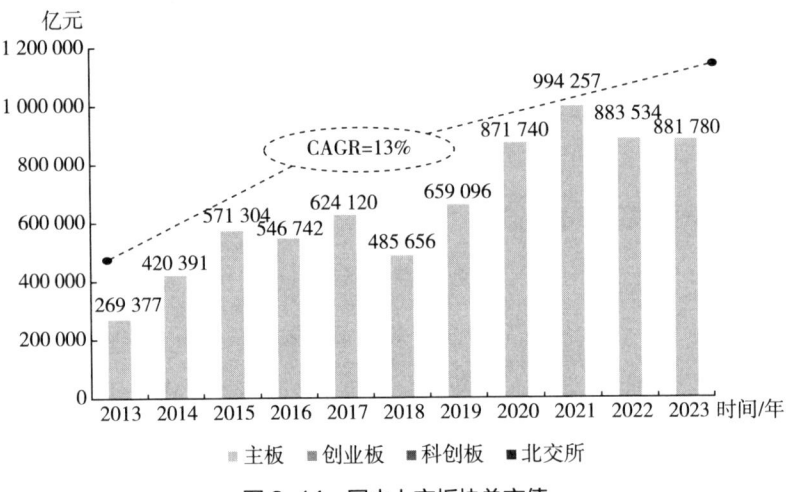

图2-14 国内上市板块总市值

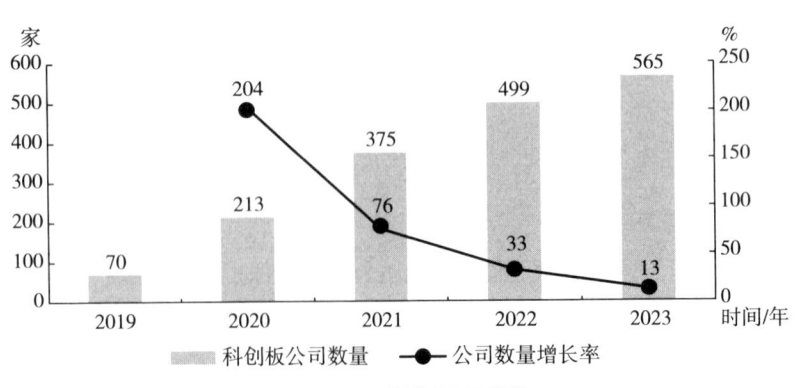

图2-15 科创板公司总数

图 2-16 北交所公司总数

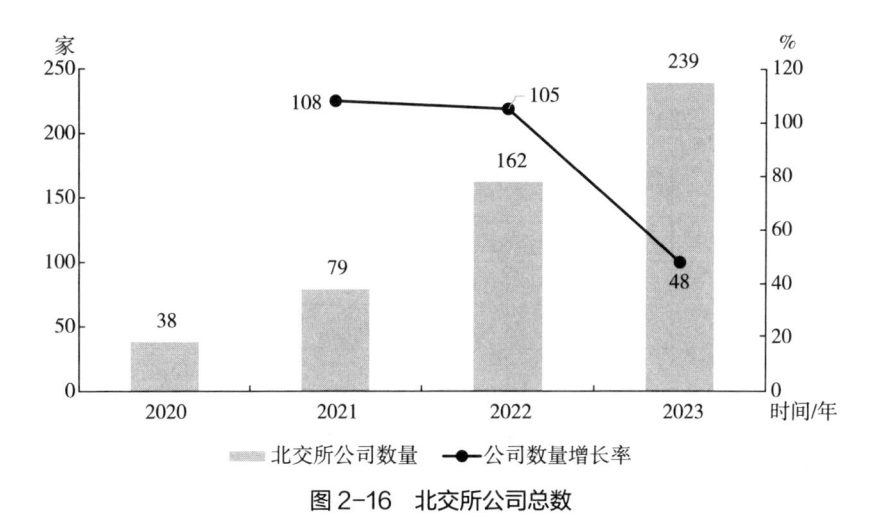

3. 2023 年，18 家 VC/PE 机构收获 7 个及以上 IPO 项目，16 家机构年末账面价值超 40 亿元（见表 2-3 和表 2-4）。

表 2-3　2023 年中国股权投资机构 IPO 数量 TOP18

机构简称	被投企业 IPO 数量/家	账面金额（发行价/亿元）	账面金额（12.31 价/亿元）
深创投	22	[60, 70]	[60, 70]
中芯聚源	12	[30, 40]	[40, 50]
中金资本	12	[30, 40]	[30, 40]
元禾璞华	12	[10, 20]	[10, 20]
毅达资本	12	<10	<10
红杉中国	11	>100	[90, 100]
高瓴	9	[50, 60]	[40, 50]
同创伟业	8	[10, 20]	[10, 20]
越秀产业基金	8	[10, 20]	[10, 20]
招商资本	8	[10, 20]	[10, 20]
华芯投资	7	[70, 80]	>100

续表

机构简称	被投企业IPO数量/家	账面金额（发行价/亿元）	账面金额（12.31价/亿元）
CPE 源峰	7	[40, 50]	[40, 50]
IDG 资本	7	[40, 50]	[40, 50]
国投创新	7	[10, 20]	[20, 30]
达晨财智	7	[10, 20]	[10, 20]
建银国际	7	[10, 20]	[10, 20]
前海方舟	7	[10, 20]	[10, 20]
惠友资本	7	<10	<10

表2-4 2023年中国股权投资机构IPO账面价值TOP 16（按12.31价计算）

机构简称	被投企业IPO数量（家）	账面金额（发行价，亿元）	账面金额（12.31价，亿元）
华芯投资	7	[70, 80]	>100
红杉中国	11	>100	[90, 100]
博裕投资	3	[70, 80]	[90, 100]
合肥建投资本	3	[80, 90]	[70, 80]
KKR	2	[70, 80]	[70, 80]
深创投	22	[60, 70]	[60, 70]
奥博资本	3	[10, 20]	[50, 60]
钟鼎资本	3	[50, 60]	[50, 60]
尚颀资本	4	[40, 50]	[50, 60]
元禾控股	5	[40, 50]	[40, 50]
CPE 源峰	7	[40, 50]	[40, 50]
高瓴	9	[50, 60]	[40, 50]
国新基金	5	[20, 30]	[40, 50]
IDG 资本	7	[40, 50]	[40, 50]
中芯聚源	12	[30, 40]	[40, 50]
君联资本	4	[30, 40]	[40, 50]

第四节　尽职调查前的股权投资筹划

一、股权投资决策流程

股权投资作为一种长期投资方式,在当今经济环境中越来越受到投资者的青睐。然而,股权投资并非一蹴而就的简单过程,它需要投资者经过深思熟虑、系统分析和谨慎决策。下面,我们将详细探讨股权投资的决策过程,主要包括确定投资目标、市场研究、项目评估、风险评估、投资决策、投资谈判、签订合同以及后续管理等八个方面。

(一)确定投资目标

在股权投资的初始阶段,投资者需要先明确自己的投资目标。这包括确定投资的资金规模、期望的投资回报、投资期限以及风险承受能力等。明确投资目标有助于投资者在后续的投资过程中保持清晰的方向和坚定的立场。

(二)市场研究

在确定投资目标后,投资者需要进行深入的市场研究,包括分析行业趋势、市场规模、竞争格局、政策法规等方面。通过对市场进行全面的研究,投资者可以更加准确地把握市场脉搏,为后续的项目评估和决策提供依据。

(三)项目评估

在市场研究的基础上,投资者需要对目标项目进行详细的评估。项目评估主要包括对目标公司的财务状况、经营情况、团队素质、技术优势等方面的分析。通过项目评估,投资者可以全面了解目标公司的实力和潜力,为投资决策提供有力支持。

(四)风险评估

股权投资作为一种高风险的投资方式,投资者需要对潜在的风险进行充分评估。风险评估主要包括对政策风险、市场风险、技术风险、管理风险等方面的分析。通过风险评估,投资者可以更加清晰地认识到投资的风险和不确定性,为制定风险应对策略提供依据。

(五)投资决策

在经过项目评估和风险评估后,投资者需要综合考虑各方面因素,做出最终的投资决策。投资决策需要考虑投资目标的符合度、项目的盈利潜力、风险承受能力等多个方面。投资者需要保持冷静和理性,做出符合自己投资策略的决策。

(六)投资谈判

在做出投资决策后,投资者需要与目标公司进行投资谈判。投资谈判主要内容包括确定投资金额、股权比例、投资期限、退出机制等方面。通过谈判,投资者需要与目标公司达成一致的协议,确保双方利益最大化。

（七）签订合同

在投资谈判达成一致后，投资者需要与目标公司签订投资合同。投资合同是双方权益的保障，需要明确投资金额、股权比例、投资期限、退出机制等关键条款。投资者需要认真审查合同条款，确保自己的权益得到充分保障。

（八）后续管理

在签订投资合同后，投资者需要进行后续的股权管理工作。这包括监督目标公司的运营情况、参与公司重大决策、协助公司解决发展中的问题等方面。通过后续管理，投资者可以确保自己的投资得到良好的回报，并为公司的发展提供有力支持。

综上所述，股权投资的决策过程需要投资者经历确定投资目标、市场研究、项目评估、风险评估、投资决策、投资谈判、签订合同以及后续管理等八个阶段。在每个阶段中，投资者都需要保持冷静和理性，做出符合自己投资策略的决策，以确保投资的成功和回报。因此，股权类投资项目从一开始就需要投资人进行全面和统筹的投资规划，并需要针对股权投资的类型和方式不同而可能发生的突发问题做好应急预案。不可否认的是，不同的投资类型、领域所适用的投资决策、筹划、交易结构、投资管理也会有极大的差异。

二、股权投资筹划

（一）股权投资的动机

股权投资的目的、类型和可能性是多样复杂的。具体来讲，股权投资的动因可以包括：一是获得资产控制权，并通过资产的调整、重组和增值来获得利益；二是获得对公司的参与权或控制权，参与企业的经营决策，并借以进一步获取商业机会；三是调整产业结构、实现企业转型；四是响应政策需要，如混改；五是投机，以获取买卖价格的差额，比如，股票市场。股权投资的动机因产业投资、金融投资等不同的性质而有所不同，但一般而言，股权投资最终都是以获取包括股利和资本利得在内的收益为目标。

> **案例分析**
>
> XX公司隶属于XX生物科技股份有限公司，经营管理规范、财务稳健，经过两年或以上发展具备申报国内IPO条件，上市前景可期。
>
> 2021年末，公司净资产6.31亿元，2019—2021年，公司归母净利润分别为9 781.43万元、8 493.92万元和5 137.00万元，若公司发展符合预期，2024年可达到国内IPO财务标准，上市前景可期。

（二）股权投资规划

股权投资的整体规划也是投资之前就要事先考虑的基本要求，涉及"投—融—管—退"的各个环节，并直接影响投资的实际进展和最终效果。通常情况下，股权交易的各方参与人从一开始就会统筹考虑交易项目，从开始介入、前期尽职调查，到各类交易文件的谈判和签署、具体的项目实施，再到股权交割，以及之后的投后管理、投资退出等一系列的安排。如果单纯地从前期投资角度考虑，忽视投后管理和退出机制的预设，则可能会引发争议，最终导致交易目标落空。

第一，在进行股权投资统筹考虑时，除了考虑尽职调查的范围和深度、投资方式、估值、融资、投资资金来源等方面以外，往往还需要综合考虑公司治理结构问题，包括股权架构类型、公司组织结构的设计、公司章程的设计、公司管理层人员安排、非控股情况下对公司的控制、公司僵局的解决方式等诸多方面。从经济学的角度来看，公司治理结构的核心问题是如何在不同的企业参与人之间分配企业的剩余索取权和控制权。

第二，在股权投资的退出问题上，在前期的股权投资筹划时也必然需要同步考虑，并留有余地。原因是受限于投资当时的法律法规和政策，选定的投资退出方案可能存在法律障碍，如名股实债、股权代持、固定收益等，然而会随着时间的推移和法律规则的变化而发生变化。股权投资交割完成之后，因股权结构变化、公司治理的推进，原定的退出方案未必可行，或需要进行调整。因此，只有将股权投资和投后管理结合起来，才能有效地股权投资实现目标。

结合股权投资的各交易阶段和环节，在考虑股权投资筹划的各类因素中，前期的法律和财务尽职调查、股权结构设计、投后的治理结构应当是交易各方关注的重中之重。同时，也需要考虑新形势发展环境下的新的关注点。

案例分析：XX创投公司对XX生物制药股份有限公司投资方案分析

一、投资方案

XX创投公司拟以整体投前估值100亿元（按照投资前公司注册资本41 657.096 7万元以及每1元注册资本24.005 513 57元的估值基准）通过增资和/或股权转让方式进行新一轮融资，增资总额不超过人民币20亿元（简称"B轮投资"）。XX创投公司拟通过创业投资合伙企业（有限合伙），以增资方式对XX生物制药股份有限公司投资500万元。

二、关键条款

若截至2026年12月31日XX生物制药股份有限公司未完成上市，XX创投公司按8%单利回购。

三、财务预测

XX创投公司对未来几年XX生物制药股份有限公司的财务情况进行了预测，具体情况如表2-5、表2-6所示。

表2-5 销售收入预测

单位：万元

序号	业务内容	年份			
		2022年	2023年	2024年	2025年
1	CDMO业务	19 148	29 452	53 706	107 051
2	核酸原料业务	15 761	22 788	40 142	63 823
3	原料业务	212 371	322 831	432 040	522 146
4	制剂业务	107 048	148 837	296 928	395 773
	合计	354 328	523 908	822 816	1 088 793

表2-6 毛利润收入预测

单位：万元

序号	业务内容	年份			
		2022年	2023年	2024年	2025年
1	CDMO业务	12 001	17 398	30 442	57 921
2	核酸原料业务	8 245	11 023	18 609	27 082
3	原料业务	56 668	80 129	110 115	136 295
4	制剂业务	64 042	89 347	181 878	252 454
	合计	140 956	197 897	341 044	473 752

以 XX 生物制药股份有限公司的预测销售收入年复合增长率 45%，预测净利润为 2022 年 68 164 万元、2023 年 95 044 万元、2024 年 175 755 万元、2025 年 250 180 万元，年复合增长率 54%，其预测增长核心驱动原因如下。

一是艾滋原料药仍然贡献主要收入来源，供应国外原研药厂葛兰素史克（GSK）、第一三共制药等，占据 30% 市场份额；2022—2025 年，原料占比 48%—59%，其中甾体及其他占比 13.6%—41%；原料药占比 25%—30%。净利率 5% 左右。

二是国内制剂的中标率提高带来制剂产品收入增长，公司在国内为数不多有供应能力的厂家范畴中，且制剂产品与原料药供应处于龙头地位，分别占比 30% 和 42%；国际制剂产品的注册落地，结合自有的 API 优势以及供应链，在中低收入国家陆续中标，2025 年达到 10% 市场份额；2022—2025 年，制剂占比 30%—36%，其中国际制剂产品占比 25%—37%。制剂产品毛利 60% 左右，净利率 40% 左右。

三是合同研发生产组织（CDMO）业务主要承接国内外药企的原料药和制剂委托生产订单，如 GSK、诺华制药、华领医药。CDMO 毛利一般在 60%。

以 XX 生物制药股份有限公司 2022 年 6 月底营业收入 115 523.99 万元、净利润 21 243.90 万元来看，完成 2022 年预测目标存在困难。同时，XX 生物制药股份有限公司新建厂房能否按时投产，产量及销售能否达到预期目标也存在不确定性。

若剔除股权激励行权形成的股份支付费用，2020 年、2021 年实际净利润分别为 3.88 亿元、4.55 亿元，净利润增长率 17%。考虑到 2022 年股权激励行权完毕，以后年度无此项费用，因此以 2021 年扣非前净利润 4.55 亿元为测算基准。根据公司预测，2022—2025 年营业收入年均增长率为 45%，净利润年均增长率为 54%。为保证预测的稳健性，考虑三种情况：归母净利润低、中、高三种增速，分别为 20%、30%、40%。2024 年公司盈利预测见表 2-7。

表2-7 2024年公司盈利预测

盈利增速	2021年扣非前归母净利润/亿元	复合年均增长率/%	预测2024年归母净利润/亿元
低速	4.55	20.00	7.862 4
中速	4.55	30.00	9.996 4
高速	4.55	40.00	12.485 2

四、投资回报

行业上市及市值情况。

选取2022年8月24日同行业可比上市公司的市值、市盈率、指标数据，统计见表2-8。目前可比上市公司中，市盈率在13—80倍之间，市盈率中位值为35倍。

表2-8 同行业可比上市公司市值、市盈率、市净率

证券简称	总市值/亿元	PE（TTM）/%	市净率/%
华海药业	289.13	78.11	4.48
东北制药	74.64	58.00	1.77
恒瑞医药	2 199.48	55.24	6.10
复星医药	980.70	24.98	2.84
新和成	744.91	18.04	3.37
康龙化成	743.83	47.51	7.90
凯莱英	595.73	43.51	4.55
博腾股份	327.73	21.54	6.40
普洛药业	208.95	24.90	4.19
普利制药	119.20	26.08	4.64
博瑞医药	90.04	35.16	5.17
仙琚制药	86.16	13.61	1.74
共同药业	30.50	40.08	3.72
中位值	289.13	35.16	4.48

投资收益预测。

考虑谨慎、中性、乐观情况下退出市盈率分别为20倍、30倍、40倍，发行时向社会公众增发10%。

假设投资者2026年完全退出，在不同的PE下，投资者的投资收益见表2-9。

表2-9 不同PE下投资者投资收益预测

盈利增速	投后估值/亿元	预测情况	2024年净利润/亿元	退出时PE	退出估值/亿元	退出回报率/%
低速	120	谨慎	7.8624	20	157.2480	17.94
		中性		30	235.8720	76.90
		乐观		40	314.4960	135.87
中速	120	谨慎	9.9964	20	199.9270	49.95
		中性		30	299.8905	124.92
		乐观		40	399.8540	199.89
高速	120	谨慎	12.4852	20	249.7040	87.28
		中性		30	374.5560	180.92
		乐观		40	499.4080	274.56

实务篇

股权投资尽职调查实务案例

第三章 业务尽职调查

第一节 业务尽职调查概述

一、业务尽职调查概念、目的和作用

(一) 业务尽职调查概念

业务尽职调查 (Business Due Diligence),是指在股权投资过程中,为深入了解目标企业的产品与服务、市场地位、竞争优势、管理团队、运营流程及发展潜力等信息而进行的系统调研与分析活动。

业务尽职调查是通过对目标公司的深入了解,为投资者、合作伙伴或其他相关方提供决策依据,帮助其评估投资或合作的风险及机会。

(二) 业务尽职调查目的

股权投资业务尽职调查 (Due Diligence,简称 DD) 是整个尽职调查工作的核心,指投资机构在与目标企业达成初步合作意向后,对企业的管理团队、市场情况、产品业务、商业模式、管理能力、技术水平等进行全面深入的审慎性调查。其目的主要包括以下几点。

1. 价值发现

业务尽职调查旨在了解过去及现在企业创造价值的机制,以及这种机制未来的变化趋势,帮助投资方判断目标公司是否值得投资,并

获取项目估值所需信息。

2. 风险发现

通过全面审查目标公司的业务运营情况，识别和评估目标公司的主要风险，包括法律风险、运营风险、市场风险等，降低信息不对称可能带来的问题。

3. 投资决策辅助

依据尽职调查中发现的目标公司的业务特点和风险，帮助投资方在投资条款谈判、投资后管理重点、退出方式选择等方面做出决策。

（三）业务尽职调查作用

1. 决策依据

业务尽职调查是股权投资决策的重要依据。通过尽职调查，投资者可以对目标公司的业务运营、财务状况、市场前景、管理团队等方面进行深入分析，为投资决策提供全面、准确的信息支持。这些信息有助于投资者判断目标公司的投资价值和潜在风险，从而做出明智的投资选择。尽职调查的结果往往成为投资者决策的重要依据。通过对目标公司的全面了解，投资者可以判断其是否符合自身的投资理念和风险偏好，从而做出是否投资的决策。

2. 风险识别

尽职调查过程中，投资者可以识别目标公司面临的各种风险，如市场风险、财务风险、法律风险等。这些风险的识别有助于投资者在投资决策时充分考虑风险因素，制定相应的风险应对策略，降低投资风险。尽职调查的过程也是对目标公司进行风险评估的过程。通过对目标公司的历史经营数据、财务状况、市场地位、竞争对手情况等进行深入分析，投资者可以对潜在的投资风险进行量化和评估，从而制定相应的风险控制措施。

📖 案例分析

在某次项目融资中，XX 咨询公司为 XX 创投公司提供了技术尽调和可行性研究服务。通过对 XX 生物制药公司的技术水平、专利情况、研发团队、技术壁垒等方面的深入分析，咨询公司发现了 XX 生物制药公司的技术优势和创新潜力，并为投资者提供了有力的技术支持。同时，通过对 XX 生物制药公司的市场需求、竞争态势、政策环境、经济效益等方面的综合评估，咨询公司发现了 XX 生物制药公司存在的一些市场风险和政策风险，并为 XX 创投公司提出了相应的应对措施和建议。通过这样的尽调工作，投资者对目标项目有了更清晰和客观的认识，从而为项目融资提供了依据和支持。

3.价值评估

业务尽职调查是股权投资中价值评估的基础。通过对目标公司的业务、财务、市场等方面的分析，投资者可以评估目标公司的内在价值，为确定投资金额和股权比例提供依据。同时，尽职调查还可以帮助投资者发现目标公司的潜在增长点，为未来的投资回报提供保障。

4.谈判筹码

在股权投资谈判中，尽职调查结果可以作为投资者与目标公司进行议价的重要依据。投资者可以根据尽职调查的结果，对目标公司的估值、未来发展前景等方面提出合理的要求和期望，为争取更有利的投资条件提供有力支持。尽职调查要求目标公司提供详尽的资料和信息，这在一定程度上会促使目标公司提高其透明度。投资者通过尽职调查，可以了解到目标公司的内部运作机制、管理层决策依据、重大交易背景等，有助于投资者更好地了解并信任目标公司。

5. 整合规划

业务尽职调查有助于投资者在投资后对目标公司进行整合规划。通过了解目标公司的业务特点、管理体系、人力资源等方面的情况，投资者可以制定更为合理有效的整合策略，实现资源的优化配置和协同效应的发挥。

6. 监管合规

尽职调查是确保股权投资符合监管要求的重要手段。投资者在进行尽职调查时，需要关注目标公司是否遵守相关法律法规和监管要求，以确保投资的合法性和合规性。同时，尽职调查还可以帮助投资者发现目标公司可能存在的合规风险，并及时采取相应的措施。

7. 信息披露

尽职调查是股权投资信息披露的重要环节。投资者在进行尽职调查后，需要向相关监管机构和投资者披露目标公司的情况。这些披露信息不仅有助于维护市场的公平性和透明度，还有助于增强投资者对目标公司的信任度和认可度。

8. 信息对称与市场公平

尽职调查有助于实现投资者与目标公司之间的信息对称，减少信息不对称所带来的市场不公平现象。投资者通过尽职调查，可以获取到与目标公司相同的信息，从而在投资决策中处于更加公平的地位。

在并购交易或项目融资中，信息不对称是一个普遍存在的问题。

目标企业或项目方通常拥有更多的内部信息，而投资者则相对处于信息弱势地位，这就导致了双方之间的信息不对称。信息不对称会增加交易的成本和风险，影响交易的效率和公平性。因此，解决信息不对称问题是投资尽调的基本目的之一。

通过投资尽调，投资者可以从多个渠道收集目标企业或项目的相关信息，包括文件审阅、数据分析、访谈访问、实地考察等方式。通过这些方式，投资者可以验证目标企业或项目所提供信息的真实性、准确性和完整性，核实企业的财务状况、法律风险、业务模式、技术壁垒等重要因素，并发现潜在的问题和隐患。通过这样的过程，投资者可以有效地缩小与目标企业或项目方之间的信息差距，提高交易双方之间的信任度和透明度。

9. 提升信誉

通过全面、深入的尽职调查，投资者可以展示其专业性和责任感，从而提升自身的市场信誉。投资者对目标公司进行的尽职调查越充分、深入，越能够体现出其对投资的认真态度和对投资者利益的关注，从而赢得更多潜在合作伙伴和投资者的信任和青睐。

10. 目标公司透明度提升

尽职调查要求目标公司提供详尽的资料和信息，这在一定程度上会促使目标公司提高其透明度。投资者通过尽职调查，可以了解到目标公司的内部运作机制、管理层决策依据、重大交易背景等，有助于更好地了解并信任目标公司。

11. 促进价值创造和转型

在并购交易或项目融资中，价值创造和转型是投资者追求的最终目标。价值创造是指通过并购或投资活动，实现目标企业、项目的价值增长或提升。转型是指通过并购或投资活动,实现目标企业或项目的战略调整或优化。促进价值创造和转型是投资尽调的延伸功能之一。

通过投资尽调,投资者可以从多个层面发现目标企业或项目的价值创造和转型的潜力及机会。价值创造主要包括市场扩张、成本降低、效率提高、协同效应、创新能力等方面。转型主要包括战略重塑、组织重组、文化融合、品牌重塑等方面。通过这些发现,投资者可以制订相应的行动计划和执行方案,以实现目标企业或项目在并购或投资后的快速整合和持续发展。

案例分析: XX 创投公司对 XX 环保股份公司尽调定增募投项目分析

XX 环保股份公司拟通过发行股份及支付现金的方式向湖南 XX 等 19 名交易对手方购买其持有的 XX 环境 63% 股权,交易作价为 21.968 1 亿元。同时,募集配套资金不超过 7.682 8 亿元,本次交易完成后 XX 环境将成为 XX 环保股份控股子公司,根据 6 月 7 日公告,方案已获深交所审核通过。预计收购完成后,XX 环保股份公司有望在长沙形成生活垃圾转运和焚烧发电一体化经营,并切入餐厨垃圾处理行业,形成强协同效应。

表 3-1 募集配套资金明细

项目名称	拟使用募集资金金额 / 亿元	占募集配套资金金额比例 /%
支付并购对价及支付中介机构费用等	6.590 4	85.78
补充流动资金	1.092 4	14.22
合计	7.682 8	100

一、重组交易金额

根据沃克森评估出具的以 2022 年 12 月 31 日为评估基准日的资产评估报告，XX 环境的评估情况见表 3-2。

表 3-2　XX 环境的评估情况

交易标的	基准日	评估方法	评估值/亿元	增值率/%	本次拟交易的权益比例/%	交易价格/亿元
XX 环境	2022-12-31	收益法	38.8710	284.14	63	21.9681

截至 2023 年末，XX 环境对应市净率为 2.97 倍，高于同行业可比上市公司平均水平，由于 XX 环境从事生活垃圾中转和餐厨垃圾转运、无害化处理和资源化利用业务，运营历史较长，主要长期资产已计提较多折旧或摊销，资产较轻、盈利能力较强，因此估值定价较为合理。按照 2024 年 XX 环境承诺归母净利润 4.1632 亿元测算（公司持股 63%），XX 环境市盈率为 8.38 倍，低于同行业可比上市公司水平，收购估值合理。

二、对价支付方式

XX 环境 63% 股权交易作价为 21.9681 亿元，其中 30%（6.5904 亿元）通过现金支付，交易对价的 70%（15.3777 亿元）采取发行股份支付（XX 环保股份公司向交易对方合计发行股份 1.05615853 亿股，发行价格为 14.56 元/股）。

三、股份锁定及业绩承诺

青岛松 X、青岛高 X、长沙 XX 取得的对价股份，自股份发行完成之日起 12 个月内不得以任何方式转让，其他 16 名交易对方取得的对价股份，自股票发行完成之日起 24 个月内不得以任何方式转让。

根据《业绩承诺及补偿协议》（甲方为 XX 环保股份公司，乙方为洪 XX、湖南 XX、湖南仁 X、易 XX、胡 XX、祖 X、湖南 X 怡）。

乙方承诺，XX 环境在 2023—2027 年实现的净利润合计不低于 21.9824 亿元（其中 2023—2027 年分别不低于 4.1231 亿元、4.1632 亿元、4.3609 亿元、4.5827 亿元、4.7525 亿元），具体见表 3-3。

表 3-3　2023—2027 年度利润情况

项目		年份				
		2023年度	2024年度	2025年度	2026年度	2027年度
承诺净利润/万元		41 231.26	41 632.15	43 608.92	45 826.81	47 524.84
如完成业绩承诺	累计完成比例/%	18.76	37.70	57.54	78.39	100.00
	累计解锁股份比例	—	—	解锁30%	解锁60%	解锁100%

XX 环境 2023 年实现归母净利润 4.969 5 亿元，完成了 2023 年的业绩承诺。

承诺期届满，根据 2023—2027 年度专项审核报告，若 XX 环境的承诺期实际净利润总和低于承诺净利润合计数，则业绩补偿义务人应以其在本次交易中获得的股份对价或其持有的现金（优先以股份）对 XX 环保股份公司进行补偿。

通过专业团队对目标企业与投资者之间在组织结构、管理流程、文化价值等方面开展差异分析、风险评估、解决方案设计等工作，咨询公司为投资者提供了有效的后并购整合支持。通过这样的尽调工作，投资者实现了对目标企业的成功并购，并实现了目标企业的价值创造和转型。

二、业务尽职调查的重要意义

（一）降低投资风险

尽职调查可以帮助投资者识别潜在的风险和问题，如财务不稳定、经营管理不善、法律纠纷等。通过揭示这些风险，投资者可以更加谨慎地评估投资项目的可行性，从而降低投资风险。例如，在尽职调查过程中，如果发现目标公司存在严重的财务问题或法律纠纷，投资者可以据此做出不投资的决定，避免潜在的经济损失。

（二）确定投资价值

尽职调查可以评估目标公司的价值和潜力。通过深入研究目标公司的财务报表、市场份额、竞争优势等，投资者可以更全面地了解目标公司的经营状况和市场地位，从而更准确地判断其投资价值。这有助于投资者制定合理的投资策略和投资预算，确保投资回报的合理性。

（三）确保合规性

尽职调查有助于确保投资符合相关的法律法规。通过调查公司的合规情况，包括知识产权、劳动力法规、环境法规等方面，投资者可以避免可能的法律风险和违法行为。这有助于保护投资者的合法权益，避免因合规问题导致的投资损失。

（四）提供谈判材料

尽职调查可以为投资者提供有力的谈判材料。通过了解目标公司的情况，包括其竞争对手、市场前景等，投资者可以更好地与目标公司进行谈判，争取更好的投资条件和回报。这有助于投资者在投资过程中获得更有利的地位，提高投资成功的可能性。

（五）辅助投资决策

尽职调查的结果可以作为投资决策的重要依据。投资者可以根据尽职调查报告中揭示的风险、机会和价值等信息，综合评估投资项目的可行性，并据此做出是否投资的决策。这有助于投资者做出更加科学、理性的投资决策，提高投资效益。

（六）促进双方透明交流

尽职调查过程中，投资者与目标公司需要进行深入的交流和沟通。这有助于双方建立更加透明、互信的关系，为未来的合作奠定基础。同时，通过尽职调查，投资者可以更加深入地了解目标公司的文化观和价值观，从而更好地评估双方的合作前景。

三、业务尽职调查原则

（一）全面性原则

尽职调查需要涵盖目标企业的所有重要方面，包括但不限于企业的历史背景、股权结构、财务状况、业务运营、法律合规性、知识产权、人力资源、环境保护、市场前景等。调查者必须调集所有相关材料，并对其进行详尽的审核。这一原则确保投资者能够全面了解目标企业的真实状况，从而做出明智的投资决策。

（二）重要性原则

在尽职调查过程中，需要关注那些可能对投资决策产生重大影响的关键因素。例如，在高科技企业中，知识产权的重要性尤为突出；而在化工企业中，环境保护和安全生产问题则可能成为关键考量因素。因此，针对不同行业和不同企业，尽职调查应有不同侧重，以揭示那些可能对投资价值产生重大影响的风险和问题。

（三）独立性原则

尽职调查应由独立的第三方或专业的投资团队进行，以确保调查结果的客观性和公正性。调查人员应保持独立判断，不受目标企业或其他利益相关方的干扰和影响。这一原则有助于确保尽职调查结果的准确性和可靠性，为投资决策提供有力支持。

（四）审慎性原则

尽职调查过程中需要保持审慎的职业怀疑态度，对所有提供的信息和资料进行深入分析和核实。调查人员应对目标企业的陈述和声明持谨慎态度，通过查阅相关文件、与关键人员访谈、实地考察等方式，验证信息的真实性和准确性。这一原则有助于发现潜在的风险和问题，避免投资决策中的盲目性和随意性。

（五）保密性原则

在尽职调查过程中，涉及目标企业的敏感信息和商业秘密应严格保密。调查人员应遵守相关的保密协议和法律法规，确保信息的安全性和保密性。这一原则有助于维护目标企业的合法权益，促进双方之间的信任和合作。

四、业务尽职调查流程

（一）前期准备阶段

1. 明确调查目的：在开始尽职调查之前，需要明确调查的目的，包括投资价值发现、风险评估及投资可行性分析等。

2. 成立工作小组：由专业人员组成尽职调查工作小组，负责实施尽职调查工作。

3. 制订调查计划：建立在充分了解投资目的和目标企业组织架构的基础上，制订详细的尽职调查计划和时间表，明确调查的范围、重点、方法和步骤。

4. 准备调查清单：根据投资目标和调查计划，制定详细的尽职调查清单，内容通常包括但不限于企业基本信息、财务状况、业务情况、资产情况、人力资源、法律与合规、合同与协议、对外投资与融资等方面。

（二）现场调查阶段

1. 审阅文件资料：仔细审阅目标公司提供的所有相关文件和资料，包括财务报表、审计报告、业务文件、法律合同等，从而发现异常及重大问题。

2. 相关人员访谈：与目标公司内部各层级、各职能人员以及中介机构进行充分沟通，了解公司的运营情况、业务模式、发展战略等。

3. 企业实地调查：实地访问目标公司的办公地点、生产设施等，查看企业的实物资产，如厂房、土地、设备、产品和存货等，了解运营实际情况。

4. 市场环境分析：对目标公司的市场环境、竞争对手、客户等进行调查和分析，评估公司的市场地位和竞争优势。

（三）资料分析阶段

1. 数据整理与分析：将收集到的信息进行整理、分析和验证，确保信息的准确性和完整性。

2. 财务尽职调查：深入分析目标公司的财务数据，包括财务报表、现金流分析、毛利率分析等，评估公司的财务健康状况和盈利能力。

3. 业务与法律尽职调查：结合业务情况和法律合规性，评估公司的业务风险、法律风险和合规风险。

（四）撰写报告阶段

1. 撰写尽职调查报告：基于尽职调查的结果，撰写详尽的尽职调查报告，总结发现的问题、风险点及投资机会。

2. 提供专业建议：在报告中提供专业的投资建议，包括是否投资、投资条件、风险控制措施等。

3. 内部复核与递交：尽职调查报告必须通过复核程序后方能提交，确保报告的准确性和客观性。

（五）后续行动阶段

1. 决策支持：将尽职调查报告提交给投资者或决策机构，为其投资决策提供支持。

2. 谈判与签约：如果投资者决定投资，则应与目标公司进行谈判，就投资条件、风险控制措施等达成一致意见，并签订投资协议。

3. 归档管理：将尽职调查过程中收集到的所有文件和资料进行归

档管理，以备后续查阅和使用。

综上所述，股权投资业务尽职调查是一个复杂而细致的过程，需要投资者或专业机构投入大量的人力、物力和时间。通过尽职调查，投资者可以全面了解目标公司的情况，降低投资风险，为成功的投资合作奠定基础。

五、业务尽职调查基本方法

股权投资业务尽职调查的基本方法主要包括以下几个方面。

（一）审阅文件资料

这是尽职调查的基础步骤，通过仔细审阅目标公司的工商注册资料、财务报告、业务文件、法律合同等各项资料，可以发现目标公司的基本情况、财务状况、业务运营及法律合规等方面的异常和重大问题。

（二）参考外部信息

除了内部资料之外，还需要通过网络、行业杂志、业内人士等外部信息渠道，了解目标公司及其所处行业的情况。这有助于投资者更好地把握市场动态和行业趋势，从而对目标公司的投资价值做出更准确的判断。

（三）相关人员访谈

与企业内部各层级、各职能人员，以及中介机构（如律师、会计师等）进行充分沟通是尽职调查的重要环节。通过访谈，可以深入了解公司的运营状况、管理团队的能力、业务前景等，也可以发现目标公司可能存在的问题和风险。

（四）企业实地调查

实地查看企业的厂房、土地、设备、产品和存货等实物资产，有助于投资者更直观地了解目标公司的生产经营情况和资产状况。此外，还可以通过观察企业的生产流程、员工工作状态等，进一步评估公司的运营效率和管理水平。

（五）小组内部沟通

尽职调查小组通常由不同背景和专业的成员组成，他们各自负责不同的调查领域。因此，小组内部的沟通也是达成调查目的的重要方法。通过定期召开会议、分享调查进展和发现的问题，可以确保尽职调查的全面性和准确性。

（六）遵循尽职调查原则

在尽职调查过程中，还需要遵循一些基本原则，以确保调查的客观性和公正性。

1. 证伪原则：站在"中立偏疑"的立场，循着"问题—怀疑—取证"的思路展开调查。

2. 实事求是原则：如实反映目标公司的真实情况，不夸大也不缩小问题。

3. 事必躬亲原则：亲临目标公司现场进行实地考察和访谈，获取第一手资料。

4. 突出重点原则：发现并重点调查目标公司的关键领域潜在的问题。

5. 以人为本原则：重视管理团队的能力和诚信程度，将其作为评估公司投资价值的重要因素。

6. 横向比较原则：将目标公司与同行业其他公司进行比较分析，以评估其竞争优势和市场地位。

综上所述，股权投资业务尽职调查的基本方法包括审阅文件资料、参考外部信息、相关人员访谈、企业实地调查、小组内部沟通，以及遵循尽职调查原则。这些方法相互补充、相互支持，共同构成了尽职调查的完整体系。

第二节　业务尽职调查的内容及案例展示

一、公司设立与发展历程、组织结构、公司治理及内部控制

（一）公司设立与发展历程

1. 公司设立

（1）主体核查

核验营业执照、公司章程等基础证照，确认法律主体资格；核查行业许可资质及设立文件完整性（验资报告、批文等）。

（2）程序合规

审查设立文件签署时间与法律时效的匹配性；验证设立程序是否

符合《中华人民共和国公司法》等法规要求。

2. 发展沿革

（1）股权演变

融资核查：重点审查出资真实性及特殊条款（对赌/优先权等）。

转让核查：识别代持/超200人股东等上市障碍情形。

重组核查：评估交易公允性及对主营业务影响。

实控核查：关注近3年控制权稳定性（Pre-IPO关键项）。

（2）非货币出资

重点核查资产评估合理性及权属转移手续；特别关注无形资产权属（职务发明风险）。

（3）变更程序

核查增/减资的决议程序及审批文件；减资特别程序：债权人通知、公告、债务担保说明。

（4）经营合规

核查经营范围前置审批事项；排查超范围经营情况。

（5）综合审查

治理架构：组织体系与分支机构设置。

重大合同：标的合法性及履约风险评估。

核心资产：不动产、知识产权等权属状态。

关联交易：价格公允性与程序合规性。

本核查框架重点聚焦法律合规性及资本运作关键节点，特别关注可能影响IPO的股权结构、实控人稳定、出资瑕疵等核心要素。

📑 **案例分析**：XX 创投公司对 XX 数能公司历史沿革、融资历程和公司发展历程尽职调查

一、历史沿革和融资历程

1. 公司成立

江苏 XX 新能源科技有限公司是由文 XX、李 XX、蒋 XX、吴 XX、张 XX 共同以货币出资设立的有限责任公司，江苏 XX 新能源科技有限责任公司设立时的注册资本为 2 000 万元。

2. 公司第一次股权转让

2018 年 9 月 11 日，公司股东会做出决议，同意李 XX 将其持有的对应公司 480 万元的股权以 0 元的价格转让文 XX。同日，李 XX 与文 XX 就上述股权转让事项签署了《股权交割证明》。

3. 公司第二次股权转让、公司第三次、第四次股权转让，略。

4. 公司第一次增资（A 轮融资）

2022 年 5 月 30 日，江苏 XX 新能源科技有限责任公司通过股东会决议，同意公司吸收新股东苏州 XX 三号股权投资合伙企业（有限合伙）（以下简称"XX 三号"），同意公司注册资本由 2 000 万元增至 2 303.030 3 万元，新增注册资本 303.030 3 万元由 XX 三号以货币认缴。公司于 2022 年 5 月 31 日完成本次增资的工商变更登记。

5. 公司第二次增资（A+ 轮），略。

6. 公司第三次增资（ESOP 增资），略。

7. 公司第四次增资和第五次股权转让（B 轮、B+ 轮融资），略。

8. 第一次资本公积金转增注册资本。

2023 年 3 月 21 日通过了股东会决议，同意以公司注册资本人民币 3 083.944 4 万元为基础，以 6 916.055 6 万元的资本公积金向全体股东同比例转增注册资本人民币 6 916.055 6 万元，同年，3 月 27 日，公司获准本次变更。变更后，公司股东结构为现有结构。

（二）公司组织结构

1. 公司组织结构的定义与意义

（1）定义

公司组织结构是指企业按照不同的任务或职位来划分和调配劳动力的方法，即企业在职、责、权三方面所划分的结构体系。

（2）意义

合理的组织结构有助于实现企业的战略目标、提高运营效率、平衡各方利益，并为企业带来长期稳定发展。

2. 公司组织结构的类型

（1）直线制：最早、最简单的组织形式，企业各级行政单位自上而下实行垂直领导，结构较简单、责任分明、命令统一。

（2）职能制：除了设置简单的各行政单位自上而下的主管下属部门之外，还另外设置了一些职能部门，将各行政单位部分对应职能分给这些职能部门。下级行政负责人除了接受上级行政主管人员的指挥外，还必须接受上级各职能机构的领导。

（3）直线—职能制：集聚直线制和职能制优点而设置的一种组织结构形式。

（4）事业部制：一种高度集权下的分权管理体制，适用于规模庞大、品种繁多、技术复杂的大型企业。

（5）矩阵制：既有按职能划分的垂直领导系统，又有按产品（项目）划分的横向领导关系的结构。

此外，根据管理制度类型，公司组织结构还可分为有限公司制、子公司制、连锁制、事业部制、分公司制等。

3.尽职调查中公司组织结构的考察点

（1）股权结构：通过分析股权的分布情况，了解公司控制权的集中程度。合理的股权结构能够平衡各方利益，提高公司治理的效率和透明度。

（2）董事会构成：包括董事会成员的背景、独立性以及专业能力等。独立董事的比例较高，往往意味着董事会能够更客观地监督管理层。

（3）组织架构图：画出整个集团的组织架构图，标明各经营实体之间的具体组织联系，以了解公司的整体运营架构。

（4）组织结构调整：取得标的公司经营目标调整和风险控制政策改变，即为保证上述目的实现而进行的相应的组织结构调整有关的文件记录，分析公司组织结构形成的来龙去脉。

（5）权力与信息沟通关系：画出标的公司组织结构设置图，并以实线和虚线标明各机构之间的权力及信息沟通关系，分析其设计的合理性和运行的有效性。

（6）管理层沟通：与标的公司的管理层有关人员进行讨论，进一步获得公司组织结构设置、运行方面情况的资料。

（7）内部管理规定：与标的公司管理部门沟通、查阅公司内部管理规定，了解标的公司内部利润中心、成本中心和职能中心的设置和划分情况。

📖 **案例分析：** XX创投公司对XX新能源公司组织结构及治理情况尽调

一、XX新能源公司治理情况

公司建立了较完善的治理机制，设有股东会、董事会，设1名监事；制定了《公司章程》，在实际运作过程中，公司基本能够按照《中华人民共和国公司法》和《公司章程》的规定进行运作。

尽管公司建立了较为完善的治理制度，但在实际运作中仍需要管理层不断深化治理理念、加强相关知识的学习、提高规范运作的意识，以保证公司治理机制的有效运行，保障公司股东的合法权利。

二、XX新能源公司参股及控股子公司情况

表3-4 公司参股及控股子公司清单

序号	公司名称	注册资本/万元	成立日期	持股比例/%
1	东莞金XX新能源技术有限公司	500.00	2020-06-16	100.00
2	深圳XX新能源技术有限公司	500.00	2021-05-19	100.00
3	百色XX新材料技术有限公司	500.00	2021-11-18	100.00
4	贵州XX新能源技术有限公司	1 000.00	2022-01-06	100.00
5	广西百色XX新能源技术有限公司	500.00	2021-05-21	100.00

在股权投资业务的尽职调查中，对公司组织结构的考察是不可或缺的一环。通过深入分析公司的股权结构、董事会构成、组织架构图、组织结构调整、权力与信息沟通关系以及内部管理规定等方面，投资者可以全面了解公司的运营架构和治理结构，从而做出明智的投资决策。同时，对于发现的问题和风险点，投资者应及时与标的公司进行沟通并寻求解决方案，以确保投资后的整合与管理顺利进行。

(三)公司治理及内部控制

1. 公司治理

(1)公司治理基础框架

公司治理是通过股东会、董事会、监事会及管理层的权责配置和制度安排,实现企业战略目标并平衡各利益相关方的结构性机制。完善的治理体系不仅是企业可持续发展的基石,更对维护社会经济秩序和促进生产力发展具有重要作用。

(2)尽职调查核心维度

第一,章程与议事规则合规性。审查章程制定/修订程序:对照《中华人民共和国公司法》及会议记录,确认履行法定表决程序。内容合法性核验:重点排查与上述法冲突条款及执行有效性。三会议议事机制评估:通过列席会议及查阅会议记录,验证股东会/董事会/监事会的议事规则健全性、会议召开合规性(频次/程序/通知),决议内容合法性。

第二,三会运作与决策监督。决策权限审查:董事会重大投融资决策是否存在越权,以及特殊事项是否保留股东大会决议权限。监督机制有效性:监事会履职记录及监督措施,以及独立董事设置及履职合规性(如有)。

第三,关键人员管理。任职资格核查:董事、监事和高级管理人员(简称董监高)资质是否符合法定要求及章程规定、兼职/同业竞争情况排查(重点核查《中华人民共和国公司法》第148条禁止行为)。人事管理机制:选聘/解聘程序的法定合规性、激励约束机制的双重有效性(吸引人才与风险防控)、高管异常变动情况追踪。

（3）重点风控领域

特殊经营行为：关联交易、同业竞争、重大资产处置等事项的决策程序。信息保密机制：审查保密制度及泄密风险防控措施。历史违规记录：追溯过往监管处罚及整改情况。

调查过程需综合运用文件审阅（章程/决议/人事档案）、现场观察（列席会议）、人员访谈等多维度验证手段，确保治理机制在形式合规与实质有效两个层面的统一。

> **案例分析：** XX 创投公司对 XX 生物制药公司核心团队尽调

> 董事长兼总经理：戴 XX，北京大学学士，普林斯顿大学硕士、博士学位，麻省理工学院博士后，高级研究员。曾任美国最大的核酸试剂公司 Gen-Probe 核心研发小组首席科学家。2008 年回国创业，因其在生物高科技创新及其产业化转换领域取得的突出业绩，入选国家"千人计划"专家，省委、省政府引才"百人计划"首批特聘专家；并先后荣获中国侨界创新人才、创新成果、创新团队杰出贡献奖。

> 首席技术官：王 X，多伦多大学生物化学专业博士后。曾在美国罗氏制药公司、美国罗氏分子诊断公司任产品研发小组首席科学家；美国富鲁达公司任研发部经理、高级科学家。2012 年 7 月，回国加入公司任首席技术官，并入选湖南省"百人计划"特聘专家。

> 研发总监：李 XX，美国欧道明大学机械工程博士。2003—2013 年在美国最大的核酸试剂公司 Gen-Probe 任高级主任工程师，2013 年加入公司任仪器装备研发总监，并入选湖南省"百人计划"特聘专家。

> 生物信息技术总监：刘 XX，美国俄勒冈大学计算机和信息学硕士、生物物理/分子生物学博士，曾任北京大学讲师、美国牛津分

子集团公司资深工程科学家、美国辉瑞公司研发部门经理、美国康宁公司生物信息学研究经理、美国杰克逊实验室基因药物所技术带头人。

国内营销中心技术总监唐X和国内营销中心市场总监范XX：略。

2. 内部控制

内部控制是企业管理的重要组成部分，涉及企业的各个层面和业务流程，旨在确保企业资产的安全完整、财务报告的准确可靠以及对法律法规的严格遵循。

尽职调查中的内部控制主要关注企业的内部控制制度、财务风险以及业务流程中的控制措施等，具体包括以下两点。

一是内部控制制度，包括控制环境、风险评估、控制活动、信息与沟通以及内部监督等要素。调查人员需要与公司管理层及员工交谈，查阅公司规章制度、业务流程相关文件以及内部审计报告等，以了解企业内部控制制度的建立和执行情况。同时，还需关注企业对内部控制活动与措施的监督和评价制度及其有效性。

二是财务风险，主要关注企业的主要财务指标及相关财务风险，如获取现金能力、应收账款余额及其变动情况、大额应收账款和其他应收款的真实性、收回可能性。

二、管理团队调查

（一）调查目标

1. 主要管理层（包括董事会成员、监事会成员、总裁、副总裁以及财务总监等高级管理人员）是否正直、诚信。

2. 主要管理层是否具有与发展公司需要相匹配的开拓精神和经营管理能力。

3. 了解关键管理人员的选聘、考核和离职情况，及其程序是否合法。

4. 了解公司与主要管理人员有关的激励和约束机制，及其对公司经营和长远发展的影响。

（二）调查程序

1. 取得主要管理人员学历和从业经历简况，对核心人员要取得其详细资料，尤其要关注主要成员在本行业的执业经验和记录。

2. 与公司主要管理人员就企业发展、公司文化、竞争对手、个人发展与公司发展的关系等主题进行单独的会谈。

3. 调查过去三年中公司关键管理人员离职的情况，调查其辞职的真实原因。

4. 调查公司董事是否遵守"竞业禁止"的规定。

5. 与公司职员进行交流，获取其对管理团队以及企业文化贯彻情况的直观感受。

6. 调查公司内部管理制度规定、年度经营责任书，了解公司是否制定经济责任考核体系，特别是考核体系的落实情况。

7. 了解公司为高级管理者制定的薪酬方案、持有股份及其变动情况。

8. 调查主要管理者是否有不适当的兼职情况，并说明必要的兼职是否会对其工作产生影响。

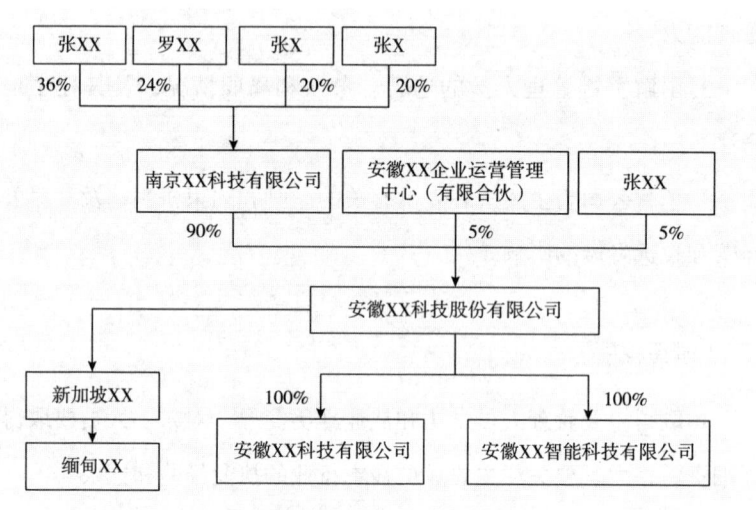

📖 **案例分析**：XX 创投公司对 XX 公司 Pre-IPO 项目公司股份结构
业务尽调

图 3-2 XX 创投公司股份结构

注：1. 张 XX 和罗 XX 为夫妻关系，张 X、张 X 为其子女。XX 勤合为员工持股平台。南京 XX 为实控人家人持股平台。

2. 尽调后，2022 年 6 月 16 日，XX 公司与宜宾 XX 股权投资合伙企业（有限合伙）（XX 市政府基金）合资设立宜宾 XX 科技有限公司，其中 XX 持股 55%，宜宾 XX 持股 45%（待公司上市后发行股份收购该部分股权），主要在宜宾扩产 20 吉瓦（GW）的生产线，一期建设投产 10GW。宜宾 XX 股权投资合伙企业（有限合伙）基金总规模 11 亿元，其中 8 亿元出资至英发 XX，3 亿元进行股权投资参与本轮增资，3 亿元已交割。

3. 英发 XX 为全资子公司，主要是光伏电池片生产，182mm 4GW 电池片；瓦科 XX 为全资子公司，主要为体内公司设备提供维修服务；公司在上海设立安徽 XX 科技股份有限公司上海分公司为张 XX、张 X、张 X、施 XX、刘 XX 等 5 人缴纳社保及公积金。

4. 新加坡 XX［YINGFANEWENERGY（ASIA）PTE.LTD.］、缅甸 XX［INGFANEWENERGY（MYANMAR）COMPANYLIMITED.］设立后均未实际开展业务。

三、公司发展规划调查

（一）调查目标

调查企业未来几年的发展规划。

（二）调查程序

1. 取得企业所提供的商业计划书，或直接要求被投资企业提供未来3—5年公司的发展规划，获知企业未来几年的发展目标、发展方向、发展重点、发展措施。

2. 取得企业计划投资项目的可行性研究报告，评估报告的可行性。

案例分析： XX创投公司对XX公司Pre-IPO项目业务尽调中XX公司发展规划 ························

2017年发展至今，公司已经初步完成整体发展规划的第一阶段，在产品体系上已经完成储能电池系统和电池管理系统的布局；在第二阶段，公司将实现集成化一体的储能系统；第三阶段，公司将打造基于硬件和软件生态下的数据及资产积累打造应用级智慧能源平台。公司具体战略规划见表3-5。

表3-5 公司战略规划

1.0阶段	2017—2022年	1. 以用户场景为中心向移动及工商业场景拓展 2. 基于技术领先的电池PACK及BMS持续扩充产品线 3. 沉淀核心组件及系统研发能力供应链布局加深 4. 线上+线下推广并举，B端、C端客户双轮驱动
2.0阶段	2023—2024年	1. 用户、工商业、移动及多元场景全面普及 2. 集成式一体化储能系统 3. 基于大数据迭代软硬结合的技术研发能力 4. 全渠道布局深化用户品牌认知
3.0阶段	2025至今	1. 全场景覆盖 2. 智能硬件+物联网+应用平台一站式解决方案 3. 产业链纵深布局，基于大秦覆盖的储能端搭建能源互联网平台 4. 全球化品牌，线上线下一体化运营

四、业务发展战略与目标

（一）调查目标

一是调查公司业务发展目标与现有业务的关系；二是调查公司业务发展目标实现的可行性、风险。

（二）调查程序

查阅公司的发展规划、年度工作计划等资料，或与经营决策层访谈，以得到下列的信息。

一是公司发展目标的定位，包括长远发展战略、具体业务计划；二是公司发展目标与现有业务间的关系，公司实现业务发展目标中可能存在的潜在风险，包括法律障碍等，公司实现未来发展计划的主要经营理念或模式、假设条件、实现步骤、面临的主要问题等。

> **案例分析：** ×× 创投公司对 ×× 企业业务与技术尽职调查

一、主营产品

公司主营业务为锂电池正负极材料回收修复循环利用，通过回收报废的石墨负极和磷酸铁锂正极材料，采用物理法修复工艺生产成为石墨负极和磷酸铁锂正极材料，公司主营产品为供应电池生产企业用于生产小动力、储能及消费电池的正负极原材料。公司聚焦动力电池正负极材料物理法回收利用，产品在锂电产业动力、储能及消费电池细分领域竞争优势明显，是负极材料回收利用细分领域的龙头企业，磷酸铁锂正极材料产品也已批量出货并具有较强的市场竞争力。主要产品介绍见表 3-6。

表3-6 公司主营产品介绍

类别	产品型号	上市时间/年	性能参数	产品说明
负极材料	K10	2015	D50=14.0±2.0um，TAP>0.90g/cm³，SSA <4.0g/m²，容量 >340mAh/g，首次效率 >90%	回收类性价比产品，主要应用于低端数码、圆柱及钢壳、铝壳电池
	C09	2016	D50=16.0±2.0um，TAP>0.95g/cm³，SSA <5.0g/m²，容量 >340mAh/g，首次效率≥92%	回收类复合材料产品，主要应用于中端数码类产品、聚合物移动电源市场
	K6	2017	D50=14.0±2.0nm，TAP>0.95g/cm³，SSA <3.5g/m²，容量 >342mAh/g，首次效率≥93%	人造石墨类产品，主要应用于通信储能、小动力市场，包括软包及大铝壳电池
	Q2	2019	D50=15.0±2.0gm，7AP>1.0g/cm³，SSA <2.5 g/m²，容量 >342mAh/g，首次效率≥93%，磁性物质≤3Ppm	回收类人造石墨类产品，主要应用于电力储能、小动力、倍率型电池产品
	Q7	2020	D50=17.0±2.0nm，TAP>1.0g/cm³，SSA <2.5 g/m²，容量 >350mAh/g，首次效率≥94%	高容量石油焦类人造石墨，主要应用于电力储能、动力电池领域
正极材料	F-1	2021	D50=1.5±0.5pm，TAP=1.2±0.5g/cm³，SSA =14±3.0g/m²，容量 >150mAh/g，首次效率≥95%	物理法回收类性价比产品，主要应用于储能及小动力市场

表3-7 公司的Top 5产品在各自领域与主要同行的技术及性能指标对比

	XX产品信息			同行产品信息		
序号	已量产型号	产品指标	产品类型	型号	产品指标	产品类型
1	K10	D50=14.0±2.0μm TAP ≥ 0.90g/cm³ SSA ≤ 4.0g/m² 容量 >340mAh/g 效率≥ 90%	动力回收石墨	BL-C BTR	D50=15.5–19.5μm TAP ≥ 0.80g/cm³ SSA ≤ 7.0 g/m² 容量 >330mAh/g 效率≥ 89 %	落地粉，筛上料天然+人造颗粒复合（无固定组成）

2、3、4、5，略

二、运营模式

公司的正负极产品生产有独特的技术路线，拥有正负极材料短流程低耗能精准分级分类再生修复技术。公司在原料来源和修复处理方面有如下特点。

1. 严格管控原料来源，拥有行之有效的分类方法

XX公司切入产业链前端，对每个供应商废弃锂电池来源厂商进行划分，并严格要求供应商依据约定的处理流程进行分选、粉碎、二次粉碎工序。公司利用其行业经验、市场影响力对供应商进行严格管控，对筛分、分选环节进行严格把控，从杂乱的初始原料加工成为可以进一步修复还原的石墨粉，并拥有行之有效的分类方法可以分门别类进入下一道工序。

2. 拥有较强资源整合能力，调整工艺流程以适应不同终端领域

XX公司依据不同来源、参数（水分、杂质、纯度等指标）对回收石墨粉进行再分类（A1、A2、A3、B1、B2、B3、C1、C2），针对不同分类石墨粉的特性，XX公司系统化地选择了最优的工艺流程，对回收石墨进行分级利用，生产出具有不同参数指标的产成品，满足不同应用领域的需求。

3. 拥有独特成熟工艺修复回收石墨，委外工艺不构成行业壁垒

XX公司拥有的独特工艺一是球形化能够提升负极材料一致性；二是球形化对回收石墨粉进行结构修复，还原至可利用状态；三是球形化工艺收率高，效果稳定。

XX公司石墨负极原料来源较广泛，包括动力电池回收料、复合石墨、人造石墨等，依据不同的原料来源制造出来的产品与新料性能相当，但价格降低了20%左右。

五、行业及竞争者调查

（一）调查目标

1. 调查公司所处行业的现状及发展前景。

2. 调查公司所处行业发展驱动因素与本质。

3. 调查公司提供的产品（服务）较之同行业可比公司的竞争地位。

4. 调查公司主要经营活动的合法性。

（二）调查程序

1. 查阅权威机构的统计资料和研究报告（如国家发展改革委、中华人民共和国商务部、行业协会、国务院研究发展中心或其他研究机构），调查公司所处行业国内、外的发展现状与前景，分析影响其行业发展的有利、不利因素。

2. 调查公司所处行业内企业是否受到国家宏观控制，如果是，其产品定价是否受到限制？是否享受优惠政策？

3. 调查公司所处行业产业链情况，公司所处链条环节情况。

4. 了解公司所处行业的进入壁垒，包括规模经济、资本投入、技术水平、环境保护或行业管理机构授予的特许经营权等方面，分析其对公司核心竞争力的影响。

5. 了解公司所处行业的整体特征，属于资金、技术、劳动密集型产业哪一种类型；了解该行业对技术（或对资金、劳动力等要素）的依赖程度、技术的成熟度；了解该行业公司是否需要大量的研究开发支出、巨额的广告营销费用；是否存在应收账款周转慢；产品价格的变动特征；出口占总销售的比例等方面。

6. 调查公司近 3 年内销售产品所处的生命周期阶段，是处于导入期、成长期、成熟期、衰退期中的哪个阶段？调查公司产品的使用寿命。

7. 查阅国家的产业结构调整政策、公司相关财务资料和发展规划文件，获取或编制公司最近几个会计年度主要产品产销量明细表，了解公司产品结构构成；了解公司未来产品结构调整的方向。

8. 查阅权威机构的研究报告和统计资料，调查影响公司产品需求的相关因素以及产品需求的变化趋势，分析未来几年该产品的需求状况、市场容量；获取公司所处行业中该产品的现有生产能力、未来几年生产能力的变化数据；所处行业是否因过多受到国家政策、技术进步、可替代产品的冲击等外部因素影响而具有较大的脆弱性。

9. 对公司产品价格变动作出预测。

10. 调查可替代产品的价格和供应状况，调查公司产品目前或在可合理预计的将来多大程度上受到进口同类产品的冲击。

11. 对公司现有与潜在的竞争者调查，应包括但不限于整个产品市场容量、竞争者数量、公司与市场竞争者各自的市场份额；对公司与竞争者的比较应包括相对产品质量、相对价格、相对成本、相对的产品形象及公司声誉等。对公司目前、未来的市场地位作出描述和判断。

12. 利用各大证券报、主要证券类网站披露的公开信息，与已上市公司进行比较分析。选择 5—10 家产品结构、生产工艺相同的公司，以这些公司近几年的数据为基础，至少在生产能力、生产技术的先进性、关键设备的先进性、销售收入、销售的地理分布、主要产品销售价格与主营业务利润率、行业平均销售价格与主营业务利润率等方面进行比较。

案例分析：XX 创投公司对 XX 定增项目同行业可比公司尽调

目前模切行业高端厂商仍以迈锐（Marian）、宝依德等外资企业为主，国产替代空间广阔。

表 3-8　同行业可比公司情况

公司	说明
迈锐	全球性新型柔性材料精密模切件生产商，总部位于美国印第安纳波利斯市，全球拥有 9 家工厂超过 3000 名员工。自 1954 年以来一直致力于向客户提供优质的产品和卓越的服务，并始终保持有竞争力的价格优势
宝依德	主要产品为模切胶带、泡棉、导电片、散热片、隔热片、绝缘片、垫片、保护膜、光薄胶膜、网纱。公司是苹果公司重要模切产品供应商，在全球 3 大洲、10 个国家和地区设有 27 个工厂、10 个设计中心
领益智造	世界领先的智能制造平台，致力为全球客户提供一站式智能制造服务及解决方案，主要产品为模切产品、冲压产品、CNC 产品、紧固件产品和组装产品等。应用于智能手机、平板电脑、智能可穿戴设备等消费电子产品的精密功能器件，是苹果公司精密功能件的核心供应商
安洁科技	一家专业为笔记本电脑和手机等消费电子产品品牌终端厂商提供功能性器件生产及相关服务的企业，产品主要包括内部粘贴、绝缘、屏蔽、缓冲等功能器件和外部的防护、展示、传感等功能器件，是苹果公司重要模切产品供应商
智动力	精密器件平台型一体化解决方案提供者，布局散热组件、车载电子器件、精密光学器件等产品领域，广泛应用于智能手机、平板电脑、可穿戴设备、智能家居等消费电子产品，应用品牌包括谷歌、三星、OPPO、vivo、脸书等
飞荣达	一家电磁屏蔽/热管理解决方案服务商，主要产品包括导电塑料器件、导热硅橡胶、绝缘片、保护膜等，下游应用涵盖消费电子、通信设备、笔记本电脑、家用电器等多个领域

领益智造、安洁科技、飞荣达、智动力的业务与恒 XX 公司具有相似性，因此选为可比公司。

2023 年，恒 XX 公司总收入 18.18 亿元，低于中位值；归母净利润、扣非后净利润分别为 2.81 亿元、2.67 亿元，处于中位水平。恒 XX 与可比公司在收入规模上存在差异主要因为与可比公司在产品结构和经营情况上存在差异，如安洁科技除智能终端功能件和精密结构件以及模组类产品外还有新能源汽车类产品、信息存储类产品；领益智造除精密功能件、结构件及模组收入外还有充电器及精品组装收入、汽车产品等。

恒XX公司2023年总收入和归母净利润分别同比增长17.48%、45.50%，毛利率30.41%，净资产收益率14.38%，均为可比公司中的最高值，说明公司成长性好、盈利能力强。具体见表3-9。

表3-9 可比上市公司（2023年报）

证券简称	总收入/亿元	总收入同比增长率/%	归母净利润/亿元	归母净利润同比增长率/%	扣非后净利润/亿元	扣非后净利润同比增长率/%	销售毛利率/%	净资产收益率/%
恒XX	18.1826	17.48	2.8139	45.50	2.6714	37.55	30.41	14.38
领益智造	341.2371	−1.05	20.5091	28.50	16.9299	13.30	19.94	11.56
安洁科技	45.1656	7.57	3.0762	30.77	2.6416	−8.27	24.72	5.21
智动力	13.8651	−20.53	−2.5417	−16.12	−2.6228	−8.57	3.31	−19.11
飞荣达	43.4594	5.37	1.0321	7.31	0.8172	985.24	19.47	3.12
最高值	341.2371	17.48	20.5091	45.50	16.9299	985.24	30.41	14.38
最低值	13.8651	−20.53	−2.5417	−16.12	−2.6228	−8.57	3.31	−19.11
中位值	43.4594	5.37	2.8139	28.50	2.6416	13.30	19.94	5.21
平均值	92.3820	1.77	4.9779	19.19	4.0875	203.85	19.57	3.03

六、采购环节业务调查

（一）调查目标

1. 调查公司供应方市场、采购政策及主要的供应商。
2. 调查公司采购业务涉及的诉讼及关联交易。

（二）调查程序

1. 调查供应方市场的竞争状况，是竞争还是垄断，是否存在特许经营权等方面因素使供应方市场有较高的进入壁垒。

2. 与采购部门人员、主要供应商沟通，调查公司生产必需的原材料、重要辅助材料等的采购是否受到资源或其他因素的限制。

3. 了解公司主要的供应商（至少前 5 名），计算最近 3 个会计年度公司向主要供应商的采购金额、占公司同类原材料采购金额、总采购金额的比例，是否存在严重依赖个别供应商的情况。

4. 与采购部门人员、主要供应商沟通，调查公司主要供应商与公司的地理距离，分析最近几年原材料成本构成，关注运输费用占采购成本中的比重。

5. 与采购部门人员沟通，了解公司是否建立了供应商考评制度。

6. 调查公司与主要供应商的资金结算情况，是否及时结清货款，是否存在以实物抵债的现象。

7. 查阅权威机构的研究报告和统计资料，调查公司主要原材料的市场供求状况，查阅公司产品成本计算单，定量分析主要原材料、动力涨价对公司生产成本的影响。

8. 与采购部门、生产计划部门人员沟通，调查公司采购部门与生产计划部门的衔接情况，关注是否存在严重的原材料缺货风险，是否存在原材料积压风险。

9. 与主要供应商、公司律师沟通，调查公司与主要供应商之间是否存在重大诉讼或纠纷。

10. 如果存在影响成本的重大关联采购，判断关联采购的定价是否合理，大股东与公司之间是否存在利润输送或资金转移的现象。

📖 案例分析：XX 创投公司对 XX 新能源 Pre-IPO 项目采购业务尽调

一、采购情况

1. 采购品种与供应

公司采购的原材料主要有两类：一类是主要正负极材料回收料，主要包括报废石墨电极/粉、报废负极极片/粉等，这些是公司主要核心原材料，占采购总量60%—70%，报废磷酸铁锂极片/粉占采购总量20%—25%；另一类是生产所需辅料，包括坩埚、炭微球等，占比极小。此外因公司产能限制原因负极材料生产过程粉碎、碳化、石墨化和整形等部分工序委外。

2. 采购流程管理

公司建立了较完善的采购管理和供应商制度和流程，公司的负极回收料主要通过合同订货方式进行采购，磷酸铁锂废料则以供应方网络招投标的方式竞标采购，现有采购流程较为简单。

因原料采购费用占成本比重大，是影响公司成本毛利的关键，总经理负责公司主要原料采购，总经理与供应商就采购量和价格达成一致后，交财务部和生产部具体执行。为降低原料价格波动给企业经营带来的影响，公司总经理依靠多年行业经验积累的职业敏感和预判能力，在相对低价时签订大额采购合同，以锁定原料涨价风险，但也对公司现金流提出了更高的要求。

3. 供应商

公司的原材料以回收料为主，供应商包括电池或电芯生产厂家、回收料贸易及回收料拆解公司以及工序委外厂商，在保证产品质量的前提下，综合考虑价格、付款条件、交货周期、合作关系等因素，公司形成一批长期稳定的采购供应商，见表3-10。

表3-10 公司长期合作的供应商

采购类别与产品		采购供应商	付款周期
原料	负极回收料 石墨电极回收料	XX东星炭素材料有限公司	月结30天
		XX市迈特瑞新能源科技有限公司	月结60天
		XX县奇创发循环科技有限公司	月结30天
		XX市盛广宏再生资源有限公司	款到发货
		XX市贝特瑞新材料科技有限公司	月结30天
	委外工序厂商	XX市贝特瑞新材料科技有限公司	月结30天
		XX东星炭素材料有限公司	月结60天
		XX市金凯新能源有限公司	月结60天
磷酸铁锂回收料		XX邦普循环科技有限公司	款到发货
		XX汽车工业有限公司	款到发货

XX年前十名供应商	供应产品	采购金额/万元	采购额占比/%	结算方式
XX东星碳素材料有限公司（晶碳）	石墨化后的晶碳	2 471.09	24.40	月结30天
XX市良友贸易有限公司	MG-3和MG-4	1 228.9	12.13	票到付款
XX奕友贸易有限公司	MG-3和MG-4	1 063.8	10.50	票到付款
略				
合计		8 775.67	86.64	

公司今年上半年以8260元/吨的价格从XX采购了5680吨磷酸铁锂废料，现在废料的价格已经涨到约16 000元/吨，将给公司未来带来业绩增长；部分供应商如XX，既是公司的供应商也是公司客户，合作较紧密。

七、生产环节业务调查

（一）调查目标

1. 调查公司生产工艺、生产能力、实际产量。

2. 调查公司生产组织方式及生产保障措施。

3. 成本分析。

4. 调查公司生产的质量控制、安全、环保。

（二）调查程序

1. 调查公司生产过程的组织形式，属于个别制造或小批量生产、大批量生产或用装配线生产，还是流水线生产。

2. 了解公司各项主要产品生产工艺，获取公司产品生产工艺流程图，调查公司在行业中工艺、技术方面的领先程度。

3. 调查公司主要产品的设计生产能力、最近几个会计年度的实际生产能力以及主要竞争者的实际生产能力，进行盈亏平衡分析，计算出盈亏平衡时的生产产量，并与各年的实际生产量比较。

4. 与生产部门人员沟通，调查公司生产各环节中是否存在瓶颈，是否存在某种原材料的供应、部分生产环节的生产不稳定或生产能力不足而制约了企业的生产能力等问题。

5. 与生产部门人员沟通，调查公司的生产是否受到能源、技术、人员等客观因素的限制。

6. 采用现场查勘的方法，调查公司主要设备的产地、购入时间，机器设备的成新率，是否处于良好状态，预计尚可使用的时间，现有的生产能力及利用情况，是否有大量闲置的设备和生产能力。

7. 调查公司是否存在设备抵押贷款的情形。如有，查阅或查询借款合同的条款及还款情况，判断逾期债务是否会对公司的生产保障构成影响。

8. 制造成本的横向比较。查阅公司历年来产品成本计算单、同类公司数据，分析公司较同行业公司在成本方面的竞争地位。

9. 制造成本的纵向比较。获取或编制公司最近几个会计年度主要产品（服务）的毛利率、贡献毛利占当期主营业务利润的比重指标，分析公司主要产品的盈利能力；如果某项产品在销售价格未发生重大变化时，某一期的毛利率出现异常，分析单位成本中直接材料、直接人工、燃料及动力、制造费用等成本要素的变动情况，确认成本的真实发生。

10. 与公司质量管理部门人员沟通、现场实地考察、查阅公司内部生产管理规定，调查公司的质量控制政策、质量管理的组织设置及实施情况。

11. 调查公司保障安全生产的措施，成立以来是否发生过重大的安全事故。

12. 了解公司生产工艺中三废的排放情况，查阅省生态环境厅出具的函件，调查公司的生产工艺是否符合有关环境保护的要求，调查公司最近3年是否发生过环境污染事故，是否存在因环保问题而被处罚的情形。

13. 查阅省级的质量技术监督局文件，调查公司产品是否符合行业标准，是否因产品质量问题受过质量技术监督部门的处罚。

📖 **案例分析**：XX 创投公司对 XX 公司 Pre-IPO 尽调生产情况

目前，公司已建立起了年处理量达 3 万吨的负极回收能力以及年处理量达 1 万吨的铁锂回收能力。其中 XX 黄江公司（负极回收利用 2.2 万吨/年）、XX 宝安罗田公司（负极回收利用 0.8 万吨/年）、XX 坪山金公司（铁锂回收利用 1 万吨/年）、XX 黄江方驰公司（铁锂拆解 2 万吨/年）、XX 鑫皓公司（石墨化 1 万吨/年）、XX 鑫茂公司（粉碎造粒炭化 1.2 万吨/年）。

一、生产组织

公司采取按单生产和库存生产相结合的生产模式，一般是销售部开发订单后交生产部生产，另根据公司经营层及收购回料的情况安排生产，其间穿插巡检，经成检后入到成品库，后经销售部发货。

二、生产流程

公司根据正负极产品分类生产，生产工艺流程如下。

1. 石墨负极材料全产业链生产全流程

（1）原料 – 整型 – 包覆 – 炭化 – 石墨化 – 检验 – 分级 – 包装 – 出厂

（2）原料 – 预处理 – 整型 – 包覆 – 炭化 – 石墨化 – 检验 – 分级 – 包装 – 出厂

（3）原料 – 预处理 – 粉碎 – 二次造粒 – 炭化 – 石墨化 – 检验 – 分级 – 包装 – 出厂

2. 石墨化流程

粉体材料计量装罐 – 清炉装炉 – 送电送气 – 停炉冷却 – 出炉 – 辅料筛分出罐 – 检验 – 包装 – 出厂

公司高度重视质量检测工作，会运用检测设备、仪器对生产全过程进行质量检测，对化学性能、外观尺寸等指标进行检测，在利用工艺把控质量的基础上，再通过详细的质检确保产品质量的稳定与一致。其产品品质控制流程见图 3-3。

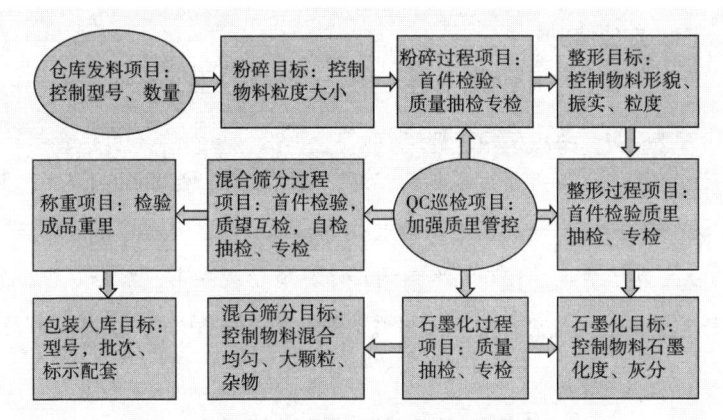

图 3-3　XX 公司产品品质控制流程

三、生产工艺特点

现有生产工艺技术特点见表 3-11。

表 3-11　XX 公司现有生产工艺技术特点

类别		特点	定位
负极回收再利用	报废极片、电芯	掌握节能环保、较低成本的独有物理回收利用技术，无须危废处理资质。回收利用率高达 95%。产品性能不弱于原生料	正负极材料物理法回收利用行业龙头企业
	退役电池		
正极回收再利用	报废极片、电芯	掌握节能环保、较低成本的独有物理修复技术，无须危废处理资质，回收利用率高达 93%。产品性能不弱于原生料	

与同行工艺路线对比

生产厂家	市场定位	产品类型	生产工艺	市场方向
XX 新能源	数码市场、小动力市场、储能市场、未来动力市场	针状焦、回收类石墨石油焦	一次颗粒装备及工艺回收	移动电源、数码市场、电单车、叉车、电池工具、5G 铁塔通信储能、汽车动力
凯金能源	汽车动力市场、数码市场	石油焦类针状焦	二次颗粒装备工艺	汽车动力、覆盖 3C 数码市场
贝特瑞	汽车动力市场、数码市场	石油焦类、天然石墨类、复合石墨	二次颗粒装备及工艺，天然石墨装备及工艺	汽车动力、覆盖日韩及国内数码

四、产能情况

XX 公司当前拥有负极材料产能 3 万吨/年,正极磷酸铁锂材料产能 1 万吨/年。主要产能分布如下。

XX 总部:4000 平方米钢构厂房,目前负极产能 8000 吨/年。总部及研发中心、自动化制造体验中心。

XX 制造基地:10 000 平钢构厂房,有粉碎整形、筛分混匀、除磁包装等工序,目前产能 17 000 吨/年。就近服务于珠三角客户群。

XX 制造基地、XX 基地、XX 基地,略。

表 3-12　XX 公司主要产能分布情况

序号	工厂地点	工厂名称	工厂类型、设施	生产产品	现有产能(万吨/年)	利用产能(万吨/年)	产能利用率/%
1	深圳宝安	深圳 XX 新能源技术有限公司	研发中心、混筛筛分除磁、包装成品自动化制造中心	负极石墨	0.8	0.5	62.50
2	东莞黄江	东莞金 XX 新能源技术有限公司	有粉碎整形、筛分混匀、除磁包装等工序半自动化制造	负极石墨	1.7	1.5	88.24
3	广西百色	广西百色 XX 新能源技术有限公司	石墨化炉-内串炉,粉碎、整形、造粒、炭化前驱体制造中心	负极石墨前驱体,石墨化	1	0.7	70.00
4	深圳坪山	深圳金 XX 新能源技术有限公司	铁锂一体化制造中心	正极材料磷酸铁锂	1	0.6	60.00
5	重庆秀山	重庆东星碳素材料有限公司	石墨化炉-艾奇逊炉	石墨化	1	0.6	60.00

此外公司规划的西南片区基地已正式启动,于 2022 年 1 月 4 日签约 XX 省黔西南州兴义市义龙新区年产 13 万吨动力电池正负极材料回收再利用项目。该项目占地约 1000 亩,总投资 30 亿元,分两期,计划 2022 年底一期 80 000 吨/年可投入使用。

八、销售环节业务调查

（一）调查目标

1. 调查公司营销网络的建设及运行情况。

2. 调查公司产品商标的权属及合规性。

3. 调查公司销售回款、存货积压情况。

4. 调查公司销售业务涉及的诉讼及关联交易。

（二）调查程序

1. 了解公司的分销渠道，对自营零售的，调查公司销售专卖店的设置；对通过批发商进行销售的，需调查经销或代理协议是否全部委托销售代理而导致销售失控？

2. 查阅国家知识产权局商标局的商标注册证，调查公司是否是其主要产品的商标注册人。

3. 查阅国家市场监督管理总局或省级的市场监督管理局的证明或其他有关批复，调查公司的产品质量是否执行了国家标准或行业标准，近3年是否因违反有关产品质量和技术监督方面的法律法规而受到处罚。

4. 是否存在假冒伪劣产品，打假力度如何。

5. 调查公司的主要竞争者及各自的竞争优势，从权威统计机构获取公司产品与其主要竞争者产品的市场占有率资料。

6. 获取或编制公司近几个会计年度各项产品占销售总收入比重明细表、各项产品产销率明细表。

7. 获取公司近几个会计年度对主要客户（至少前5名）的销售

额、占年度销售总额的比例及回款情况，调查其客户基础是否薄弱，是否过分依赖某一客户而连带受到客户所受风险的影响；分析其主要客户的回款情况，是否存在以实物抵债的现象。

8. 获取近几个会计年度按区域分布的销售记录，分析公司销售区域局限化现象是否明显，产品的销售是否受到地方保护主义的影响。

9. 是否存在会计期末销售收入的异常增长，采取追查至会计期末几笔大额的收入确认凭证、审阅复核会计师期后事项的工作底稿等程序，判断是否属于虚开发票、虚增收入的情形。

10. 是否存在异常大额的销售退回，查阅销售合同、销售部门与客户对销售退回的处理意见等资料，判断销售退回的真实性。

11. 测算公司最近几个会计年度的应收账款周转率，调查公司坏账、呆账风险的大小。

12. 对于销售集中于单个或少数几个大客户的情况，需追查销货合同、销货发票、产品出库单、银行进账单，或采用函证的方法以确定销售业务发生的真实性。如果该项销售系出口，尚需追查出口报关单、结汇水单等资料，以确定销售业务发生的真实性。

13. 查阅会计师的工作底稿，调查是否存在大量的残次、陈旧、冷背、积压的存货；与会计师沟通存货跌价准备是否足额计提，计算公司最近几个会计年度产成品周转率，并与同行业可比公司比较。

14. 抽查部分重大销售合同，检查有无限制性条款，如产品须经安装或检修、有特定的退货权、采用代销或寄销的方式。

15. 调查关联销售的情况。如果存在对主营业务收入有重大贡献的关联销售，抽查不同时点的关联销售合同，获取关联销售的定价数据，分析不同时点的销售价格的变动，并与同类产品当时市场公允价格比较。如果存在异常，分析其对收入的影响，分析关联销售定价是否合理，是否存在大股东与公司之间的利润输送或资金转移的现象。

案例分析： XX 创投公司对 XX 公司 Pre-IPO 尽调销售情况

一、销售流程制度管理

XX 公司对销售实行流程化、制度化管理，主要包括销售员出差管理、下计划管理、发货流程等管理流程和制度。

二、客户情况

目前公司拥有广泛的客户基础，客户数量 110 余家，当前公司主要客户有贝特瑞、赣锋锂业、比亚迪、鹏辉能源、双登集团、哈光宇、嘉拓科技、苏州星恒等；同时客户销售相对分散，近 2 年前 5 大客户的销售占比约 50%，见表 4-13。

表 3-13　XX 年公司前五大客户销售情况

序号	客户名称	销售收入（万元）	占比（%）	企业类型
1	XX 嘉拓新能源科技有限公司东莞分公司	1 200.078 75	8.67	数码
2	XX 双登富朗特新能源有限公司	921.312 5	6.66	储能
3	XX 赣锋锂电科技有限公司	838.279	6.06	小动力
4	XX 盛利高新能源科技有限公司	830.023 75	6.00	小动力
5	XX 光宇新能源有限公司	639.15	4.62	小动力

三、客户分析

1. XX 公司前十大客户的集中度不高，客户较分散，单一客户在公司销售占比均不超过 20%。根据访谈，公司现有各种类型的合作客户约 200 家，还有较大挖掘潜力。

2. 近三年的客户结构可以看出，单价毛利率较低的数码类客户占比在下降，从 2019 年的 39.65% 下降至 2021 年 1—9 月的 27.03%。

3. 公司的前十大客户中，XX 为全球最大的负极材料供应商，XX

为国内最大的数码电池供应商，XX为国内最大的基站储能电池供应商。

4.客户访谈得知，未来两三年客户的需求都会有较大增长，如XX现在石墨化产能缺口较大，XX新建的1万吨石墨化产能主要是供应XX；XX将从目前2000吨的正极材料需求扩大到明年的6000吨，XX宇基站储能电池正极材料需求将从今年的2000吨扩大到明年的4000吨。

5.由于公司目前的正极材料产能较小，部分客户派驻场代表绑定产能，并支付全额预付款。

四、产品销售情况

公司在XX年的产品结构随着下游行业变化有所调整，具体见表3-14。

表3-14 2020年产品销售明细表

规格型号	销售数量/吨	销售收入/万元	占比/%	企业类型
C09	1 744.88	2 579.72	18.65	数码
K6	1 228.54	2 517.51	18.20	储能
K8	360.80	1 145.18	8.28	小动力
略				
总计	6 208.61	11 366.59	82.17	

九、技术与研发调查

（一）调查目标

1.调查公司专利、非专利技术。

2.调查公司研发机构、人员、资金投入。

3.调查公司正在研发的项目。

（二）调查程序

1. 了解公司的行业技术标准，是否有国家标准、国际标准。

2. 调查公司核心技术的选择。调查公司较同行业其他企业在技术方面的领先程度。关注其核心技术是否为其他新技术所取代。

3. 获取公司专利技术、非专利技术等权利证书、在有权管理部门的登记文件以及相关协议，了解公司的专利技术、非专利技术有哪些？了解公司和新技术的来源，是属于自主开发、股东投资、购买或拥有使用权。调查公司对于上述技术拥有的权限，并且关注公司是否存在与上述技术相关的重大纠纷，核心技术是否超过法律保护期限。

4. 了解公司是否建立了相应的机制保障与主要产品生产相关的非专利技术不被泄露。

5. 了解研发机构设置，获取公司目前的研发人员构成、近几年来用于研究开发的支出、研发支出占销售收入的比重等数据。

6. 了解公司是否存在与科研院所的合作开发，有哪些机构，合作项目有哪些，合作方式，合作项目的进展情况。

7. 了解公司研究人员的薪酬情况，包括公司核心技术人员的薪酬水平、公司主要竞争者（国内外公司）同类技术人员的薪酬水平。了解公司研究人员历年的流失情况，公司是否实行了包括股权激励在内的其他激励措施。

8. 调查公司新产品研究开发周期（从产品开发到进入市场的周期），主要研发项目的进展情况，并对项目的市场需求做出描述。

（三）"国九条"出台后，研发费用的核查情况

常见的重点关注问题有如下几点。一是研发人员的认定依据，结合工时分配说明研发人员认定合理性。二是研发活动及人员界定标准不清晰，无法准确区分研发活动或研发人员，研发生产活动/人员存在混同，是否存在兼职人员、生产人员、管理人员等其他人员被认定为研发人员，研发人员与其他部门人员如何区分，成本如何划分。三是高管薪酬、临聘人员薪酬是否计入研发费用，及计入研发费用的合理性，对于高管人员的薪酬需要结合其工作内容，报告期内的工作时间进行分配，并针对高管的学历、职称、履历以及个人能力需与研发费用紧密相关。四是研发部门或专职研发人员从事非研发活动的情况，以及划分标准、相关数据是否准确（即研发人员从事非研发活动是否进行分别核算）。五是研发人员与同行业可比公司进行对比，公司研发人员数量、学历构成、人均薪酬与同行业可比公司、当地人均薪酬水平进行对比存在异常。

案例分析： XX 创投公司对 XX 公司 Pre-IPO 尽调研发情况

一、研发组织

XX 公司研发组织为公司技术部，合计 15 人，包含 2 个兼职专家顾问，主要负责新品开发、工艺改进和质量分析检测。目前内部设有研发中心，设置研发经理一岗主管产品的技术研究开发，部门会根据公司发展和市场竞争的需要，组织研发新需求产品，努力创新改进工艺及其设备，以提高生产效率和产品质量、降低成本，满足客户需求。具体每个研发项目由公司各部门的人员组成项目研发小组，并任命相应的项目经理，组织新技术与产品研发工作。

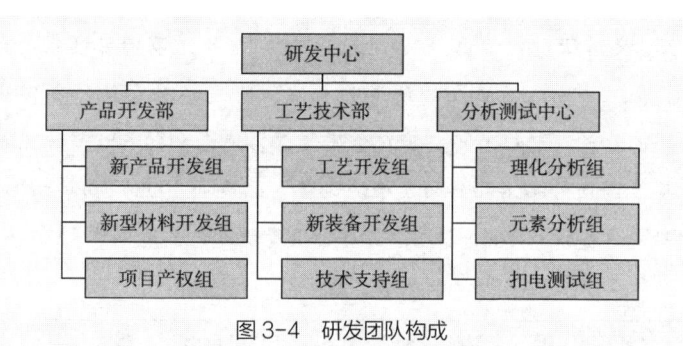

```
                    研发中心
        ┌──────────────┼──────────────┐
     产品开发部      工艺技术部      分析测试中心
     ┌────┐          ┌────┐          ┌────┐
     新产品开发组    工艺开发组      理化分析组
     ┌────┐          ┌────┐          ┌────┐
     新型材料开发组  新装备开发组    元素分析组
     ┌────┐          ┌────┐          ┌────┐
     项目产权组      技术支持组      扣电测试组
```

图 3-4 研发团队构成

研发团队中的大部分人具有非常丰富的电池行业经验，且公司目前采用与 XX 大学深圳研究生院、XX 理工大学、XX 理工大学、XX 师范大学化工学院等科研院所合作，为公司的研发提供了有力的后台支持。在研发团队中，包括材料化学专业和无机非金属材料工程专业的研发人员。

二、合作专家

1. XX 教授，博士生导师，XX 大学核能与新能源技术研究院精细陶瓷北京市重点实验室和放射性废物处理北京市重点实验室副主任，兼任中国储能与动力电池专业委员会副主任委员、中国有色金属学会冶金资源综合利用专业委员会副主任委员/冶金物理化学学术委员会副主任委员，贵金属材料产业技术创新联盟副理事长，特种化学电源国家重点实验室和稀贵金属综合利用新技术国家重点实验室学术委员会委员，《中国有色金属学报》《功能材料》等多个杂志编委。

2. XX 博士，二级教授，博士生导师，新疆师范大学化学化工学院院长。主要从事锂离子和钠离子电池正极材料的研究，参与国家重点基础研究发展规划项目（"863" 项目）1 项、实现成果产业化 2 项。已在国内外重要学术期刊 *Journal of Power Source*、*Journal of the Electrochem Society*、*RSC Advances*、*New Journal of Chemistry*、*Materials Letters*、*Ceramics International*、《化学学报》《高等学校化学学报》《无机化学学报》《物理化学学报》等发表论文 200 余篇，其中国内核心期刊 60 余篇，SCI 和 EI 收录论文 50 余篇。

XX公司研发中心位于XX区宝安市燕罗街道罗田社区象山大道174-1号厂房内，有独立的研发办公室、研发资料室及研发实验室2间，分析测试中心1间，研发仓库等；占地面积约600平方米。主要配备了国内外知名品牌研发检测设备，已投资300万元以上，计划追加研发设备投入1000万元以上。已投资研发设备清单见表3-15。

表3-15 已投资研发设备清单

序号	设备名称	规格型号	产地	数量	单位	测试项目	备注
1	激光粒度分析仪器	马尔文3000	英国	1	套	粒度测试	研发设备
2	恒温干燥箱	上海上迈GZX-9140	中国	1	台	水分测试	研发设备
3	PH计	上海仪电PHS-25	中国	1	套	PH值测试	研发设备
略							

三、专利技术

公司共申请了23件专利，实用新型19件；发明4件，其中2件已审结，还有2件处于在审状态。

表3-16 专利产品

序号	专利类型	名称	发明人	专利号	申请日	授权日
1	发明	一种锌锑合金-碳复合负极材料的制备方法	廖小玉	ZL201310119312.X	2013-4-8	2015-12-9
略						

四、研发中的产品

表3-17 研发中的产品

序号	研发产品	产品特点	技术参数	目标市场方向
1	磷酸铁锂（拟定型号F-2）	提高容量、提高产品固含量，提高了加工效率及加工性能，提高产品一致性。	D50=1.5±0.5μm TAP=1.2±0.5g/cm³ SSA=14±3.0g/m² 容量>153mAh/g 效率≥95%	小动力方向
略				

十、商业模式调查

（一）调研目标

1. 行业商业模式的演变与创新。

2. 公司现有商业模式及未来创新模式。

3. 通过商业模式理解与评估企业价值。

（二）调查程序

1. 企业商业模式主要指一种包含了一系列要素及其关系的概念性工具，用以阐明某个特定实体的商业逻辑。它描述了公司能为客户提供的价值以及公司的内部结构、合作伙伴网络和关系资本等用以实现（创造、推销和交付）这一价值并产生可持续盈利收入的要素。

2. 商业模式参考模型主要为以下九个要素：价值主张、消费者目标群体、分销渠道、客户关系、价值配置、核心能力、合伙伙伴网络、成本结构、收入模式等。

3. 结合公司所处行业发展历程及行业内的企业商业模式演变发展，分析行业内商业模式演变历程、未来新的创新商业模式。

4. 通过公司高管访谈及上述采购、生产、销售、研发等情况连同公司发展战略资料了解公司现有的商业模式，以及在行业内是否具有创新性、其他企业是否能够容易模仿和超越其商业模式。

5. 确认公司未来商业模式发展方向，及对商业模式创新采取的准备行动。

6. 结合公司的商业模式定位、行业内的标杆企业对比，评估公司未来公司价值。

📖 案例分析：XX 创投公司对 XX 公司 Pre-IPO 尽调商业情况

　　XX 新能源是最大的负极材料物理法回收利用企业，且物理法回收磷酸铁锂产品已经获得客户的广泛认可。负极材料客户有贝特瑞、哈光宇、赣锋锂电、双登、嘉拓等行业领先的动力、储能、3C 数码客户，客户发展潜力极大。磷酸铁锂回收产品已经被客户认可并锁定产能，将对公司的业绩提供强有力的支撑。董事长 XX 先生拥有近 30 年的新能源及新材料行业从业经验，管理经验丰富、经营能力强；副董事长 XX 具有丰富的资本市场运作经验和社会资源；总工程师 XX 先生，从事石墨材料及制品的研发、生产、经营 30 余年，具有先进的石墨材料及制品工艺技术设计理念及丰富的生产制造经验。

第四章 财务尽职调查的基本内容

第一节 财务尽职调查概述

在市场化经济高速发展的背景下，企业为提高经济效益与实现资本扩张，通过股权投资的方式对企业资源进行有效整合是目前经济市场发展的重要趋势，财务尽职调查作为股权投资的关键环节发挥着重要价值。然而，由于涉及多方经济利益加之经济市场的动态变化，在股权投资过程中存在许多不稳定因素，极易产生一系列的投资风险影响企业的稳定发展。鉴于此，实施股权投资前，需先对目标企业进行全面且详细的尽职调查，在充分掌握投资项目基本信息的前提下，完善风险防范措施。

一、财务尽职调查的概念

股权投资财务尽职调查（Due Diligence，简称DD）是股权投资流程中一个至关重要的环节。是投资机构在与目标企业达成初步合作意向后，对目标企业的财务状况进行的全面、深入、审慎的调查过程。

股权投资财务尽职调查是指由财务专业人员针对目标企业与投资相关的财务状况进行的系统性审阅、分析与核查等专业性调查。其目的在于验证企业的投资价值，并发现企业的投资风险点，为后续的投资决策提供数据基础和依据。

二、财务尽职调查的目的

股权投资财务尽职调查的主要目的有两个。

一是分析过去财务数据的真实性：通过查阅和分析目标企业过去的财务报表、审计报告等财务资料，验证其财务数据的真实性和准确性，从而发现企业真实的业绩表现。

二是评估风险与预测未来：基于历史财务数据，结合企业的业务模式、市场环境等因素，对企业的未来财务状况进行预测和评估，为后续的投资估值提供数据基础。同时，还要评估企业可能面临的各种财务风险，如市场风险、信用风险、流动性风险等。

三、财务尽职调查的基本原则

（一）全面性

开展财务尽职调查工作的首要原则便是全面性原则，尽职调查小组必须依照全面性原则收集投资双方的财务、经营等相关资料，只有保证资料收集的全面性才能真正做到尽职调查工作。调查小组要对目标企业的业务经营状况、财务运作情况等进行全面、详细的调查，避免出现检查漏洞，禁止在调查过程中出现徇私舞弊的违规行为，切实做到尽职尽责，保证尽职调查数据的完整性和真实性。

（二）严谨性

尽职调查工作并不是快节奏工作，其调查内容较为丰富、类型较多且各项调查流程相对繁琐。因此，在调查环节需要遵循严谨性原则实施具体的调查工作，严格依照尽职调查的标准流程和企业规定程序予以调查。同时，还应做好尽职调查的保密工作，避免调查资料泄漏影响最终的决策效果。

（三）独立性

尽职调查组应具备独立性特征，参与项目调查组的成员应专业服务于调查组。就专业财务人员而言，其应在调查过程中从客观角度出发对目标企业的财务状况进行专业评价；而负责业务调查人员应由部门主管对其进行听职报告。简单来说，在尽职调查过程中，各成员或项目负责人都应保持独立性，同时也要具备协同意识，确保尽职调查的最终结果能达到投资企业的标准要求。

（四）有效性

调查组应具备控制情况以及经营管理等能力，以便投资企业对投资方案、交易谈判等内容进行优化调整，为投资企业制定高效化的股权投资方案提供可靠的参考依据。同时，投资企业也能根据尽职调查的实际内容合理添加部分限制性条款，增强投资方对财务风险的防范能力，确保股权投资项目能顺利推进。

（五）安全性

对于投资企业和目标企业而言，股权投资有利于加快双方资源的有效整合，实现资源共享。但为了维护双方利益，运用尽职调查模式可加强对企业双方的约束性。就目标企业的专利权或核心专利独享权而言，投资企业只有与其签订股权投资合同才能通过股权共享目标企业所拥有的权益。然而，在此环节中，也需要保护目标企业权益的安全性，通过财务尽职调查可对股权投资过程中的经济行为予以规范性要求，基于财务角度出发消除股权投资项目中的潜在风险，加快资源整合效率，进一步强化资源的协同性，实现共赢发展的目标。

四、财务尽职调查的基本流程

（一）业务承接和计划阶段

是财务尽调的事前准备阶段，调查方需制订详细的调查计划，明确调查的目的、范围、方法和步骤。同时，准备所需的财务资料清单，并与目标企业对接人取得联系，发送调查通知和资料清单。

（二）执行尽职调查程序阶段

是财务尽调的现场调查阶段，调查团队进驻目标企业，按照事先准备的资料清单收集资料，并进行现场访谈和观察。访谈对象包括财务总监、审计人员、客户、供应商等关键人员。通过访谈和观察，进一步了解企业的财务状况和经营情况。

（三）财务尽职调查报告阶段

是财务尽调的事后分析阶段，调查方需对收集到的财务资料进行分析和整理，形成调查结论和报告。报告内容通常包括被调查企业的基本情况、财务状况分析、投资风险评估以及投资价值评估等。

股权投资财务尽职调查的主要内容应与目标企业的主营业务流程相结合，形成闭环。具体包括以下四个方面。

1.财务状况分析：对企业的财务报表进行详细审阅和分析，包括资产负债表、利润表、现金流量表等。通过财务分析，了解企业的盈利能力、偿债能力、运营能力和成长能力等。

2.业务活动分析：结合目标企业的主营业务流程，对采购与付款、仓储与运输、生产与服务、销售与收款等主营业务活动进行深入了解和分析。通过业务活动分析，发现企业可能存在的经营风险和问题。

3.财务指标分析：通过计算和分析各种财务指标，如毛利率、净资产收益率、资产负债率等，评估企业的财务状况和经营绩效。同时，将财务指标之间以及与同行业企业之间进行逻辑勾稽关系印证，以验证企业财务的真实性。

4.盈利预测与风险评估：基于历史财务数据和企业未来的业务规划，建立符合企业现状的盈利预测模型。同时，对企业的投资风险进行全面评估和分析，包括市场风险、信用风险、流动性风险等。

五、财务尽职调查方法

选择合适的调查方法是保证财务尽职调查质量的关键，所以在实施财务尽职调查工作时应综合考量多项因素，结合调查目标、调查企业的经营性质等，确保调查结果的科学性与完整性。调查人员要根据调查任务和要求理顺调查思路，选择适宜的财务尽职调查方法。

在调查初期，财务尽职调查小组需采用审阅调查法，对目标企业递交的财务报表、业务资料、财务数据等相关文件进行严格审阅，以便能从中发现潜在的财务问题，然后通过对收集到的各类资源数据进行综合分析，并依照调查目标对股权投资项目进行趋势分析和结构分析，通过深入剖析了解调查企业的异常问题或股权投资项目中的经济隐患。采取访谈的形式，对目标企业内部的各个层级、职能人员进行访谈调查，加强同目标企业的客户、供应商和税务部门的沟通访谈，以此完善调查信息，在此环节中应严格依照全面性原则和严谨性原则对目标企业的经营业务、资产负债情况等进行详细调查，确保尽职调查信息的真实性。

财务尽职调查是一个调查分析的过程，还是业务和财务相结合的过程。通常采用以下方法进行调查。

（一）审查财务数据

对所使用的财务报表、财务数据和业务数据进行审查和调查，发现关键问题和财务问题。

1. 收集财务数据：包括过去3年审计报告或财务报表、序时账、科目余额表、银行对账单、大额收入的相关凭证（发票、发货单、验收单、签收单）、重大业务合同、纳税申报表、按产品区分的收入和成本明细、银行贷款合同、应收账款明细及账龄、前5大供应商和客户明细、关联交易明细等。

2. 分析财务数据：在通过研读目标公司同类上市企业的招股说明书及年报、与同行业人士交流等方法了解公司业务的基础上，进行财务分析。同时，进行三大报表（资产负债表、利润表、现金流量表）结构分析和财务指标分析，包括盈利能力、成长能力、偿债能力、营运能力等指标分析。重点关注三大报表的结构和勾稽关系、收入确认、研发资本化、收入与费用的配比、应收账款、存货、预收账款、在建工程、固定资产折旧政策、商誉、有息负债、盈利质量（经营活动净现金流）等。

（二）程序分析

通过对各类数据的调查分析，掌握异常情况、重大问题，如趋势分析、结构分析等。

（三）访谈

采用访谈的方式，对企业的各层次、各职能部门进行调查，并与客户、供应商等进行及时沟通，以保证企业的信息完整。访谈对象通常包括财务总监、审计人员、客户、供应商、竞争对手、行业专家等。

（四）观察与检查

通过对产品或服务的体验、观察工艺流程、实地抽盘大额存货等，来了解财务尽职调查对象的产品或服务。

（五）穿行测试

结合企业业务流程，根据一定的抽样方法选择几笔业务样本，对照业务流程检查业务样本单据及账务处理执行情况。以一般工业企业为例，整个流程中涉及的主要单据及账务处理包括采购订单、采购合同、验收入库单、出库领用单、成本核算表、产品质检单、销售订单、销售合同、发货单、销售发票、验收单、对账单、营业收入确认、应收账款核算等。

六、尽调中的财务注意事项

1. 从投资的本质来说，投资就是买入商业模式优秀的公司，然后耐心等待公司成长，分享公司成长所带来的价值，从而获得收益。因此，想要获得理想的价值回报，就需要所投资的公司具有高成长性，能有光明的前途。公司要有光明的未来，除了创始人及团队的重要性外，对公司本身而言要看其商业逻辑，一般取决于几个要素：公司所处的赛道、主营业务、商业模式、盈利模式及营销模式。因此，一般公司在种子轮、天使轮是不需要财务尽调的，而需要财务尽调环节参与的公司基本已经有一定的业务量，公司商业逻辑已初步经过市场的验证。

2. 公司的商业逻辑是否能跑通，就需要业务数据来验证，业务数据的落脚点体现在财务账面上，所以我们在做财务尽调中，需要重点关注的一项内容就是公司的业务数据。很多时候，我们只要确认了订单量的真实性，基于现有的业务订单做预判即可，保证投资判断基础的准确性。至于收入的确认是否符合会计准则的要求，财务内控是否规范，凭证资料是否齐全等在此阶段并没有那么重要，后续可以进行整改。

3. 公司其他问题同样需要关注。例如：标的公司的财务内控问题，后续可以规范、整改，但现状是我们判断其经营管理的重要依据；通过公司与创始人之间的往来账、银行流水等判断创始人对自有财产与公司财产界限的意识，是否需要采取风控措施，在投资协议中进行约定；通过了解公司的企业文化建设、人员变动等，判断其是否具有凝聚力，是否具备长远发展的可能；通过激励计划、执行情况等，可以了解标的公司是否能充分调动全体员工发展业务的积极性和能动性等。

4. 对于各种财务指标 RPE、息税折旧摊销前利润（EBITDA）、毛利率、三项费用率等，可以看出公司的经营情况，却无法看出公司未来发展的基础逻辑，尤其是相对早期的公司，很多数据都是可以调整和平衡的。因此，即使是财务尽调人员，也需要多维度、多方面地了解、理解一家公司，在分析各项财务数据之前，必须理解公司的商业逻辑和商业模式，脱离了这两个核心因素，财务尽调再深入，都只是纸上谈兵。

5.虽然目前在私募股权基金投资行业中还没有标准的行业准则，大部分机构也都没有自己的业务指引和培训体系，更多的是基于"行业惯例"。但尽调是投资决策过程中重要的步骤，在尽调过程中，尽调人员的职责、角色，每家机构的安排均不一样，比如有的机构由投资经理来担任尽调角色，有的机构由内部独立的风控部门参与尽调，更多机构是与第三方服务机构合作，尽调工作由外部服务机构完成。无论哪种模式，对尽调人员自身的职责来说，基于独立、客观的调研结果，对项目的投资价值发表意见。

6.作为尽调人员，我们在保证自己专业素养及视野的前提下，只需要客观表述尽调意见的依据及逻辑，客观阐述项目风险，为决策者提供决策依据，帮助决策者做出合理判断，而最终是否投资，是决策者根据自己的风险偏好做出决策。所以，财务尽调在投资中的作用体现在：与法律尽调配合，共同识别和控制投资过程中的潜在风险；全面掌握标的公司的信息，以便做出合理的价值评估；充分揭示尽调过程中的风险，作为谈判的基础；通过尽调摸底，让决策者多维度、全方位了解标的公司，保证其决策基于的信息准确、客观、独立、完整。

尽职调查工作作为投资过程中重要的一个环节，从当前看，尽调结果直接影响投资机构的投资效果和出资人的投资回报，直接体现投资机构给投资人创造的价值；长期来看，这也是一个投资机构能否做大做强，持续获得出资人信任关键的业务环节；更长远来看，是整个行业能否持续健康发展的砖瓦之力。

七、财务尽职调查案例分析

（一）财务数据分析

案例分析： XX 创投公司对 XX 数能 Pre-IPO 项目财务尽调

表 4-1　XX 数能公司近三年资产数据

项目	2022 年末		2021 年末		2020 年末	
	金额/万元	占比/%	金额/万元	占比/%	金额/万元	占比/%
货币资金	30 588.6	27.83	6 131.2	30.65	1 357.9	11.85
交易性金融资产	–	–	–	–	100.0	0.87
应收票据	–	–	12.8	0.06	–	–
应收账款	28 873.8	26.27	2 884.5	14.42	636.6	5.56
预付款项	2 820.4	2.57	2 184.5	10.92	1 848.2	16.13
其他应收款	3 321.7	3.02	2 146.7	10.73	3 826.4	33.40
存货	41 251.7	37.54	5 978.3	29.89	3 280.9	28.64
其他流动资产	1 800.1	1.64	421.9	2.11	247.1	2.16
流动资产合计	108 656.3	98.87	19 759.9	98.78	11 297.1	98.61
长期股权投资净额	48.0	0.04	24.0	0.12	–	–
固定资产	1 182.5	1.08	209.1	1.05	145.7	1.27
无形资产	–	–	–	–	0.3	0.00
长期待摊费用	12.0	0.01	10.7	0.05	13.1	0.12
非流动资产合计	1 242.5	1.13	243.8	1.22	159.1	1.39
资产合计	109 898.8	100.00	20 003.7	100.00	11 456.3	100.00

表4-2　XX数能公司最近三年的负债数据

境内合并负债数据						
项目	2022年末		2021年末		2020年末	
	金额/万元	占比/%	金额/万元	占比/%	金额/万元	占比/%
短期借款	8 934.5	11.20	2 700.0	16.60	1 500.0	17.89
应付票据	24 685.1	30.95	4 583.8	28.19	379.6	4.53
应付账款	34 283.5	42.98	4 480.2	27.55	2 584.7	30.82
预收账款	3 253.4	4.08	3 115.0	19.16	1 778.3	21.21
应付职工薪酬	719.1	0.90	299.8	1.84	201.9	2.41
应交税费	1 119.9	1.40	113.8	0.70	144.8	1.73
应付利息	46.5	0.06	-	-	4.3	0.05
其他应付款	3 210.4	4.02	589.3	3.62	1 661.1	19.81
流动负债合计	76 252.4	95.59	15 881.9	97.67	8 254.7	98.44
长期借款	500.0	0.63	-	-	-	-
预计负债	3 014.3	3.78	379.0	2.33	130.9	1.56
非流动负债合计	3 514.3	4.41	379.0	2.33	-	-
负债总计	79 766.7	100.00	16 260.9	100.00	8 385.6	100.00

表4-3　XX数能公司最近三年的利润表主要数据

（单位：万元）

合并利润表数据			
项目	2022年12月31日	2021年12月31日	2020年12月31日
营业收入	136 478.6	17 547.3	12 715.5
营业成本	113 618.4	14 116.8	9 370.0
毛利	22 860.2	3 430.5	3 345.5
销售费用	4 614.8	931.5	605.4
管理费用	2 032.0	735.5	320.9
研发费用	2 506.7	1 103.6	1 209.3
减值损失	1 607.2	2.8	672.3
其他收支	280.3	249.5	106.7
净利润	11 819.1	407.3	430.9

一、发现的问题

营业收入增长与净利润增长不成比例，营业收入的增长幅度明显小于净利润的增长幅度。

应收账款增长与营业收入增长不成比例，应收账款增长幅度明显小于营业收入增长幅度。

货币资金高于银行贷款，一方面是高额的银行贷款，另一方面账面又显示有大额的货币资金。

二、财务尽调

面对这些反常的财务数据，我陷入了不安。我想，数据不至于是假的，毕竟其他机构已经做过多次调研，不可能没注意到这些现象。我转而对XX公司的客户进行研究，以寻找数据背后的商业逻辑，试图对这些现象做一个合理性分析。

我仔细查看了XX公司的合同和与客户的对账单、结算单，我确信XX公司的大多数客户是非常知名的。即使我不是这个行业的人，看到客户名单我也会觉得很熟悉。XX公司与客户的合同中体现出账期比较长的情况，这中间还涉及验收、对账的问题，所以XX公司前期需要投入较多的资金。我又查看了XX公司与银行签订的借款合同，以及各个期末的银行对账单。借款合同显示，在授信额度内XX公司进行了多次偿还及再借款，银行对账单显示XX公司在期末确实存在那么多资金。于是财务数据的反常之处，似乎都有了合理的解释。

一些大项目前期需要投入的资金较多，从各方面调用的资金就会较多，但收入的确认还需要经过验收环节，因此钱花出去了，财务成本上来了，但收入在财务报表上还未反映出来，导致利润体现不出来。

应收账款与营业收入的增长幅度不匹配，这与验收、对账周期有很大关系，某些项目即使确定验收，账面确认了收入，但后续的对账、收款依然需要很长时间。

账面货币资金是一个时点数,到年底时会回笼一批资金,作为下一年度的项目资金。

得到了这几点解释,我的内心稍微安稳了一些,同时再一次自我强化,做财务尽职调查一定要了解业务,不然容易胡乱怀疑。

(二)分析性程序

通过各类资料的调查与分析,掌握异常情况与重大问题,如趋势分析和结构分析等。通过调查组内部研究对尽职调查资料进行客观分析,充分利用调查组成员不同的专业优势对目标企业的财务信息、企业资质、业务经营情况等进行系统性分析,在发挥组内成员差异性作用的基础上,通过相互协作、沟通对调查资料予以精准判断,进而完成尽职调查的目的,为开展股权投资项目奠定良好基础。

📖 **案例分析:** XX 创投公司对 XX 数能公司 Pre-IPO 项目财务尽调 ......

表 4-4 XX 数能公司最近三年的利润表主要数据

(单位:万元)

合并利润表数据			
项目	2022年12月31日	2021年12月31日	2020年12月31日
营业收入	136 478.6	17 547.3	12 715.5
营业成本	113 618.4	14 116.8	9 370.0
毛利	22 860.2	3 430.5	3 345.5
销售费用	4 614.8	931.5	605.4
管理费用	2 032.0	735.5	320.9
研发费用	2 506.7	1 103.6	1 209.3
减值损失	1 607.2	2.8	672.3
其他收支	280.3	249.8	106.7
净利润	11 819.1	407.3	430.9

一、公司营业收入情况分析

2020年末、2021年末和2022年末，XX数能公司营业收入分别为12 715.50万元、17 547.30万元、136 478.60万元。主要包括储能业务和光伏业务，随储能业务产能上升及客户开拓，境内合并收入从2020年的1.27亿元增长至2022年的13.65亿元。2021年为开拓欧洲市场在荷兰成立子公司，2022年向其销售产生收入约1.6亿元，同期荷兰子公司对外销售实现收入约1.3亿元。光伏业务主要是光伏项目工程施工及少量光伏组件的贸易销售，其他业务系销售原材料（主要是电芯）及废品所产生的收入。

二、营业成本分析

2020年末、2021年末和2022年末，XX数能公司营业成本分别为9 370.00万元、14 116.80万元、113 618.40万元，主要包括材料成本、人工成本及制造费用。公司表示，2022年3月前通过手工对成本进行归集，且按照材料消耗比例对制造费用进行分配。而公司2022年3月开始采用ERP系统（金蝶云星空）进行成本归集，并按照工时对制造费用进行分配。由于ERP系统新上线不稳定，成本核算与实际情况存在差异，并在2022年9—10月对当年3—10月的成本按照物料清单（BOM）金额进行调增，2022年11月及以后未进行上述调整，因此2022年毛利率可能存在一定程度偏差，受资料限制无法确定该部分金额影响。

三、运营能力分析

2022年，公司应收账款周转率达到5.49，水平略高于同行业上市公司平均水平，主要原因是公司目前正处于业务扩张阶段，销售快速增长，且下游客户付款意愿强烈，付款周期为1—2个月，公司应收账款回款速度较快。同时，公司对上游供应商的付款平均周期约为2个月，公司资金周转效率较高（见表4-5）。

表 4-5　XX 数能公司运营能力指标

指标类型	指标名称/次	2022 年
运营能力	总资产周转率	2.06
	应收账款周转率	5.49
	存货周转率	4.38

四、其间费用分析

1. 销售费用

2020 年末、2021 年末和 2022 年末，公司销售费用分别为 605.40 万元、931.50 万元和 4 614.80 万元，主要包括售后费用、人工成本、广告宣传费及佣金等。销售费用占各期营业收入的比例分别为 4.80%、5.30% 和 3.40%，销售费用随业务规模扩大持续增加，占收入比例呈下降趋势，主要系 2022 年随业务规模扩大，规模效应导致占收入比例下降。

2. 管理费用

2020 年末、2021 年末和 2022 年末，公司管理费用分别为 320.90 万元、735.50 万元和 2 032.00 万元，主要包括人工成本、股份支付、服务费、业务招待费、差旅费、租金和装修费、保险费等。管理费用占各期营业收入的比例分别为 2.50%、4.20% 和 1.50%，管理费用逐年增加，管理费用占收入比例呈下降趋势，主要系 2022 年随业务规模扩大，规模效应导致占收入比例下降。

3. 研发费用

2020 年末、2021 年末和 2022 年末，XX 数能公司研发费用分别为 1 209.30 万元、1 103.60 万元和 2 506.70 万元，主要包括股份支付、人工成本和直接投入费用等，研发费用占各期营业收入的比例分别为 9.50%、6.30% 和 1.80%，研发费用占收入比例呈逐年下降趋势。由于 2022 年 XX 数能公司收入是 2021 年度收入的近 7.8 倍，但研发团队的扩充和投入在 2022 年度相对平稳，由此 2022 年研发费用率较低（见表 4-6）。

表 4-6　XX 数能公司研发费用明细表（2020—2022 年）

项目	2022 年		2021 年		2020 年	
	金额/万元	占比/%	金额/万元	占比/%	金额/万元	占比/%
股份支付	1 087.4	43.4	—	—	—	—
人工成本	932.7	37.2	619.8	56.2	310.5	25.7
直接投入	368.8	14.7	458.9	41.6	761.7	63.0
其他流动资产项目	117.8	4.7	24.9	2.2	137.2	11.3
研发费用合计	2 506.7	100.0	1 103.6	100.0	1 209.4	100.0
研发费用占收入比	—	1.80	—	6.30	—	9.50

4. 财务费用

XX 数能公司财务费用主要包括银行活期存款利息收入、与其他公司和个人之间资金拆借产生利息收入、长期借款利息支出、出口销售产生的汇兑损益以及银行手续费、担保费和期权费。

由于销售规模大幅上升，且超 80% 为出口销售，主要外币币种为欧元和美元，且 2022 年兑人民币汇率均呈上涨趋势，因此 2022 年汇兑收益金额较大。为管理汇率风险，XX 数能公司于 2022 年初与浙商银行签署外币交易业务协议，包括即期结售汇、外汇期权、远期外汇买卖等交易类型。

五、盈利能力分析

2020—2022 年，XX 数能公司毛利率分别为 26.31%、19.55%、16.75%，公司与同行业公司毛利率呈下降趋势，主要受上游锂矿价格持续上涨影响。XX 数能公司 2020 年毛利率较高，主要系光伏收入影响，2021 年、2022 年 XX 数能公司基本不再经营光伏业务。由于无自主生产电芯、逆变器等零部件的能力，并且 XX 数能公司此前营收体量较小，整体议价能力不强，利润水平受供应链上下游影响较大，XX 数能公司毛利率表现并未优于行业可比企业。但是，一方面，随着 XX 数能公司致力于自主品牌建设，有望在下游 C 端户用储能领域形成一定品牌效应来提高整体利润水平；另一方面，随着 XX 数能公司规模逐渐扩大，对上游供应链的议价能力将逐渐提高，叠加电芯环节竞争日趋激烈，可选供应商增加的情况，公司毛利率或有上升空间（见表4-7）。

2020—2022年，公司净利率分别为3.39%、2.32%、8.66%，先降低后提高，主要系2021年电芯成本过高，毛利率下滑所致；2022年，公司营收增高，规模效应明显，尽管毛利率小幅下滑，但是由于费用率控制可观，公司全年净利率达到8.66%，实现明显增长。

表4-7　XX数能公司盈利指标（2020—2022年）

指标类型	指标名称	2022年	2021年	2020年
盈利指标	净利润/万元	11 819.1	407.3	430.9
	净资产收益率/%	69.67	11.51	—
	毛利率/%	16.75	19.55	26.31
	净利率/%	8.66	2.32	3.39

XX数能公司的盈利点究竟在哪里？需要进一步考察它的商业模式及其具备的核心竞争力。XX数能公司从事新能源行业，是一家专注于在海外家用和工商业储能产品研发和生产的企业，是国内最早研发和布局海外储能市场的企业之一。自成立以来，XX数能公司始终坚持市场需求导向、技术研发驱动、产品品质优先、坚持自主品牌的战略方针，长期深耕海外家用储能市场，成功建立了完全自主品牌DXX。这考验的是研发能力。如果管理不当，非常容易造成进度滞后、成本超支，直接影响盈利能力。那么从财务上看，需要重点关注以下两个方向的问题。

一是XX数能公司产品的销售进度。这直接涉及企业的收入，产品有销售，才可能会产生收入。

二是产品的毛利。毛利直接影响净利润，这同产品销售高度相关，如果计划研发1年新产品销售，结果拖到2年甚至更长，毫无疑问需要支出更多的管理成本。在收入不变的情况下，成本增加，那么毛利是否还存在，需要深入分析。

通过对XX数能公司客户的深入调研，从客户那里获知了XX数能公司的研发水平、交付能力；从经理、现场工人那里了解了XX数能公司对产品的管理能力。

（三）财务访谈

一是通过对目标企业内部各个层级与各职能人员采取访谈的方法进行调查。二是及时与目标企业的客户、供应商等进行联系，确保信息的完整性。三是在操作期间，始终坚持全面性原则和重要性原则，围绕企业经营业务和资产负债等具体情况，组织开展详细调查。四是小组成员内部沟通，组成专项调查小组，分别负责各项工作，通过内部的有效沟通，达成调查目的，同时保障财务信息的准确性与完整性。

有效访谈企业关键对象包括董事长、总经理，以及财务、销售、研发、生产、人力资源（HR）的负责人等。如果尽职调查对象是生产类企业，且存货特别大，仓库管理员也要纳入关键对象。

访谈的目的是收集信息，快速了解企业。同一件事情，不同的立场、不同的认知一定会有不同的理解。访谈正是要从不同的角度去了解企业将获得的信息钩稽验证，去伪存真，探究真相。要做好一场访谈，需要讲求一些基本原则。

第一，准备访谈问题。在访谈前，务必根据初步了解的企业情况，针对不同的对象列示好访谈提纲，以便在访谈时做到有的放矢。由于访谈时间是有限的，必须在尽可能短的时间内获取更多有效的信息。实务中，我们会遇到很健谈的董事长，不喊停的话几个小时他都讲不完，说的又多是一些与真正要了解的内容无关的事情。有了访谈提纲，我们就很容易控制节奏。

第二，以封闭式问题为主、开放式问题为辅。封闭式问题是指事先设计好答案，引导访谈对象在设计的框架内回答的问题。这种访谈的优点是可以节省访谈双方的时间和精力，控制访谈进度，以更少的时间完成更多的内容，还可以有针对性地了解需要知道的具体信息。但这种访谈方式也有明显的缺陷，如访谈限制比较多、对访谈准备有更高的要求等。

开放式问题是指访谈问题没有可选答案，由访谈对象自由作答。在这种情况下，访谈对象没有限制，回答比较全面、广泛，也会有比较好的成就感，对问题会有较深的涉及度。其缺点是难以控制访谈节奏，访谈结果也难以量化。

在实务中，考虑到实际情况，访谈时一般采取封闭式问题为主、开放式问题为辅的访谈方式。如果要了解公司的销售业务及流程情况，可以参考以下案例分析中的问题。

案例分析：XX创投公司对XX股份定增项目调研访谈纪要

1. XX股份新增投产情况？8万条项目投产情况？爬坡情况？巨型轮胎的建设情况？

答：公司是国内唯一一家研发生产及销售一体的巨胎企业。今年在8万条产能基础上，继续新增2万条产能。巨胎客户90%以上来自海外，公司主要对接10—13个主要矿业国家的大型矿卡公司。包括俄罗斯、乌兹别克斯坦、印度尼西亚、澳大利亚、巴西、秘鲁、美国、加拿大、南非等。

本次募投项目新增2万条巨胎产能，预计2030年全部达产，届时公司的巨胎产能将达到3万条。根据本次募投项目的建设和投产进度情况，预计第三年生产负荷达到30%、第四年生产负荷达到60%、第五年生产负荷达到80%、第六年产能利用率达到100%，形成年产2

万条巨型工程子午胎的产品规模。

这就是一个封闭式问题，回答只有是或者不是，更进一步的回答就是解释客户采购为什么有这个特点。

2. XX创投公司在手订单情况如何？

答：XX创投公司XX胎主要通过境外区域代理商向各地矿山予以销售，公司一般与境外区域代理商每年签订年度框架协议，客户定期按需进行采购下达订单，一年内会多次下达订单。截至2024年6月底，公司XX胎销量超2800条，此外已签订合同的XX胎订单超过2100条，预计2024年销量将超过8000条，目前在手订单情况良好。

这依然是一个封闭式问题，要求给出具体的数字。

3. XX创投公司销售费用出现了同比增加44%的情况，同时，公司扣非Q3单季净利润0.37亿元，同比下降65%、环比下降74%，是何原因？

答：2024年前三季度，XX股份的经营表现受到多重因素影响，尤其第三季度原材料价格大幅上涨显著增加了成本压力，导致整体盈利能力下降。同时，XX工程胎等高毛利业务的销售占比有所减少，市场竞争加剧进一步压缩利润空间。此外，受地区市场需求影响，公司对联营企业的投资收益也有所下滑。前述三因素叠加，综合影响导致了公司三季度利润下滑。

这依然是一个封闭式问题，要求给出具体的原因。

4. 公司全年的营收利润目标及完成情况如何？2025年预期的目标如何？

答：增量主要来源于巨胎，卡车收入增长也快，产能满、效率高。特种轮胎也有新市场。

公司内部的3年规划，2024年营收达到65亿元，2025年75亿元，每年增加10亿元左右。利润方面，计划三年后达到7亿元。

这就是一个开放式问题，也是访谈对象非常熟悉的东西，回答起来没有压力，甚至还会有一定的成就感。

第三，注意营造轻松的氛围。在法律上尽调对象并没有向我们提供内部信息的义务，因此要获得更多内部信息，与访谈对象建立良好的关系，创造轻松交流的氛围是关键，不要让对方觉得你是在审问他。

针对不同的访谈对象，财务尽职调查有不同的关注重点，本书列出部分内容供读者参考。

（一）对公司董事长的访谈

1. 公司未来的发展战略，短、中、长期战略规划。

2. 公司产品的应用领域，以及对行业发展趋势的理解。

3. 公司现有产品或服务在市场上的地位，公司的主要竞争对手是谁，他们在盈利能力上与本公司相比有哪些优势。

（二）对财务负责人的访谈

1. 财务负责人的从业经历（分析其胜任能力、如何加入现公司、是否拥有股份或实际控制人，是否有承诺）。

2. IPO规划（目前的计划，中介机构辅导情况）。

3. 财务对业务的预算、监督职能。

4. 收入确认原则、成本核算方法。

5. 财务报表数据异常变动的原因。

（三）对销售负责人的访谈

1. 从业经历（了解其过往经历、何时加入公司、加入公司的原因、为公司做出的贡献或带来的变化、是否拥有股份）。

2. 公司销售团队的情况（组织架构、人员配置等）。

3. 公司各业务获取订单的基本方式方法，可以最近获取的一笔主要订单为例，简要说明流程。

4. 公司主要产品的定价策略和单价变动趋势，能否将原材料价格上涨的压力往下游转移，毛利率变化情况。

5. 公司主要产品的销售是否有明显的季节性，原因是什么。

6. 公司的主要竞争对手有哪些？竞争对手的销售增长情况、毛利率情况是怎样的？经营的主要策略是什么？与竞争对手相比，公司的优劣势是什么？

7. 说明公司过去 2 年的业绩情况如何，介绍一下对重点客户的销售额、主要产品的销售情况；业绩产生波动的主要原因是什么。

8. 公司的主要客户有哪些，销售收款的账期是多少？目前还有哪些客户的款没收回来，原因是什么？过去是否存在长期（超过 1 年）收不回款的情况。

9. 销售过程中的费用主要有哪些？销售人员的工资政策是怎样的？

10. 未来 1—2 年的销售重点，如客户在哪里、产品在什么阶段、准备采取什么策略、预计带来的销售额等。

（四）对 HR 负责人的访谈

1. 员工总数及近几年招聘的趋势。

2. 员工的薪资、奖金、福利政策。

3. 员工流动的情况及原因。

（五）对生产负责人的访谈

1. 公司的生产模式、生产流程、生产的关键环节。

2. 公司产品的工艺流程，各工艺的关键设备及公司具备的产能，目前的产能利用率。

3. 公司设备是买的还是租的，成新率处于什么状态，运行效率情况，据此确定预计需要大修或更换设备的时间以及估计耗费的资金数额。

4. 公司生产是否存在季节性特点，是否存在生产瓶颈。公司的产品生产周期。

5. 过去1年及最近一段时间主要生产什么产品？

6. 生产人员的工资计算方式，生产人员是否经常需要加班？

7. 生产过程中最大的能源耗费是什么，估计1年的耗费量是多少？

8. 今年的生产计划已经排到什么时间，预计今年的产量是多少，是否存在外包？

9. 设备近2年是否进行了大修，下一次大修预计的时间，对生产可能造成什么影响。

10. 生产过程中最容易发生什么事故，过去安全生产的情况。

（六）对研发负责人的访谈

1. 公司研发体系的设置、研发模式及研发流程。

2. 公司研发部门的设置及职责。

3. 公司主要技术的取得方式，介绍核心技术及其来源。

4. 公司研发人数及薪资情况，未来的招聘计划。

5. 产品的研发周期，以及产品本身的生命周期。

6. 近 3 年的研发投入情况，公司对研发成果如何进行考核。

7. 目前正在研发的产品及所处阶段，新产品预计完成时间、量产时间，完成研发的瓶颈。

访谈结束后，尽职调查人员必须整理好访谈纪要，并与访谈对象确认，同时要求访谈对象在访谈纪要上签名。如果访谈纪要有多页，应当在每页上签名。访谈纪要的格式参考如下。

XX 访谈纪要

访谈人：_____   访谈时间：_____   访谈地点：_____

受访人：_____   受访人职务：_____   受访人电话：_____

访谈内容：

_____

_____

_____

访谈人签名：_____

受访人签名：_____

（四）考察生产过程，判断价值

我们通过财务数据分析、访谈已经获得了大量的信息，但对于企业的产品或服务究竟是怎么来的心里依然还没有底。俗话说"眼见为实，耳听为虚"，我们需要的是更具象化的东西。因此，对企业产品或服务的产出过程进行考察就非常必要，这也是财务尽职调查中一个重要的"锚"。

考察环节也可以放在访谈之前进行,尤其是对于比较陌生的行业,先行考察后对企业的理解会比单纯只看商业计划书深刻得多,下一步再进行访谈时就会更有针对性。先访谈也有好处,访谈对象有时会讲一些细节,在随后的实地考察中尽职调查人员可以有针对性地进行验证,看看他有没有"吹牛";而如果访谈对象知道尽职调查人员已经实地考察过就会更有警惕性,这样就缺少了一次交叉验证的机会。

如果不知道考察的重点,考察就会是"看了一场热闹"。尽职调查人员一定要明白考察不是去学习技术和工艺的,如果对价值链有比较深刻的理解,考察也就会更有的放矢。

价值链(Value Chain)的概念最先由迈克尔·波特(Michael Porter)于1985年提出,他认为:"每一个企业都是在设计、生产、销售、发送和辅助其产品的过程中进行种种活动的集合体,所有这些活动可以用一个价值链来表明。"

企业的价值创造是通过一系列活动完成的,这些活动可分为基本活动和辅助活动两类。基本活动包括内部后勤、生产作业、外部后勤、市场和销售、服务等;辅助活动包括采购、技术开发、人力资源管理等。这些互不相同但又相互关联的生产经营活动,构成了一个创造价值的动态过程,即价值链。

通过对价值链的理解,我们知道了企业价值的载体——产品或服务的背后是一系列复杂动作,企业在市场胜出,是整个价值链的胜出,这也就是企业的竞争优势。考察企业价值创造的核心目的也就在于了解企业的竞争优势,企业有竞争优势才有可能保持持续的竞争力,才能不断壮大。企业的竞争优势有很多,包括人才优势、技术优势、渠道优势等,但归根结底是成本优势及持续创新的能力。

有一个典型例子，曹德旺的福耀玻璃工业集团股份有限公司（以下简称福耀玻璃）毛利率常年维持在 42%，据说其用不到行业 30% 的销售额，获得了行业 70% 的利润。曹德旺在接受采访时表示，福耀玻璃利润率高的核心就在于质量提高、成本控制、技术创新。同样卖 1 元的东西，普通管理的成本为 0.8 元，毛利率是 20%，在曹德旺式的管理下，成本可能只要 0.65 元，价格不变的情况下毛利率提高了 35%，即使降价 10% 销售，还有接近 28% 的毛利率，而其他企业如果降价 10%，毛利率直接下降到约 11%，很可能就要亏损了。

考察企业时，尽职调查人员可以要求企业方人员按照业务流程的顺序来进行介绍。如对于一个集研发、生产、销售于一体的企业，可以先到研发部参观，再到生产车间，在生产车间里又按照生产工艺的流程走动，最后再到销售部门，这样一整个流程下来对该企业是怎么运转的也就比较清楚了。

案例分析： XX 创投公司对四川 XX 股份定增项目网上访谈

召开方式：网络会议

上市公司参与人：董事长罗 XX、董事会秘书李 XX、财务负责人李 XX

投资机构调研者：XX

媒体与监管部门：XX

调研问答纪要

问：XX 股份在环保和可持续发展方面有哪些具体的行动或计划？

答：公司一直以来严格执行国家环保相关法律法规。2024 年上半年，环保设施运转正常，未发生环境污染事故，无因环境问题受到行政处罚的情况。公司将坚持绿色可持续发展理念，紧跟国家环保政策、环境标准等规定和政策，认真落实矿山环境恢复治理保证金制度，严格执行环境保护"三同时"制度，制订切实可行的矿山土地保护、复垦方案与措施并严格执行。感谢您的关注。

问：公司在风险管理方面有哪些措施来应对市场不确定性和行业变化？

答：公司一直秉持"横向并购资源、纵向延伸产业链、打造矿材一体化先进企业"的发展战略，投建年产6万吨能源级钛（合金）材料全产业链项目打通产业链，是公司防范风险的战略举措之一。同时，公司近年来勤修内功，构建了系统、完善的标准、制度、流程管理体系，建制度、立规矩，明责任、强考核的管理理念已深入人心。公司通过建立覆盖生产全流程的生产制造控制系统、大数据平台等数字化建设以及多方位监管措施实施精细化管理，优化成本结构，防范内控风险。感谢您的关注。

问：年产6万吨能源级钛（合金）材料全产业链项目，"能源级"指的是什么意思？

答：公司通过对钛下游产业的调研，确定未来钛在能源行业（如氢燃料电池及氢储能、电力行业发电装置、油气勘探与开采）将有巨大的市场，因此项目建设名称为能源级钛（合金）。

问：公司在客户服务方面有哪些创新或优化措施？客户满意度如何？

答：公司历来秉持为客户创造价值的安宁使命，一方面提高销售部门整体服务水平，并在公司内部建立以客户为中心的价值观。另一方面，公司不断优化服务流程，建立了完善的客户反馈机制，实时了解客户需求，切实为客户解决痛点。公司核心客户均合作多年，与公司建立了充分的信任关系。感谢关注。

问：公司在供应链管理上采取了哪些创新措施来提高效率和降低成本？

答：公司充分重视供应商权益保护，通过建立公平透明的采购流程、明确合同条款、及时沟通与反馈、合理定价与结算、保护知识产权、建立投诉与纠纷解决机制以及培养长期合作关系等措施，切实保障供应商的合法权益，完善供应商管理体系，促进供应链的健康发展，积极引导供应商履行环境、社会责任，推动价值链可持续发展。

问：XX股份在安全生产方面有哪些具体的保障措施和成效？

答：公司坚持安全生产理念，通过制定和完善安全制度、强化安全环保责任制及考核、强力推动安全管理标准化，以防范和控制安全风险。公司通过制定雨季等自然灾害应急预案及演练，提升应对自然灾害的防控能力和水平。

问：面对原材料价格波动，XX股份采取了哪些措施来稳定成本？

答：公司通过与供应商开展战略合作、引入新的供应商、完善供应商管理体系等多种方式来积极化解原材料波动对公司利润的影响。

问：公司在锂盐产品的市场拓展上取得了哪些重要进展？未来有何规划？

答：公司目前主要从事钒钛磁铁矿的开采、洗选和销售，主要投建项目为年产5万吨磷酸铁项目、年产6万吨能源级钛（合金）材料全产业链项目，具体情况敬请关注公司投资相关公告。

问：请问公司为何一直执着于增发投资6万吨能源级项目？钛下游项目竞争激烈，属于重资产项目，一旦产能过剩将直接损害公司发展。为何看好该项目投资？

答：公司秉承"绿色、包容、创新、和谐"发展理念，积极响应国家号召，坚持以钒钛磁铁矿资源为发展核心，立足攀西，横向并购资源、纵向延伸产业链，致力成为具有国际影响力的矿材一体化企业。公司年产6万吨能源级钛（合金）材料全产业链项目围绕公司主营业务下游产业链进行，与公司现有的主营业务相关性较强，且具有资源、地理、技术等方面的竞争优势，项目建成后有助于提高公司综合竞争力和市场地位，促进公司的长期可持续发展。

问：XX总您好，作为贵公司长期投资者，我们非常看好投资价值，现有如下问题向贵公司了解一下：（1）上市募集项目已全部投产何时看到效益。（2）磷酸铁项目已完工，以目前市场价格公司能否投产，该产品是否有合作厂家？（3）公司定增价格已影响到二级市场价格，如增发价格低于20元，可否放弃增发？罗总为攀枝花首富，作为优秀民营企业家要为您的股东负责，如此低价增发严重损害包括您在内的所有股东利益。

答：我对以上问题进行回答。（1）公司首发上市2个募投项目，潘家田技改扩能项目为公司生产提供充足原矿供应，提质增效项目对现有产品进行技术升级，均已在项目实施过程中逐步实现效益。（2）公司磷酸铁项目正在进行技术优化升级，产品产出后尚须下游客户验证。（3）XX股份历来重视维护股东利益，公司将综合各方意见，审慎决策。

考察完企业后，为了从执行层面更详细地了解运转过程，就需要运用访谈和穿行测试。穿行测试是指追踪交易在财务报告信息系统中的处理过程，这是在进行财务审计时，审计师了解被审计单位业务流程及其相关控制时经常使用的审计程序。通过穿行测试，我们可以完整地了解到尽调对象业务运营的全过程，加深对企业的理解。

（五）执行穿行测试

执行穿行测试的一般步骤是，首先获取尽调对象的业务制度，结合访谈、实地参观获得的信息绘制出流程图；然后根据一定的抽样方法选择几个业务样本，描述业务样本的实际运行情况；对照流程图，识别存在的偏差并查明偏差的原因。从财务尽职调查的角度来说，价值创造及穿行测试，涉及的主要报表项目包括营业收入、销售费用、应收款项、生产成本、存货等。以一般工业企业为例，整个流程中涉及的主要单据及账务处理包括采购订单、采购合同、验收入库单、出库领用单、成本核算表、产品质检单、销售订单、销售合同、发货单、销售发票、验收单、对账单、营业收入确认、应收账款核算等。

第二节 财务尽职调查资料清单

一、公司成立和历史沿革的相关资料

（一）企业成立至今股东变化情况

1. 注册资本变更记录及相关验资报告。
2. 股权结构图及股东名册。

（二）公司证照

1. 营业执照（三证合一/多证合一）。
2. 税务登记证。
3. 组织机构代码证（如未三证合一）。
4. 社保证、工商联证等。
5. 银行开户许可证。
6. 特殊经营许可证件（如减免税批复、高新技术企业证书等）。

二、公司组织机构和经营管理的相关资料

1. 最新公司章程及修正案。

2. 股东会、董事会、监事会决议记录。

3. 公司治理结构与议事规则。

4. 董事、监事、高管人员名单及简历。

三、公司资产和对外投资情况的相关资料

（一）投资方背景

1. 投资方简介及投资经历。

2. 投资方财务实力及团队能力。

（二）投资意愿与风险偏好

1. 投资方投资意愿及投资目的。

2. 风险评估及风险控制策略。

（三）投资决策流程

1. 投资决策流程及管理机制。

2. 投资组合分析及历史投资业绩。

四、公司土地使用权、房产的相关资料

（一）土地使用权相关资料

1. 土地使用证及土地使用权出让/转让合同。

2. 土地使用权租赁协议及土地使用权价值评估报告。

3. 土地规划用途及年限。

4. 土地税费缴纳情况。

（二）房产的相关资料

1. 房屋所有权证明。

2. 房屋租赁合同。

3. 房产价值评估报告。

4. 房产用途及面积。

5. 房产税费缴纳情况。

6. 房产抵押情况。

五、公司财务状况及重大债权债务的相关资料

（一）财务报表

1. 近3年及最近一期的资产负债表、利润表、现金流量表。

2. 科目余额表及明细账。

3. 财务报表附注及解释说明。

（二）货币资金与往来款项

1. 现金盘点表及银行存款对账单。

2. 货币资金管理制度。

3. 应收账款、其他应收款、预付账款明细及账龄分析。

（三）存货与固定资产

1. 存货盘点计划及盘点表。

2.存货管理制度及计价方法。

3.固定资产明细清单及折旧计算表。

4.在建工程明细及预算执行情况。

（四）财务内部控制

1.财务管理制度汇编（包括但不限于货币资金、存货、固定资产、投融资等）。

2.内部审计报告及外部审计报告。

3.关联交易管理制度及执行情况。

六、公司合同的相关资料

销售合同、采购合同（特别是大额合同）；技术转让、许可使用合同；租赁协议（包括融资租赁）；担保、抵押、质押合同。

七、公司无形资产的相关资料

一是专利证书、商标注册证、著作权登记证书；二是知识产权管理制度及保护策略；三是知识产权侵权情况及应对措施。

八、公司业务情况资料

（一）公司基本情况

1.公司概况：包括公司历史沿革、注册资本、股权结构、实际控制人情况等。

2. 组织架构：提供公司的组织架构图，明确各部门职责及人员配置。

3. 主营业务：描述公司的主要产品或服务，以及市场定位、目标客户群等。

（二）主营业务分析

1. 收入分析：提供最近3年的主营业务收入数据，按品种、客户、渠道、区域等维度划分收入结构，并分析销量和单价的变动趋势。

2. 成本分析：提供最近3年的主营业务成本数据，同样按多维度划分成本结构，并分析销量和单位成本的变动趋势。

3. 毛利及毛利率分析：基于收入和成本数据，计算主营业务毛利及毛利率，并分析其变动趋势。

（三）市场与销售

1. 市场分析：提供目标市场的规模、增长率、竞争格局等信息。

2. 销售策略：描述公司的销售渠道、销售模式及市场推广策略。

3. 客户情况：列出主要客户名单，包括客户类型、合作历史、销售额等。

（四）供应链与物流

1. 供应商情况：列出主要供应商名单，包括供应商类型、采购金额、合作稳定性等。

2.库存管理：提供库存周转率、存货结构等信息，分析库存管理的效率。

3.物流体系：描述公司的物流体系、配送能力及物流成本情况。

（五）研发与技术

1.研发团队：介绍研发团队的规模、结构及研发能力。

2.研发投入：提供研发投入的总额、占比及研发项目情况。

3.技术成果：列出公司的专利、软件著作权等技术成果，并分析其对公司业务的贡献。

（六）合规与风险

1.法律合规：提供公司法律部门设置情况、法律事务人员清单及简历，以及公司是否存在仲裁或行政裁决事项的相关文件。

2.环保合规：提供公司所获得的环保证书、许可及批准文件，以及环境报告副本等。

3.风险分析：包括市场风险、技术风险、管理风险、财务风险等，提供公司自我风险分析与风险对策说明。

（七）财务与融资

1.财务报表：提供最近3年的财务报表，包括资产负债表、利润表、现金流量表等。

2.融资计划：提供公司的融资计划，包括资金需求、融资方案、资金使用计划及项目可行性研究报告等。

3.融资历史：提供公司过往的融资历史，包括融资时间、阶段、金额、价格、估值等信息。

（八）其他重要事项

1. 同业竞争：提供公司是否存在同业竞争情况的说明。

2. 政府扶持项目：列出公司申请政府资金的项目情况及获批的申请报告或可研报告等。

3. 或有事项：如公司是否存在因环境保护、知识产权、产品质量、劳动安全等原因产生的侵权之债等。

九、公司税务的相关资料

税务登记证及税务鉴定报告、纳税申报表及完税证明、税务筹划方案及执行情况。

十、关联交易和同行竞争的相关资料

（一）关联交易相关资料

1. 关联方清单

（1）公司控股股东、实际控制人、董事、监事、高级管理人员（含与其直接或者间接控制的企业）的详细名单。

（2）关联方的股权结构、注册资本、主营业务等信息。

2. 关联交易合同及履行情况

（1）公司与关联方之间签署的所有交易合同复印件，包括但不限于采购合同、销售合同、租赁合同、贷款合同等。

（2）合同的履行情况说明，包括交易金额、交易时间、支付方式等。

3. 关联交易定价政策

（1）关联交易的定价原则、方法和依据，以确保交易价格的公允性。

（2）关联交易与市场交易价格的比较分析。

4. 关联交易防范机制

（1）确认公司是否建立了关联交易防范机制，如独立董事制度、关联交易审批制度等。

（2）了解防范机制的执行情况，包括独立董事对关联交易的独立意见。

5. 关联交易无发生声明

如公司不存在关联交易，需提供书面声明并加盖公司公章。

（二）同业竞争相关资料

1. 同业竞争情况说明

（1）公司与控股股东、实际控制人及其控制的其他企业之间的同业竞争情况说明。

（2）同业竞争对公司业务、财务状况和市场地位的影响分析。

2. 同业竞争企业的基本信息

（1）同业竞争企业的名称、注册资本、主营业务、市场份额等信息。

（2）同业竞争企业的股权结构、实际控制人及管理层情况。

3. 同业竞争避免措施

（1）公司为避免同业竞争所采取的措施，如资产重组、业务调整、市场划分等。

（2）控股股东、实际控制人出具的避免同业竞争的承诺函。

4.同业竞争解决计划

（1）如存在同业竞争，公司是否有明确的解决计划，包括时间表、具体措施等。

（2）解决计划对公司未来发展的影响分析。

十一、信息披露文件

（一）公司基本情况资料

1.公司基本信息

（1）公司概要、公司章程、营业执照、税务登记证、组织机构代码证（或统一社会信用代码证）复印件或扫描件。

（2）企业资质和荣誉证书复印件。

（3）公司历史沿革及重大变更记录。

（4）公司对外投资情况，包括股东会决议、投资协议等文件。

（5）关联公司情况，包括关联方关系及重大交易。

2.公司治理结构

（1）公司组织机构及管理机制说明。

（2）股东名册，包括股东名称、投资金额、股权比例及历年资本变动情况。

（3）法定代表人、董事长、总经理、副总经理、主管财务人员及融资业务经办人员的简历及资格证明。

3. 员工情况

公司员工花名册、用工合同、社保缴纳记录及个税申报表。

（二）产品与市场情况资料

1. 产品分析

（1）主要产品介绍，包括销售收入、销售量、单位售价、单位成本、毛利率变化趋势。

（2）营销策略、广告方案、销售网络、销售渠道及优势区域。

（3）产品获奖证书、高新技术产品认定书复印件。

2. 供应链情况

（1）主要产品生产流程说明。

（2）前十大客户及供应商名单，包括销售额、采购额占比及回款情况。

（3）供应合同或协议复印件。

（4）外销渠道、主要市场及趋势分析，包括合同或协议复印件。

（三）生产及质量管理资料

1. 生产设备

（1）主要生产设备数量、质量状况、先进程度及产能负荷度。

（2）未来技术改造和设备投资规划。

2. 质量管理

（1）质量管理体系认证、涉及的领域、质量人员技术素质及关键检测设备情况。

（2）产品因质量问题退回及折让的历史与现状。

（四）技术及研发资料

1. 研发人员

技术研发人员数量及专业素质。

2. 研发成果

（1）近 3 年新品研发情况，包括研发品种数量、销售数量、销售收入及占比。

（2）企业产品与竞争对手产品的技术性能比较。

（3）研发技术设备配备情况、研发投入金额及研发方式。

（4）专有技术与专利技术清单，包括专利证书复印件。

（5）当前及未来 3 年技术开发及研发项目一览表，分析其先进性及效益。

（五）行业与市场情况资料

行业概况，包括行业技术水平及竞争情况与行业管理体制及市场前景分析。

（六）财务会计信息资料

1. 会计政策

（1）存货计价方式、固定资产折旧政策、税务政策、收入确认方式、坏账准备金提取方式。

（2）企业内部资金管理方式、结算方式及结算期说明。

2. 财务报表

（1）近 3 年经审计的财务报告或加盖公章的财务报表（资产负债

表、损益表、现金流量表）。

（2）无法提供审计报告或财务报表时的详细财务情况说明及表格。

3. **其他财务信息**

（1）货币资金：现金盘点表、银行账户对账单及余额调节表、贷款卡信息。

（2）六大往来科目明细表及账龄分析表（应收账款、其他应收款、预付账款、应付账款、其他应付款、预收账款）。

（3）存货盘点计划及盘点表、盘盈盘亏及毁损明细清单。

（4）固定资产明细清单及保险单。

（5）在建工程明细清单及项目建议书、可研报告、预算等。

（七）同业竞争与关联交易资料

1. **同业竞争情况**

同业竞争分析，包括竞争产品、市场份额等。

2. **关联交易**

关联方关系及重大交易清单，包括交易金额、占比、定价方式。

（八）诉讼与仲裁事项资料

（1）涉及刑事诉讼、民事诉讼（包括破产程序）、仲裁或其他司法、行政程序的说明及证明文件。

（2）即将引起上述程序的任何事件的详细情况及证明文件。

三是尚未执行完毕的裁决、判决及决定。

四是涉及员工且尚未处理完毕的工伤、意外、交通事故情况。

(九)环保情况资料

1. 环保证书及许可

(1) 环保事宜的证书、许可及批准文件。

(2) 为获得前述文件提交的申请材料。

2. 环保报告及通知

(1) 环境报告副本。

(2) 政府环境管理机构发出的全部通知、决定及评估报告副本。

3. 环保诉讼纠纷

环保诉讼纠纷情况说明及证明文件。

(十)政府扶持项目资料

1. 政府资金项目

(1) 公司申请政府资金的项目情况。

(2) 政府资金获批的申请报告或可研报告等。

(十一)融资及上市情况资料

1. 融资计划

(1) 融资金额、稀释股权比例。

(2) 最近3年公司盈利预测。

(3) 本轮融资及上市时间安排。

(十二)其他附件资料

(1) 承诺书,需确认提供文件的真实性、准确性、完整性及无隐瞒、疏漏或偏差之处。

（2）其他根据尽职调查过程中可能进一步要求提供的补充资料。

十二、合规性文件的相关资料

环保、消防、安全生产等合规证明，以及行业特定资质证书合规性审查报告。

十三、产品生产的相关资料

（一）产品基本信息

产品目录、产品说明书、产品认证及许可证。

（二）生产工艺与流程

生产工艺流程图、工艺操作规程、质量控制标准。

（三）生产设备与设施

生产设备清单、设备维护保养记录、设备更新与改造计划。

（四）原材料与供应链管理

原材料清单、原材料采购合同、供应商评估与管理制度。

（五）生产与库存管理

生产计划与调度、库存管理制度、库存报表。

（六）产品质量与售后服务

产品质量反馈报告、售后服务体系、产品召回与退货记录。

（七）环保与安全生产

环保合规文件、安全生产管理制度、安全生产培训记录。

十四、竞争与前景的相关资料

（一）行业概况

行业现状、发展趋势及政策法规，以及行业市场规模及竞争格局。

（二）竞争对手分析

一是竞争对手基本信息及市场份额；二是竞争对手财务分析（现金流量、资产负债表、利润表）；三是竞争对手产业链分析及竞争策略。

十五、其他资料

（一）过往投资人评价

过往投资人对公司的评价及投资建议。

（二）资产评估报告

公司现有资产的评估报告及评估方法说明。

(三)重要会议纪要

与重要相关方交流的会议纪要及备忘录。

(四)其他补充材料

如有其他对尽职调查有重要影响的材料,请一并提供。

十六、财务报表的相关资料

在股权投资的财务尽职调查中,财务报表是评估目标公司财务状况和经营绩效的核心依据。以下是对财务报表相关资料的详细梳理,旨在帮助投资者更全面地了解目标公司的财务健康状况。

(一)财务报表的分析要点

1. 资产负债表:需关注公司的资产结构、负债水平及偿债能力,特别是大额债务、逾期债务等潜在风险。

2. 利润表:需关注公司的营业收入、净利润、毛利率、净利率等,评估其盈利能力和经营效益。

3. 现金流量表:需关注公司的现金流入流出结构,评估其现金流动性和偿债能力。

(二)财务报表附注及补充资料

1. 财务陈述注释:对财务报表中的数字和数据提供解释和补充说明,帮助投资者更深入地理解财务报表。

2.会计政策与估计：说明公司采用的会计政策、会计估计方法及其变更情况，对理解财务报表的编制基础至关重要。

3.关联方交易：详细披露公司与关联方之间的交易情况，包括交易类型、金额、定价方式等，以评估关联交易对公司财务状况的影响。

4.或有事项：披露公司可能面临的潜在风险或损失，如未决诉讼、担保责任等。

（三）其他相关资料

1.审计报告：由注册会计师事务所出具的审计报告，对财务报表的准确性和公允性发表意见。

2.内部管理报告：如预算报告、成本分析报告等，反映公司的内部管理水平和运营效率。

3.税务资料：包括纳税申报表、税务筹划方案等，帮助投资者了解公司的税务状况和税务合规性。

4.合同及法律文件：与公司经营相关的重大合同、协议、法律诉讼文件等，评估公司的法律风险。

案例分析：财务尽职调查清单示例

- 业务相关文件
- 企业主营业务及主要产品介绍
- 业务资质、许可证或认证文件
- 前十大销售客户及回款情况说明
- 前十大供货商及采购金额说明
- 政府财政补贴、政策性扶持拨款、优惠贷款文件
- 财务相关文件

- 最近3年及一期的资产负债表、利润表、现金流量表
- 财务报表附注及补充资料
- 审计报告
- 内部管理报告（如预算报告、成本分析报告）
- 税务资料（如纳税申报表、税务筹划方案）
- 合同及法律文件（如重大销售合同、采购合同、租赁合同等）

十七、公司法律文件相关资料

公司法律文件汇编（包括章程、合同、协议等）；知识产权法律文件，以及诉讼、仲裁及行政处罚情况说明。

第三节　财务尽职调查内容

一、财务报告及相关财务资料

财务报表调查是财务尽调的核心环节，通过分析目标企业资产负债表、利润表和现金流量表，可快速评估其经营状况与财务健康度。财务报表的可靠性直接决定尽调结果的有效性，而企业内控体系的完善程度是保障财务数据真实性的关键因素。尽调中需采用穿行测试、流程访谈等方法，重点核查采购、销售、资金管理等核心业务流程的内控有效性。通过验证内控机制与财务数据的勾稽关系，可准确评估

企业盈利质量与潜在风险,为投资决策提供关键财务依据。

在股权投资的财务尽职调查中,财务报告及相关财务资料是评估目标公司财务状况、经营成果和现金流量的核心依据。以下是对财务报告及相关财务资料详细内容的解析。

(一)财务报表

1. 资产负债表

(1)资产部分:详细列出公司的流动资产(如现金、应收账款、存货等)和非流动资产(如固定资产、无形资产、长期投资等),反映公司的资产规模、结构和质量。

(2)负债及所有者权益部分:明确公司的流动负债(如短期借款、应付账款等)和非流动负债(如长期借款、递延所得税负债等),以及所有者权益(股本、资本公积、盈余公积、未分配利润等),评估公司的债务水平和资本结构。

2. 利润表

(1)收入部分:反映公司的主营业务收入、其他业务收入等,评估公司的盈利能力。

(2)费用部分:包括销售费用、管理费用、财务费用等,分析公司的成本控制能力。

(3)利润部分:展示公司的营业利润、利润总额、净利润等关键指标,评估公司的盈利水平和经营效率。

3. 现金流量表

(1)经营活动现金流量:反映公司通过主营业务产生的现金流入和流出,评估公司的现金自给能力和运营效率。

（2）投资活动现金流量：展示公司在固定资产、无形资产、长期投资等方面的现金投入和回收，评估公司的投资方向和效果。

（3）筹资活动现金流量：反映公司通过借款、发行股票等方式筹集的资金以及偿还债务、分配股利等现金流出，评估公司的融资能力和资本结构变化。

（二）财务指标分析

1. 偿债能力指标

（1）流动比率：流动资产与流动负债的比率，反映公司短期偿债能力的强弱。

（2）速动比率：速动资产（流动资产减去存货等变现能力较弱的资产）与流动负债的比率，进一步评估公司的短期偿债能力。

（3）利息保障倍数：息税前利润与应付利息的比率，评估公司支付利息费用的能力。

2. 盈利能力指标

（1）净利润率：净利润与营业收入的比率，反映公司的盈利水平。

（2）毛利率：销售毛利与营业收入的比率，评估公司的成本控制和定价能力。

（3）净资产收益率：净利润与平均净资产的比率，衡量公司运用股东资本的效率和盈利能力。

3. 资本结构指标

（1）资产负债率：总负债与总资产的比率，反映公司的债务水平和资本结构。

（2）权益比率：所有者权益与总资产的比率，评估公司的资本实力和股东权益的保护程度。

（三）其他财务资料

1. 财务附注

对财务报表中未能充分揭示的内容进行补充说明，包括会计政策、会计估计的变更、重大事项的说明等，有助于投资者更全面地理解公司的财务状况。

2. 预算和预测

公司的年度预算、未来几年的财务预测等，评估公司的经营计划和未来发展前景。

3. 审计报告

由独立审计机构出具的审计报告，对公司财务报表的真实性、合法性和公允性进行鉴证，提高投资者对公司财务报告的信任度。

4. 内部控制报告

反映公司内部控制制度的建立、执行和有效性情况的报告，评估公司的风险管理水平和内部控制质量。

二、会计政策与会计估计

（一）会计政策

会计政策是指企业在进行会计核算时所采用的一系列原则、基础、计量方法和处理方法。它涵盖了企业在确认、计量和报告财务信息时所遵循的规则，是企业编制财务报表的基础。在股权投资财务尽职调查中，对会计政策的关注主要包括以下四个方面。

1. 收入确认政策：企业需明确何时确认收入，以及如何计量收入。这通常依据销售合同的条款、商品或服务的交付情况等因素来确定。

2. 存货计价政策：企业需要选择一种方法来确定存货的成本，如先进先出法（FIFO）、加权平均法等。不同的存货计价方法会影响企业的销售成本和利润。

3. 固定资产折旧政策：企业需确定固定资产的折旧方法，如直线法、加速折旧法等，以及折旧年限的选择。

4. 长期股权投资的核算方法：企业需决定是采用权益法还是成本法来核算长期股权投资。

（二）会计估计

会计估计是指企业对其结果不确定的交易或事项，以最近可利用的信息为基础所作的判断。在编制财务报表过程中，对于一些经济业务或事项无法精确计量，企业需要根据经验、判断和假设进行估计。会计估计在股权投资财务尽职调查中的重要性不容忽视，主要包括以下四个方面。

1. 坏账准备：企业需要估计应收账款的可收回金额，并据此计提坏账准备。坏账准备的计提比例是否合理，直接影响企业资产和利润的计量。

2. 存货跌价准备：企业需评估存货的可变现净值，并计提存货跌价准备。这反映了企业对存货未来价值的判断。

3. 固定资产减值准备：企业需定期评估固定资产的价值，并在其价值发生减值时计提减值准备。

4.无形资产减值准备：类似于固定资产减值准备，企业也需对无形资产进行定期评估，并在其价值发生减值时计提减值准备。

在尽职调查中，调查人员需要审查企业主要的会计估计项目，评估这些估计所依据的假设和方法是否合理，是否与市场实际情况和企业经营状况相符。同时，还需要关注会计估计的变更情况，分析变更的原因和影响。

三、财务比率分析

（一）财务比率分析的重要性

财务比率分析是通过计算并比较企业的各项财务指标，来评估其财务状况和经营绩效的一种方法。这些比率能够揭示企业内在的运营效率和潜在风险，为投资方提供直观、量化的数据支持，有助于做出更加精准的投资决策。

（二）常用的财务比率

1. 流动比率

计算公式：流动资产 ÷ 流动负债

意义：衡量企业短期偿债能力的指标。流动比率越高，说明企业短期偿债能力越强，但过高的流动比率也可能意味着企业资金利用效率不高。

2. 速动比率

计算公式：（流动资产 – 存货）÷ 流动负债

意义：进一步剔除存货后的短期偿债能力指标。速动比率越高，企业应对短期偿债压力的能力越强。

3. 资产负债率

计算公式：总负债 ÷ 总资产

意义：反映企业总资产中负债所占的比例，衡量企业的长期偿债能力和财务杠杆程度。资产负债率过高可能增加企业的财务风险。

4. 毛利率

计算公式：（销售收入 – 销售成本）÷ 销售收入

意义：衡量企业销售商品或提供服务的盈利能力。毛利率越高，说明企业的成本控制能力越强，盈利能力越高。

5. 净利率

计算公式：净利润 ÷ 销售收入

意义：综合反映企业的盈利能力。净利率越高，说明企业在经营过程中创造利润的能力越强。

6. 销售增长率

计算公式：（本期销售收入 – 上期销售收入）÷ 上期销售收入

意义：衡量企业销售收入的增长情况，反映企业的成长潜力和市场拓展能力。

（三）财务比率分析的应用

1. 盈利能力评估

通过毛利率、净利率等比率，可以评估企业的盈利能力及其变化趋势。结合历史数据和行业平均水平，可以判断企业的盈利能力和成长潜力。

2.偿债能力分析

流动比率、速动比率和资产负债率等，能够反映企业的短期和长期偿债能力。通过比较这些比率，可以评估企业的财务风险和偿债能力，为投资决策提供参考。

3.运营效率评价

通过分析存货周转率、应收账款周转率等运营效率指标，可以了解企业的资产使用效率和运营效率。这些比率有助于发现企业在运营过程中可能存在的问题，如库存积压、应收账款回收困难等。

4.行业比较与竞争优势分析

将企业的财务比率与行业平均水平或竞争对手进行比较，可以评估企业在行业中的地位和竞争优势。这有助于投资方了解企业的市场地位和潜在发展空间。

（四）注意事项

1.数据真实性

在进行财务比率分析时，应确保所使用数据的真实性和准确性。这要求投资方在尽职调查过程中，对被投资企业的财务报表和财务数据进行严格的审核和验证。

2.综合考量

财务比率分析只是财务尽职调查的一部分，投资方还需要结合其他财务信息、业务信息以及市场环境等因素，进行综合考量和分析。

3.动态分析

财务比率是动态的，会随着企业的经营活动和市场环境的变化而变化。因此，投资方在进行财务比率分析时，应关注其变化趋势和动态特征，以便更准确地评估企业的财务状况和经营绩效。

四、与损益有关的项目

（一）投资收益

反映企业长期股权投资取得收益的重要科目。当企业在长期股权投资中获得现金分红、股权转让收益时，这些收益会在投资收益科目中进行记录和反映。

（二）资本公积

尽管资本公积本身并不直接计入损益表，但它与企业的长期股权投资密切相关。资本公积科目是反映企业长期股权投资所获得的资本溢价的重要科目。当企业通过长期股权投资获得股权溢价时，这些溢价会在资本公积科目中进行记录和反映，进而可能影响企业的净资产和股东权益。

（三）利润分配

反映企业长期股权投资所获得的利润分配的重要科目。当企业在长期股权投资中获得现金分红或股权转让收益时，这些收益可能需要按照一定比例分配给投资者，而分配的过程和结果会在利润分配科目中进行记录和反映。

（四）其他

此外，虽然以下不直接属于损益类科目，但在股权投资财务尽职调查中同样重要，且可能对损益产生间接影响。

1. 应收票据、应收账款及坏账准备：这些科目涉及企业销售活动的债权债务余额，以及因销售活动可能产生的坏账损失。在股权投资财务尽职调查中，需要关注这些科目的真实性和合理性，因为它们可能对企业的现金流和利润产生影响。

2. 营业费用：营业费用的高低直接影响到企业的利润水平。在尽职调查中，需要了解目标公司的营业费用构成和变化趋势，以评估其盈利能力和成本控制能力。

五、与资产状况有关的项目

（一）资产类科目

1. 货币资金

（1）核实货币资金的真实性和流动性，检查银行存款对账单、现金日记账等。

（2）关注是否存在大额受限资金，如质押、冻结等。

2. 应收账款

（1）分析应收账款的账龄结构，了解坏账准备计提的合理性。

（2）通过查阅销售合同、发票、对账单等，核实应收账款的真实性和可回收性。

（3）关注关联方应收账款，防止利益输送。

3. 存货

（1）实地查看存货，了解存货的保管状态、数量、质量等。

（2）分析存货的周转率和库存成本，判断存货管理的有效性。

（3）关注存货跌价准备的计提情况，防止存货价值被高估。

4. 固定资产

（1）核实固定资产的账面价值与实际价值是否相符，检查固定资产的折旧政策是否合理。

（2）通过查阅购建合同、发票、权属证明等，核实固定资产的真实性和权属情况。

（3）关注固定资产的处置和报废情况，防止资产流失。

5. 无形资产

（1）分析无形资产的类别、使用寿命、摊销政策等。

（2）核实无形资产的权属情况，检查是否存在侵权风险。

（3）关注无形资产的减值情况，防止资产价值被高估。

6. 在建工程

（1）核实在建工程的预算、进度、资金来源等，了解在建工程的合规性和可行性。

（2）关注在建工程的减值情况，防止资产价值被高估。

（二）负债及所有者权益类科目（与资产状况间接相关）

1. 短期借款

（1）分析短期借款的借款条件、还款期限、利率等，了解企业的短期偿债能力。

（2）关注是否存在逾期借款或违约情况。

2. 长期借款

（1）分析长期借款的借款用途、还款计划、利率等，了解企业的长期偿债能力和融资结构。

（2）关注是否存在长期借款被挪用或无法按期偿还的风险。

3. 所有者权益

（1）核实实收资本、资本公积、盈余公积、未分配利润等科目的真实性。

（2）关注所有者权益的变动情况，了解企业的盈利能力和利润分配政策。

（三）财务比率分析（与资产状况密切相关）

1. 资产周转率

（1）分析资产周转率的变化趋势，了解企业资产的运营效率。

（2）结合行业发展情况，判断企业资产周转率的合理性。

2. 资产负债率

（1）分析资产负债率的变化趋势，了解企业的负债水平和偿债能力。

（2）结合现金流量状况、授信额度等情况，判断企业的偿债风险。

3. 存货周转率

（1）分析存货周转率的变化趋势，了解企业存货的周转速度和运营效率。

（2）结合市场需求、销售策略等情况，判断企业存货管理的合理性。

六、现金流量表

（一）经营活动产生的现金流量

1. 现金流入：主要包括销售商品、提供劳务收到的现金，收到的税费返还,以及其他与经营活动有关的现金流入。

2.现金流出:主要包括购买商品、接受劳务支付的现金,支付给职工以及为职工支付的现金,支付的各项税费,以及其他与经营活动有关的现金流出。

3.净现金流量:经营活动产生的现金流入与流出之差,反映了公司通过日常经营活动获取现金的能力。

(二)投资活动产生的现金流量

1.现金流入:主要包括收回投资收到的现金,取得投资收益收到的现金,处置固定资产、无形资产和其他长期资产收回的现金净额,以及收到其他与投资活动有关的现金。

2.现金流出:主要包括购建固定资产、无形资产和其他长期资产支付的现金,投资支付的现金,以及支付其他与投资活动有关的现金。

3.净现金流量:投资活动产生的现金流入与流出之差,反映了公司在投资方面的现金流出情况及其投资回报能力。

(三)筹资活动产生的现金流量

1.现金流入:主要包括吸收投资收到的现金,借款收到的现金,以及收到其他与筹资活动有关的现金。

2.现金流出:主要包括偿还债务支付的现金,分配股利、利润或偿付利息支付的现金,以及支付其他与筹资活动有关的现金。

3.净现金流量:筹资活动产生的现金流入与流出之差,反映了公司通过筹资活动获取现金及其偿还债务的能力。

（四）汇率变动对现金及现金等价物的影响

若目标公司涉及外币业务，应披露汇率变动对现金及现金等价物的影响，以反映外币业务对公司现金流量的潜在影响。

（五）现金及现金等价物净增加额

经营活动、投资活动和筹资活动产生的现金流量净额之和，反映了公司现金及现金等价物的净增加情况。

（六）其他重要信息

1. 现金流量表的注释：对现金流量表中重要项目的详细解释和补充说明，有助于投资者更深入地理解公司的现金流量情况。
2. 非现金交易和事项：虽然不直接影响现金流量，但可能对公司的财务状况和经营成果产生重要影响，如资产减值准备、固定资产折旧等。

在进行股权投资财务尽职调查时，投资者应仔细分析现金流量表，并结合资产负债表和利润表等其他财务报表，以全面评估目标公司的财务状况和经营绩效。通过深入分析现金流量表的内容，投资者可以更好了解公司的现金流动性和偿债能力，为投资决策提供有力支持。

七、税务信息

财务尽职调查小组在开展具体工作时，要以动态化模式掌握目标企业的纳税情况，在确定目标企业经营性质的前提下，全方位地了解税种、税基及税率等指标，通过综合分析对目标企业是否存在偷税漏税等违法违规行为进行准确判断。同时，财务尽职调查小组还应对企业相关税收优惠、财政补贴等情况进行调查，依照调查结果对其是否符合财政部门和税收管理部门的标准等做出判断，并参考纳税情况分析目标企业对税收政策的依赖程度，以此掌握目标企业的财务状况及业务经营情况，为投资企业制订决策计划提供保障。切实提高投资的科学性与合理性。

八、财务尽职调查案例

案例一：研发投入认定案例

一、常见问题

研发投入认定中的常见问题涉及研发人员薪酬的准确归集、共用资源费用的合理分配、国拨研发项目支出的合规核算、受托研发支出的正确处理、委外研发的真实性和必要性评估，以及研发过程中产出产品的会计处理。

二、规范要求

2023年证监会发布《监管规则适用指引——发行类第9号：研发人员及研发投入》，文件规范有如下要求。

1. 研发人员薪酬

企业应建立合理的薪酬结构和激励制度，确保研发人员的薪酬与岗位责任和项目贡献相匹配。兼职研发人员薪酬应按项目工时合理分配，并保留参与研发的证据。董监高关键管理人员费用计入研发费用的比例应控制在50%以内，或全部计入管理费用。股份支付费用计入研发支出需有合理依据，避免利用股份支付调节研发投入指标。由于将股份支付计入研发投入存在调节研发投入指标的情形，因此需要非常谨慎，需要结合研发人员的认定、相关协议及股权激励的规范实施等条件综合判断。

2. 共用资源费用

公司需建立完善的固定资产管理和采购制度，确保研发专用资产与生产设备分开管理。共用资源如设备和场地的使用情况需准确记录，并根据实际使用情况进行合理分摊。结合实际发生的相关费用，按照生产和研发人员工时、用于生产和研发的物料消耗数量、研发产品和生产产品价值等合理方法进行分摊，且分摊方法一旦选定，不得随意变更。

3. 国拨研发项目

国拨研发项目的会计核算应根据合同约定和研发成果的权属，结合研发目的，选择适用的企业会计准则。超支或结余的政府补助应按照相关规定计入研发费用。对于国拨项目应当根据相关合同约定，考虑研制成果的所有权、控制权、专利的申请权、持有权和非专利成果使用权归属，发行人是否享有研发成果对应产品的生产、销售决策权等因素，结合研发目的判断发行人适用《企业会计准则第14号——收入》或《企业会计准则第16号——政府补助》。对于超支或结余政府补助计入研发费用，可参考案例如见表4-9。

表4-9 参考案例

公司	江航装备	成都华微	振华风光
会计处理	通过"专项应付款"科目核算，取得时确认为专项应付款；在国拨科研项目发生支出的期间冲减科研项目拨款；国拨科研项目结题或经国家相关部门验收后，超支核销部分或科研项目结余计入当期"研发费用"	公司在申报报表中对国拨研发项目的收入在专项应付款进行核算，具体如下：与国拨研发项目相关拨款，取得时确认为专项应付款；在国拨研发项目执行期间发生的相关支出计入研发成本，并在资产负债表日，以研发成本和专项应付款的净额列示为长期应付款；国拨研发项目执行期间支出超过合同预算金额部分，以及结题或经国家相关部门验收后超支或结余部分，结转至当期损益，计入研发费用	与国拨科研项目相关拨款，取得时确认为专项应付款；在国拨科研项目发生支出的期间确认为研发成本；报表日，研发成本冲减专项应付款，国拨科研项目支出超过约定的拨款金额时，结转当期损益，国拨科研项目结题或经国家相关部门验收后，科研项目结余计入当期损益

4. 受托研发支出

企业在进行合作研发的会计处理时，应明确是自行研发还是委托研发。自行研发的支出按无形资产准则处理，委托研发的支出则按收入和成本准则处理。

表4-10 受托研发的会计处理属性

属性	描述	合同签订	会计处理
自行研发	依靠自身资源，独立进行研发，并对研发成果拥有完全独立的知识产权	否	研发费用、开发支出、无形资产
受托研发	特定客户所需的定制化产品或者服务，通过竞争择优方式获得项目	是	存货、营业成本

5. 委外研发

企业应通过招标、协议等方式确定受托单位，签订外包合同，并保留与付款条件相吻合的阶段性研发成果资料。对于委外研发，重点关注是否存在通过委外研发虚增研发支出的情况以及委外研发是否会导致对自主研发能力的质疑，一旦出现影响发行人自主研发能力的情况，可能会造成审核的实质性障碍。

6. 研发物料

应当将研发视为公司一项重要业务条线，其物料管理计划与生产物料管理同等重要，按研发项目或研发部门口径管理研发物料。研发产出的样品和废料应有明确的去向管理，并保留完整的过程文件。

7. 合作研发

在IPO审核中也是重点关注内容，合作研发是指研发立项企业通过契约的形式与其他企业共同对项目的某一个关键领域分别投入资金、技术、人力，共同参与产生智力成果的创作活动，共同完成研发项目。合作研发共同完成的知识产权，其归属由合同约定，如果合同没有约定的，由合作各方共同所有。核查重点有如下六项。

（1）研发人员职工薪酬核查：参照上述的研发人员认定标准，确保薪酬记录的真实性和准确性。

（2）共用资源费用核查：获取并复核固定资产明细表，确保研发与生产用固定资产的分类准确。实地检查，确保研发设备的使用与研发活动相关且未与生产混用。核实研发设备工时记录和折旧费用的准确性，以及研发项目周期内摊销金额的合理性，参考上述分摊标准在生产活动和研发活动之间进行合理的分摊。

（3）国拨研发项目核查：通过访谈和文件审查，了解发行人承接国拨项目的原因、程序和自主研发的性质。

（4）受托研发支出核查：确认是否存在错误认定受托研发人员或支出为发行人研发人员或投入的情况。审查合作研发协议和项目的真实性、价格公允性以及与发行人的关联关系。

（5）委外研发核查：关注委外研发的真实性、必要性和交易价格的公允性，以及对发行人生产经营的贡献。执行穿行测试，核查委外研发合同与项目进度的匹配性和付款时点的合理性。

（6）研发过程中产出的产品核查：主要关注研发样品和废料的处理方式，是否符合同行业的处理。核查研发物料的内部控制流程，包括领料审批权限和岗位职责。通过实地盘点和记录，分析物料领用的合理性和真实性。

📖 案例二：XX 创投公司对 XX 数控 Pre-IPO 项目财务尽职调查分析

一、资产负债情况

（一）资产结构分析

公司最近 2021—2023 年的资产数据见表 4-11。

表 4-11 2021—2023 年公司合并资产表

项目	2023 年 12 月 31 日		2022 年 12 月 31 日		2021 年 12 月 31 日	
	金额 / 万元	占比 /%	金额 / 万元	占比 /%	金额 / 万元	占比 /%
流动资产：						
货币资金	136 693.26	23.46	96 783.89	19.12	90 275.11	20.51
应收票据	570.97	0.10	246.56	0.05	2 869.47	0.65
应收账款	103 446.62	17.75	95 958.62	18.95	79 091.23	17.97

续表

项目	2023年12月31日		2022年12月31日		2021年12月31日	
	金额/万元	占比/%	金额/万元	占比/%	金额/万元	占比/%
预付款项	6 240.76	1.07	4 390.56	0.87	3 746.01	0.85
其他应收款	1 978.99	0.34	3 112.15	0.61	4 228.74	0.96
存货	2 475.50	0.42	1 044.68	0.21	806.19	0.18
合同资产	217 474.67	37.32	197 930.68	39.10	170 212.61	38.67
其他流动资产	948.33	0.16	784.57	0.15	613.61	0.14
流动资产合计	469 829.09	80.63	400 251.72	79.06	351 842.96	79.93
非流动资产：						
长期股权投资	66.74	0.01				
其他权益工具投资	395.00	0.07	300.00	0.06	300.00	0.07
固定资产	35 410.82	6.08	36 865.35	7.28	38 222.96	8.68
在建工程	7 886.85	1.35	1 253.78	0.25		
使用权资产	2 313.59	0.40	1 471.74	0.29	897.15	0.20
无形资产	50 924.05	8.74	52 779.49	10.43	37 138.97	8.44
长期待摊费用	802.46	0.14	550.93	0.11	256.60	0.06
递延所得税资产	14 154.68	2.43	12 086.92	2.39	10 653.11	2.42
其他非流动资产	911.67	0.16	706.53	0.14	899.74	0.20
非流动资产合计	112 865.86	19.37	106 014.74	20.94	88 368.55	20.07
资产总计	582 694.95	100.00	506 266.46	100.00	440 211.51	100.00

2021年末、2022年末、2023年末，公司总资产分别为440 211.51万元、506 266.46万元、582 694.95万元。流动资产分别为351 842.96万元、400 251.72万元469 829.09万元，占资产总额的比例分别为79.93%、79.06%、80.63%，主要由货币资金、应收账款、预付款项、其他应收款、存货、合同资产构成。非流动资产分别为88 368.55万元、106 014.74万元、112 865.86万元，占资产总额的比例分别为20.07%、20.94%、19.37%，主要由固定资产、在建工程、使用权资产、无形资产和递延所得税资产构成。

1. 货币资金

2021年末、2022年末、2023年末,公司货币资金的账面余额为90 275.11万元、96 783.89万元、136 693.26万元,占资产总额的比例分别为20.51%、19.12%、23.46%,货币资金由银行存款、库存现金及其他货币资金构成。公司使用受限的货币资金主要有保函保证金和住房维修基金,至2023年末的余额为328.19万元。

2021年、2022年及2023年,公司外币货币性项目中美元货币资金分别为(以下均为人民币列示)5 917.29万元、7 152.05万元、8 350.42万元,占比较大且逐年递增。柬埔寨、瓦努阿图、印度尼西亚外币占比较小且三年没有变动,2021年、2022年及2023年,应收账款美元账面余额分别为2 578.63万元、3 717.30万元、5 002.88万元,逐年递增,同时2023年有较小金额的欧元应收账款并表(见表4-12)。

表4-12 2021—2023年合并外币货币性项目明细表

项目	2023年12月31日			2022年12月31日			2021年12月31日		
	期末外币余额	折算汇率	期末折算人民币余额/万元	期末外币余额/万元	折算汇率	期末折算人民币余额/万元	期末外币余额/万元	折算汇率	期末折算人民币余额/万元
货币资金	–	–	8 350.69	–	–	7 152.32	–	–	5 917.56
其中美元	1 178.99	7.082 7	8 350.42	1 026.91	6.964 6	7 152.05	928.10	6.375 7	5 917.29
柬埔寨瑞尔	1.50	0.001 6	0.00	1.50	0.001 6	0.00	1.50	0.001 6	0.00
瓦努阿图瓦图	3.45	0.057 3	0.20	3.45	0.057 3	0.20	3.45	0.057 3	0.20
印度尼西亚卢比	157.65	0.000 4	0.07	157.65	0.000 4	0.07	157.65	0.000 4	0.07
应收账款	–	–	5 023.59	–	–	3 717.30	–	–	2 578.63
其中美元	706.35	7.082 7	5 002.88	533.74	6.9646	3 717.30	404.45	6.375 7	2 578.63

续表

项目	2023年12月31日			2022年12月31日			2021年12月31日		
	期末外币余额	折算汇率	期末折算人民币余额/万元	期末外币余额	折算汇率	期末折算人民币余额/万元	期末外币余额	折算汇率	期末折算人民币余额/万元
欧元	2.64	7.8592	20.71	—	—	—	—	—	—
合同资产	—	—	59.12	—	—	—	—	—	—
其中美元	8.35	7.0827	59.12	—	—	—	—	—	—

2. 应收款项

应收款项主要由应收票据、应收账款和其他应收款组成，应收票据由银行承兑汇票、商业承兑汇票和财务公司承兑汇票组成，公司按组合计提坏账准备，其中银行承兑汇票均未计提坏账准备，2021年至2023年的预期信用减值率分别为0.51%、15.43%、4.52%。

2021年末、2022年末、2023年末，公司应收账款的账面价值为79 091.23万元、95 958.62万元、103 446.62万元。公司按组合计提坏账准备，1年以内计提比例约为5%，1年至2年内计提比例约为12%，2年至3年内计提比例约为24%，并随着年限的增长计提比例逐年增加，5年以上的计提比例为100%。2021年至2023年的坏账准备率分别为24.94%、24.05%、19.69%（见表4-13、表4-14）。

表4-13 2021—2023年合并应收款项表

单位：万元

项目	2023年12月31日	2022年12月31日	2021年12月31日
应收票据	570.97	246.56	2 869.47
应收账款	103 446.62	95 958.62	79 091.23
其他应收款	1 978.99	3 112.15	4 228.74
合计	105 996.58	99 317.33	86 189.44

表 4-14　2021—2023 年应收账款账龄表

单位：万元

账龄	2023年12月31日	2022年12月31日	2021年12月31日
1年以内	70 971.68	66 517.47	51 459.65
1年至2年	27 014.40	21 425.33	21 487.24
2年至3年	10 429.14	12 953.21	9 005.69
3年至4年	5 766.50	6 826.14	8 172.41
4年至5年	3 493.67	5 019.44	4 068.33
5年以上	11 130.52	13 606.78	11 170.51
小计	128 805.91	126 348.37	105 363.83
减：坏账准备	25 359.30	30 389.75	26 272.60
合计	103 446.62	95 958.62	79 091.23

3. 存货

2021年末、2022年末、2023年末，公司存货的账面价值为806.19万元、1 044.68万元、2 475.50万元，占资产总额的比例分别为0.18%、0.21%、0.42%。存货由合同履约成本、周转材料和原材料组成，公司于2022年、2023年分别计提29.36万元、54.99万元存货跌价准备，计提的依据为存货账面价值与可变现净值进行比较。

4. 合同资产

2021年末、2022年末、2023年末，公司合同的账面价值为170 212.61万元、197 930.68万元、217 474.67万元，占资产总额的比例分别为38.67%、39.10%、37.32%。公司按组合计提坏账准备，2021年至2023年预期信用减值率分别为19.16%、18.3%、22.22%，分别计提了5 190.3万元、3 989.5万元、11 795.02万元减值准备。

5. 预付款项

2021年末、2022年末、2023年末，公司预付账款的账面余额为3 746.01万元、4 390.56万元、6 240.76万元，占资产总额的比例分别为0.85%、0.87%、1.07%，2023年末1年以内的预付账款的比例为55.41%，3年以上占比24.19%，预付账款余额前五大单位占比为18.43%，见表4-15。

表4-15　2023年合并预付账款账龄表

账龄	2023年12月31日	
	金额/万元	比例/%
1年以内	3 457.94	55.41
1至2年	804.61	12.89
2至3年	468.78	7.51
3年以上	1 509.43	24.19
合计	6 240.76	100.00

6. 其他应收款

2021年末、2022年末、2023年末，公司其他应收款的账面余额为4 228.74万元、3 112.15万元、1 978.99万元，占资产总额的比例分别为0.96%、0.61%、0.34%，其他应收款逐年递减，主要包括保证金及押金、备用金、风险抵押金，2021年至2023年预期信用减值率分别为27.08%、36.18%、47.21%，2023年坏账准备余额为1 769.82万元。主要为省交通集团风险抵押金544.15万元，为五年以内。曲靖市交通投资开发有限公司157.36万元，为五年以上。

7. 固定资产

2021年末、2022年末、2023年末，公司固定资产的账面价值为38 222.96万元、36 865.35万元、35 410.82万元，占资产总额的比例分别为8.68%、7.28%、6.08%，见表4-16。

表4-16　固定资产明细表

单位：万元

项目	房屋及建筑物	运输设备	通用设备	专用设备	合计
一、账面原值					
1. 2022年12月31日	30 941.10	3 674.78	4 896.51	12 301.39	51 813.78
2. 本期增加金额		509.49	413.25	1 221.82	2 144.55
（1）购置		509.49	413.25	1 221.82	2 144.55
3. 本期减少金额		136.65	143.77	12.40	292.82
（1）处置或报废		136.65	143.77	12.40	292.82
4. 2023年12月31日	30 941.10	4 047.62	5 165.98	13 510.81	53 665.51

续表

项目	房屋及建筑物	运输设备	通用设备	专用设备	合计
二、累计折旧					
1. 2022年12月31日	4 218.76	2 530.24	2 884.33	5 315.10	14 948.42
2. 本期增加金额	995.14	259.93	780.30	1 547.92	3 583.28
（1）计提	995.14	259.93	780.30	1 547.92	3 583.28
3. 本期减少金额		128.73	136.82	11.46	277.02
（1）处置或报废		128.73	136.82	11.46	277.02
4. 2023年12月31日	5 213.90	2 661.43	3 527.80	6 851.56	18 254.69
三、减值准备					
四、账面价值					
1. 2023年12月31日账面价值	25 727.20	1 386.19	1 638.18	6 659.25	35 410.82
2. 2022年12月31日账面价值	26 722.34	1 144.54	2 012.18	6 986.29	36 865.35

固定资产的组成主要为房屋及建筑物、运输设备、通用设备和专用设备。2023年专用设备增加2 144.55万元，运输设备增加509.49万元，通用设备增加413.25万元，均为购置。至报告期，公司暂无闲置的固定资产，经营租赁出租的固定资产为临街商铺，账面价值222.72万元。

8. 在建工程

2021年末、2022年末、2023年末，公司在建工程的账面价值为0万元、1 253.78万元、7 886.85万元，占资产总额的比例分别为0%、0.25%、1.35%。在建工程为数智交院生产能力提升及创新研究中心建设项目，资金来源为自筹及募股资金，至2023年12工程累计投入占预算比例为15.21%，工程进度为17%。

9. 使用权资产

2021年至2023年使用权资产账面价值占总资产比例不大但逐年递增，主要为租赁房屋及建筑物、运输设备和专用设备，其中租赁房屋及建筑物占比90%以上。

10. 无形资产

2021年末、2022年末、2023年末，公司无形资产的账面余额为37 138.97万元、52 779.49万元、50 924.05万元。占资产总额的比例分别为8.44%、10.43%、8.74%。为土地使用权、软件和专利，2023年末土地使用权账面价值占比为98.35%，软件占比1.65%，专利账面价值为0。

11. 递延所得税资产

2021年末、2022年末、2023年末，公司递延所得税资产的账面余额为10 653.11万元、12 086.92万元、14 154.68万元，占资产总额的比例分别为2.42%、2.39%、2.43%。

表4-17 递延所得税资产/负债明细表

单位：万元

项目	2023年12月31日	
	可抵扣/应纳税暂时性差异	递延所得税资产/负债
递延所得税资产：		
资产减值准备	89 350.93	13 420.93
内部交易未实现利润	717.82	107.11
未来可抵扣费用	1 932.05	289.81
租赁负债	2 239.42	336.83
小计	94 240.22	14 154.68
递延所得税负债：		
资产评估增值	18 575.22	2 786.28
固定资产折旧差异	577.83	86.67
使用权资产	2 313.59	348.00
小计	21 466.64	3 220.95

递延所得税资产主要为计提资产减值准备产生的可抵扣暂时性差异，2023年末余额为13 420.93万元，递延所得税负债主要为资产评估增值产生的应纳税暂时性差异，2023年末余额为2 786.28万元。

（二）负债结构分析

公司2021—2023年的负债数据见表4-18。

表 4-18　2021—2023 年合并负债和所有者权益表

项目	2023年12月31日		2022年12月31日		2021年12月31日	
	金额/万元	占比/%	金额/万元	占比/%	金额/万元	占比/%
短期借款	220.47	0.07	—	—	500.52	0.18
应付票据	17 940.45	5.49	8 054.72	2.68	2 532.85	0.91
应付账款	212 213.72	64.96	194 180.87	64.56	166 496.77	59.72
预收款项	—	—	—	—	0.57	0.00
合同负债	23 706.22	7.26	19 670.60	6.54	105.16	0.04
应付职工薪酬	26 887.90	8.23	27 418.51	9.12	30 516.27	10.94
应交税费	6 997.14	2.14	6 591.84	2.19	13 906.65	4.99
其他应付款	30 016.45	9.19	30 823.35	10.25	34 558.30	12.39
一年内到期的非流动负债	882.94	0.27	7 139.66	2.37	6 769.26	2.43
其他流动负债	1 535.85	0.47	1 346.65	0.45	1 497.87	0.54
流动负债合计	320 401.15	98.08	295 226.19	98.16	267 295.21	95.87
非流动负债:						
租赁负债	1 356.48	0.42	732.02	0.24	617.22	0.22
长期应付款	661.79	0.20	714.63	0.24	7 306.20	2.62
递延收益	1 038.24	0.32	831.98	0.28	435.97	0.16
递延所得税负债	3 220.96	0.99	3 252.38	1.08	3 164.35	1.13
非流动负债合计	6 277.47	1.92	5 531.01	1.84	11 523.74	4.13
负债合计	326 678.62	100.00	300 757.20	100.00	278 818.96	100.00

2021年末、2022年末、2023年末，公司负债总额分别为278 818.96万元、300 757.20万元、326 678.62万元。流动负债分别为267 295.21万元、295 226.19万元、320 401.15万元，占各期负债总额比例分别为95.87%、98.16%、98.08%，主要为应付票据、应付账款、合同负债、应付职工薪酬、应交税费、其他应付款和其他流动负债。非流动负债分别为11 523.74万元、5 531.01万元、6 277.47万元，占各期负债总额的比例分别为4.13%、1.84%、1.92%，主要为租赁负债、递延收益

和递延所得税负债。

1. 应付票据

2021年末、2022年末、2023年末，公司应付票据的账面余额为2 532.85万元、8 054.72万元、17 940.45万元，占负债总额的比例分别为0.91%、2.68%、5.49%，逐年递增，由银行承兑汇票和商业承兑汇票组成。

2. 应付账款

2021年末、2022年末、2023年末，公司应付账款的账面余额为166 496.77万元、194 180.87万元、212 213.72万元，占负债总额的比例分别为59.72%、64.56%、64.96%，由外采服务费和其他组成（见表4-9）。

表4-19 2021—2023年合并应付账款明细表

单位：万元

项目	2023年12月31日	2022年12月31日	2021年12月31日
外采服务费	207 505.46	188 710.89	160 497.83
其他	4 708.26	5 469.99	5 998.94
合计	212 213.72	194 180.88	166 496.77

3. 合同负债

2021年末、2022年末、2023年末，公司合同负债的账面余额为105.16万元、19 670.60万元、23 706.22万元，占负债总额的比例分别为0.04%、6.54%、7.26%。合同负债为预收项目款，逐年递增。

4. 应付职工薪酬

2021年末、2022年末、2023年末，公司应付职工薪酬的账面余额为30 516.27万元、27 418.51万元、26 887.90万元，占负债总额的比例分别为10.94%、9.12%、8.23%，主要由短期薪酬和离职后福利设定提存计划组成。

5. 应交税费

2021年末、2022年末、2023年末，公司应交税费的账面余额为

13 906.65 万元、6 591.84 万元、6 997.14 万元，占负债总额的比例分别为 4.99%、2.19%、2.14%（见表 4-20）。

表 4-20　2021—2023 年合并应交税费明细表

单位：万元

税项	2023 年 12 月 31 日	2022 年 12 月 31 日	2021 年 12 月 31 日
增值税	188.18	928.33	6 062.31
企业所得税	5 054.73	3 874.55	5 457.42
城市维护建设税	12.51	63.88	425.08
个人所得税	1 292.68	686.07	1 118.10
教育费附加	5.36	27.38	123.27
地方教育附加	3.57	18.25	82.18
印花税	14.36	78.45	173.35
房产税	400.55	406.94	446.95
契税	0.00	497.04	0.00
其他税费	25.19	10.95	18.01
合计	6 997.14	6 591.84	13 906.65

6. 其他应付款

2021 年末、2022 年末、2023 年末，公司其他应付款的账面余额为 34 558.30 万元、30 823.35 万元、30 016.45 万元，占负债总额的比例分别为 12.39%、10.25%、9.19%，其中省交通项目前期垫付款占比较大且年限较长，产生原因是浙江省交通运输厅委托公司开展多路段高速公路项目的前期工作，并预付了部分前期咨询费用，该费用待各项目业主正式成立后，将由项目业主向公司支付相关的前期咨询费用，所以公司暂挂往来款项。截至 2023 年 12 月 31 日，累计尚未归还浙江省交通运输厅（含浙江省公路与运输管理中心）垫付资金为 20 003.00 万元（见表 4-21）。

表 4-21 2021—2023 年合并其他应付款明细表

单位：万元

项目	2023年12月31日	2022年12月31日	2021年12月31日
省交通运输厅项目前期垫付款	20 003.00	20 003.00	20 003.00
联合体成员方代付款项	1 151.46	3 853.54	8 540.22
代扣代缴款项	3 304.76	3 201.72	3 078.22
预提费用	2 707.62	2 437.58	1 953.22
保证金及押金	1 148.50	590.30	738.73
其他	1 701.12	737.21	244.91
合计	30 016.45	30 823.35	34 558.30

7. 其他流动负债

2021年末、2022年末、2023年末，公司其他流动负债的账面余额为1 497.87万元、1 346.65万元、1 535.85万元，占负债总额的比例分别为0.54%、0.45%、0.47%，为未终止确认的应收票据和待转销项税额。

8. 租赁负债

2021年末、2022年末、2023年末，公司租赁负债的账面余额为617.22万元、732.02万元、1 356.48万元，占负债总额的比例分别为0.22%、0.24%、0.42%，主要为房屋建筑物租赁、运输设备租赁以及专用设备租赁，其中房屋建筑物租赁占比约为90%。

9. 递延收益

2021年末、2022年末、2023年末，公司递延收益的账面余额为435.97万元、831.98万元、1 038.24万元，占负债总额的比例分别为0.16%、0.28%、0.32%，为科研项目补助和固定资产补助，其中科研项目补助占比约为90%，科研项目补助与交通设计技术研究相关。

（三）偿债能力分析

2021年末、2022年末、2023年末，公司资产负债率分别为63.34%、

59.41%、56.06%，有下降趋势。公司流动比率分别为1.32、1.36、1.47，速动比率分别为1.30、1.34、1.44。公司资产负债率、流动比率、速动比率变化不大。2021年末、2022年末、2023年末，行业龙头苏交科（300284）的资产负债率分别为46.53%、44.62%、45.18%，行业中位值分别为41.57%、41.99%、47.09%，公司资产负债率高于行业龙头与行业中位值水平（见表4-22）。

表4-22 2021—2023年公司资产情况

指标名称	2023年	2022年	2021年
流动资产/万元	469 829.09	400 251.72	351 842.96
非流动资产/万元	112 865.86	106 014.74	88 368.55
资产合计/万元	582 694.95	506 266.46	440 211.51
流动负债/万元	320 401.15	295 226.19	267 295.21
非流动负债/万元	6 277.47	5 531.01	11 523.74
负债合计/万元	326 678.62	300 757.20	278 818.96
资产负债率/%	56.06	59.41	63.34
流动比率	1.47	1.36	1.32
速动比率	1.44	1.34	1.30

二、营收和利润情况

公司最近三年的利润表主要数据见表4-23。

表4-23 2021—2023年合并利润表

单位：万元

项目	2023年度		2022年度		2021年度	
	金额/万元	占比/%	金额/万元	占比/%	金额/万元	占比/%
一、营业收入	263 354.96	100.00	228 784.32	100.00	194 738.95	100.00
减：营业成本	155 780.13	59.15	138 355.90	60.47	116 108.88	59.62
税金及附加	1 840.43	0.70	1 696.39	0.74	1 513.56	0.78
销售费用	8 654.33	3.29	7 647.92	3.34	5 185.32	2.66
管理费用	13 151.93	4.99	12 243.34	5.35	12 536.24	6.44
研发费用	13 434.77	5.10	11 779.49	5.15	10 897.63	5.60
财务费用	-1 285.07	-0.49	-586.91	-0.26	422.11	0.22
其中：利息费用	131.27	0.05	1 039.94	0.45	1 052.38	0.54

续表

项目	2023 年度		2022 年度		2021 年度	
	金额/万元	占比/%	金额/万元	占比/%	金额/万元	占比/%
利息收入	1 211.70	0.46	797.17	0.35	828.22	0.43
加：其他收益	1 443.50	0.55	1 535.92	0.67	1 669.81	0.86
投资收益（损失以"-"号填列）	6.74	0.00	0.00	0.00	0.00	0.00
其中：对联营企业和合营企业的投资收益	6.74	0.00	0.00	0.00	0.00	0.00
信用减值损失（损失以"-"号填列）	5 043.06	1.91	-4 335.48	-1.90	941.55	0.48
资产减值损失（损失以"-"号填列）	-17 828.47	-6.77	-4 018.86	-1.76	-5 184.82	-2.66
资产处置收益（损失以""号填列）	17.24	0.01	7.30	0.00	29.73	0.02
二、营业利润（亏损以"-"号填列）	60 460.53	22.96	50 837.08	22.22	45 531.47	23.38
加：营业外收入	7.98	0.00	2.40	0.00	16.21	0.01
减：营业外支出	0.00	0.00	0.00	0.00	50.00	0.03
三、利润总额（亏损总额以"-"号填列）	60 468.51	22.96	50 839.49	22.22	45 497.69	23.36
减：所得税费用	7 757.51	2.95	6 722.78	2.94	6 285.31	3.23
四、净利润（净亏损以"-"号填列）	52 711.00	20.02	44 116.71	19.28	39 212.38	20.14

（一）营业收入分析

2021 年、2022 年、2023 年，公司营业收入分别为 194 738.95 万元、228 784.32 万元、263 354.96 万元，营业收入逐年递增，公司的主营业务包括勘察设计、规划咨询、试验检测和工程管理及承包，其中勘察设计占比约为 75%。

（二）营业成本分析

2021 年、2022 年、2023 年，公司营业成本分别为 116 108.88 万元、

138 355.90万元、155 780.13万元，主营业务成本随主营业务收入的增长而增加。

（三）其间费用分析

1. 销售费用

2021年、2022年、2023年，公司销售费用的发生额分别为5 185.32万元、7 647.92万元、8 654.33万元。公司2021—2023年销售费用率分别为2.66%、3.34%、3.29%。销售费用主要包括销售人员职工薪酬、招投标费用、折旧及摊销、广告费、交通差旅费和业务招待费等，其中销售人员职工薪酬占比约为75%。

2. 管理费用

2021年、2022年、2023年，公司管理费用分别为12 536.24万元、12 243.34万元、13 151.93万元，公司2021—2023年管理费用率分别为6.44%、5.35%、4.99%，逐年递减。管理费用包括管理人员职工薪酬、折旧及摊销、办公会议费、聘请中介机构费用、车辆使用费、业务招待费、差旅费和残疾人就业保障金等，其中管理人员职工薪酬占比约为70%。

3. 研发费用

2021年、2022年、2023年，公司研发费用分别为10 897.63万元、11 779.49万元、13 434.77万元，公司2021—2023年研发费用率分别为5.60%、5.15%、5.10%。研发费用主要由研发人员职工薪酬、委托研究费、折旧及摊销、办公差旅费、材料费和会议及出版费组成，其中研发人员职工薪酬占比约为75%。

4. 财务费用

2021年、2022年、2023年，公司财务费用分别为422.11万元、-586.91万元、-1 285.07万元。财务费用主要为利息支出与利息收入和汇兑损益的差额，近两年汇兑均为收益（见表4-24）。

表 4-24　2021—2023 年合并财务费用明细表

单位：万元

项目	2023 年度	2022 年度	2021 年度
利息费用总额	131.27	1 039.94	1 052.38
减：利息资本化			
利息费用	131.27	1 039.94	1 052.38
减：利息收入	1 211.70	797.17	828.22
汇兑损益	−218.52	−833.92	177.49
减：汇兑损益资本化			
手续费及其他	13.88	4.24	20.46
合计	−1 285.07	−586.91	422.11

5. 其他收益

2021 年、2022 年、2023 年，公司其他收益分别为 1 669.81 万元、1 535.92 万元、1 443.50 万元，逐年递减。其他收益主要为政府补助、增值税进项加计扣除形成的收益和个税手续返还，其中政府补助占比逐年递增，增值税进项加计扣除形成的收益逐年递减（见表 4-25）。

表 4-25　2021—2023 年合并其他收益明细表

单位：万元

补助项目	2023 年度	2022 年度	2021 年度	备注
增值税进项加计扣除形成的收益	297.33	678.09	942.96	
个税手续费返还	93.69	99.71	146.96	
政府补助	1 052.48	758.12	579.88	与收益、资产相关
合计	1 443.50	1 535.92	1 669.80	

2021 年、2022 年、2023 年期间新增政府补助分别为 749.52 万元、1 154.12 万元、1 395.06 万元，计入当期损益和递延收益。

6. 信用减值损失

2021 年、2022 年、2023 年，公司计提或转回的信用减值损失分别为 941.55 万元、−4 335.48 万元、5 043.06 万元，以下所示转回损失为正，计提损失为负，明细见表 4-26。

表4-26　2021—2023年合并信用减值损失明细表

单位：万元

项目	2023年	2022年	2021年
应收票据减值损失	17.97	−30.21	−3.84
应收账款坏账损失	5 030.45	−4 117.15	1 130.99
其他应收款坏账损失	−5.37	−188.12	−185.60
合计	5 043.05	−4 335.48	941.55

7.资产减值损失

2021年、2022年、2023年，公司计提的资产减值损失分别为−5 184.82万元、−4 018.86万元、−17 828.47万元，其中明细未做详细披露（见表4-27）。

表4-27　2021—2023年合并资产减值损失明细表

单位：万元

项目	2023年	2022年	2021年
合同资产减值损失	−17 795.02	−3 989.50	−5 190.30
存货跌价损失	−33.45	−29.36	5.48
合计	−17 828.47	−4 018.86	−5 184.82

（四）盈利能力分析

2021年、2022年、2023年，公司毛利率分别为40.38%、39.53%、40.85%，净利率分别20.14%、19.28%、20.02%。公司产品毛利率与净利率均较为稳定（见表4-28）。

表4-28　2021—2023年产品盈利指标

指标类型	指标名称	2023年	2022年	2021年
盈利指标	毛利润/万元	107 574.83	90 428.43	78 630.07
	净利润/万元	52 711.00	44 116.71	39 212.38
	毛利率/%	40.85	39.53	40.38
	净利率/%	20.02	19.28	20.14

三、现金流量情况

（一）经营活动产生的现金流量

2021年、2022年、2023年，公司经营活动产生的现金流量净额分别为28 907.35万元、28 196.93万元、53 439.83万元（见表4-29）。

表 4-29　2021—2023 年合并现金流量表主要指标

单位：万元

项目	2023 年	2022 年	2021 年
经营活动产生的现金流量净额	53 439.83	28 196.93	28 907.35
投资活动产生的现金流量净额	−10 886.38	−20 023.89	−3 680.37
筹资活动产生的现金流量净额	−2 611.44	−2 189.94	−38 342.50

其中 2021 年、2022 年、2023 年，销售商品、提供劳务收到的现金分别为 183 112.01 万元、201 604.17 万元、239 773.72 万元；收到其他与经营活动有关的现金分别为 10 104.92 万元、6 459.70 万元、8 683.49 万元 2021 年、2022 年、2023 年，购买商品、接受劳务支付的现金分别为 52 747.72 万元、51 746.59 万元、70 560.21 万元；支付给职工及为职工支付的现金分别为 75 361.82 万元、78 486.14 万元、84 104.54 万元；支付的各项税费分别为 16 744.40 万元、26 872.83 万元、21 993.22 万元，支付其他与经营活动有关的现金分别为 19 455.65 万元、22 770.03 万元、18 359.41 万元，明细见表 4-30、表 4-31、表 4-32。

表 4-30　2021—2023 年合并经营活动产生的现金流量明细表

单位：万元

项目	2023 年	2022 年	2021 年
经营活动产生的现金流量：			
销售商品、提供劳务收到的现金	239 773.72	201 604.17	183 112.01
收到的税费返还	0.00	8.65	0.00
收到其他与经营活动有关的现金	8 683.49	6 459.70	10 104.92
经营活动现金流入小计	248 457.21	208 072.52	193 216.93
购买商品、接受劳务支付的现金	70 560.21	51 746.59	52 747.72
支付给职工及为职工支付的现金	84 104.54	78 486.14	75 361.82
支付的各项税费	21 993.22	26 872.83	16 744.40
支付其他与经营活动有关的现金	18 359.41	22 770.03	19 455.65
经营活动现金流出小计	195 017.38	179 875.59	164 309.59
经营活动产生的现金流量净额	53 439.83	28 196.93	28 907.35

表 4-31　2021—2023 年收到其他与经营活动有关的现金明细表

单位：万元

项目	2023 年	2022 年	2021 年
代收 epc 联合体工程款	—	—	4 194.62
收到保证金及备用金	4 592.98	3 497.82	3 355.87
收到利息收入	1 211.70	797.17	828.22
收到政府补助	1 258.73	1 154.13	749.52
收到经营性往来及其他	1 620.08	1 010.58	976.69
合计	8 683.49	6 459.70	10 104.92

表 4-32　2021—2023 年支付其他与经营活动有关的现金

单位：万元

项目	2023 年	2022 年	2021 年
代付 epc 联合体工程款	2 839.93	5 027.88	
支付期间费用	6 275.71	6 219.86	6 439.44
支付保证金及备用金	2 524.31	3 847.67	4 815.11
支付提留人员安置费	6 588.25	6 591.57	6 591.10
支付物业保修金			456.19
支付风险抵押金		258.73	
支付经营性往来及其他	131.21	824.33	1 153.80
合计	18 359.41	22 770.04	19 455.64

（二）投资活动产生的现金流量

2021 年、2022 年、2023 年，公司投资活动产生的现金流量净额分别 -3 680.37 万元、-20 023.89 万元、-10 886.38 万元。

2021 年、2022 年、2023 年，购建固定资产、无形资产和其他长期资产支付的现金分别为 3 717.48 万元、20 052.02 万元、10 767.51 万元，主要与数智交院生产能力提升及创新研究中心建设项目支出有关（见表 4-33）。

表 4-33　2021—2023 年合并投资活动产生的现金流量明细表

单位：万元

项目	2023 年	2022 年	2021 年
投资活动产生的现金流量：			
收回投资收到的现金	0.00	0.00	0.00
取得投资收益收到的现金	0.00	0.00	0.00
处置固定资产、无形资产和其他长期资产收回的现金净额	36.13	28.13	97.11
处置子公司及其他营业单位收到的现金净额	0.00	0.00	0.00
收到其他与投资活动有关的现金	0.00	0.00	0.00
投资活动现金流入小计	36.13	28.13	97.11
购建固定资产、无形资产和其他长期资产支付的现金	10 767.51	20 052.02	3 717.48
投资支付的现金	155.00	0.00	60.00
取得子公司及其他营业单位支付的现金净额	0.00	0.00	0.00
支付其他与投资活动有关的现金	0.00	0.00	0.00
投资活动现金流出小计	10 922.51	20 052.02	3 777.48
投资活动产生的现金流量净额	–10 886.38	–20 023.89	–3 680.37

（三）筹资活动产生的现金流量

2021 年、2022 年、2023 年，公司筹资活动产生的现金流量净额分别为 –38 342.50 万元、–2 189.94 万元、–2 611.44 万元（见表 4-34）。

表 4-34　2021—2023 年合并筹资活动产生的现金流量明细表

单位：万元

项目	2023 年	2022 年	2021 年
筹资活动产生的现金流量：			
吸收投资收到的现金	21.00	0.00	0.00
其中：子公司吸收少数股东投资收到的现金	21.00	0.00	0.00

续表

项目	2023年	2022年	2021年
取得借款收到的现金	10 220.47	31 813.88	30 500.00
收到其他与筹资活动有关的现金	0.00	0.00	0.00
筹资活动现金流入小计	10 241.47	31 813.88	30 500.00
偿还债务支付的现金	10 000.00	32 313.88	60 000.00
分配股利、利润或偿付利息支付的现金	2 036.24	980.02	8 579.66
其中：子公司支付给少数股东的股利、利润	1 982.41	0.00	0.00
支付其他与筹资活动有关的现金	816.67	709.92	262.84
筹资活动现金流出小计	12 852.91	34 003.82	68 842.50
筹资活动产生的现金流量净额	−2 611.44	−2 189.94	−38 342.50

2021年、2022年、2023年，公司取得借款收到的现金分别为30 500.00万元、10 220.47万元、31 813.88万元；偿还债务支付的现金分别为60 000万元、32 313.88万元、10 000万元；分配股利、利润或偿付利息支付的现金分别为8 579.66万元、980.02万元、2 036.24万元，其中2023年子公司进行了现金股利分配，金额为1 982.41万元；支付其他与筹资活动有关的现金分别为262.84万元、709.92万元、816.67万元，为支付使用权资产租金。

第四节 财务尽职调查的常见问题及案例分析

一、常见的财务粉饰问题、调查方法及案例分析

选择合适的调查方法是保证财务尽职调查质量的关键，所以在实施财务尽职调查工作时应综合考量多项因素，结合调查目标、调查企

业的经营性质等选择合适的调查方法，以确保调查结果的科学性与完整性。调查人员要根据调查任务和要求，理顺调查思路，选择适宜的财务尽职调查方法。

在调查初期，财务尽职调查小组需采用审阅调查法对目标企业递交的财务报表、业务资料、财务数据等相关文件进行严格审阅，以便从中发现潜在的财务问题，然后通过分析调查对收集到的各类资源数据进行综合分析，并依照调查目标对股权投资项目进行趋势分析和结构分析，通过深入剖析了解调查企业中的异常问题或股权投资项目中的经济隐患。采取访谈的形式，对目标企业内部的各个层级、职能人员进行访谈调查，加强同目标企业的客户、供应商和税务部门的沟通访谈，以此完善调查信息，在此环节中应严格依照全面性原则和严谨性原则对目标企业的经营业务、资产负债情况等进行详细调查，确保尽职调查信息的真实性。

（一）虚增资产

1. 虚增资产的主要形式

（1）虚假收入

隐瞒收入：为规避税收而少计收入、多计成本或账外核算。

虚增收入：提前确认收入或记录虚假收入，如控制权未转移即确认收入、通过关联方虚假销售虚增收入。

（2）存货造假

虚构存货：包括虚构不存在的存货项目或夸大存货数量。

账外存货：将部分存货不入账，形成账外资产。

（3）在建工程和购置资产

利用在建工程掩盖舞弊，如虚报工程进度、夸大工程成本。

通过购置固定资产实施舞弊，如高价购买低值资产或虚构购置交易。

（4）资产减值

通过不恰当计提减值准备，人为调整资产账面价值，以达到虚增资产的目的。

（5）其他资产

虚构货币资金、大股东侵占货币资金等。

通过关联方交易或其他方式将资产转移至企业名下，但实际上并未真正增加企业价值。

2.虚增资产的原因

（1）利益驱动：被投资企业为了抬高估值、吸引投资或虚增规模，可能故意虚增资产。

（2）监管不严：部分企业对财务信息的披露和监管不够严格，使得虚增资产成为可能。

（3）内部控制缺失：企业内部控制制度不完善或执行不力，为虚增资产提供了可乘之机。

3.虚增资产的识别与应对

（1）审阅财务报表：仔细审阅企业的财务报表，特别是资产负债表、利润表和现金流量表，关注是否存在异常波动或不合理的数据。

（2）分析财务数据：利用趋势分析、结构分析等方法，对企业的财务数据进行深入分析，识别潜在的虚增资产行为。

（3）存货监盘：对企业的存货进行实地监盘，确保存货数量、品种和规格与账面记录相符。

（4）函证与核查：向企业的客户、供应商等第三方发送询证函，核实企业交易的真实性和完整性。

核查企业的银行账户、往来款项等，确保资金的真实性和安全性。

（5）加强内部控制：完善企业的内部控制制度，确保财务信息的真实性和准确性。

加强对企业员工的培训和监督，提高员工的诚信意识和法律意识。

（6）引入专业机构：聘请专业的会计师事务所、资产评估机构等第三方机构进行尽职调查，利用其专业知识和经验识别虚增资产行为。

案例分析：XX生物公司虚增资产案例

XX生物公司是一家在香港上市的生物制药公司，因疫苗质量问题及财务造假而引发广泛关注。在财务造假方面，XX生物通过虚构销售合同、开具虚假发票等手段虚增销售收入，并通过过度计提收入、减少费用等操作虚增利润。此外，公司还虚构了货款，占用公司资金于其他非公司经营项目中，以改善财务状况。这些行为严重误导了投资者，最终导致了法律制裁。

上市公司虚增资产的手段多种多样，包括但不限于虚构交易、伪造合同、篡改财务数据等。这些手段的目的通常是为了满足业绩承诺、维持股价或避免退市等。在利益驱使下，一些上市公司及其高管可能会铤而走险，采取财务舞弊行为。

上市公司虚增资产带来的危害是多方面的。首先，这一行为严重损害了投资者的利益，导致投资者做出错误的投资决策并遭受经济损失。其次，虚增资产破坏了市场的公平竞争环境，影响了资源的有效配置。最后，这种行为还削弱了公众对资本市场的信心，阻碍了资本市场的健康发展。

为了防范上市公司虚增资产的行为，需要多方面的努力。监管部门应加大执法力度，提高违规成本；审计机构应提高审计质量，确保审计的独立性和公正性；上市公司自身应建立健全有效的内部控制体系，从内部防范舞弊行为的发生。此外，还应加强投资者教育，提高投资者的风险意识和辨别能力。

综上所述，上市公司虚增资产的行为是一种严重的财务舞弊现象，需要各方共同努力来加以防范和打击。只有这样，才能维护资本市场的健康、稳定和可持续发展，保护广大投资者的合法权益。

（二）隐性负债

1.隐性负债的定义

隐性负债一般指没有记录在资产负债表内，但是随着时间的推移或者某种因素的改变而显性化的债务。这种债务的显性化可能会造成长时间内企业盈利能力逐步下降，也可能在短期内带来企业资产的突然损失。

2.隐性负债的常见来源

（1）民间借贷：通常涉及老板从典当、小额贷、私下拆借来的资金，这些资金往往会通过老板的个人账户进入公司的运营体系。

（2）融资租赁：融资租赁中的隐性负债可能源于不规范的借贷操作，如不上贷款卡、不办理资产过户手续、不办理工商抵押登记等，导致企业能够隐蔽地转移资金。

（3）关联交易和担保承诺：这些可能隐藏在复杂交易结构中的债务，往往不易被察觉，但可能给公司带来重大的偿债压力。

3. 隐性负债的识别方法

（1）查阅公司财务报表：仔细分析资产负债表、利润表和现金流量表，特别关注负债部分，查看是否有未明确列示的潜在负债。同时，要注意报表附注和解释，其中可能包含有关隐性负债的重要信息。

（2）调查公司经营状况和信用情况：了解公司的商业模式、运营情况、历史沿革等，判断是否存在可能导致隐性负债的风险因素。通过征信机构查询公司的信用报告，检查是否存在逾期还款、欠款等记录。

（3）关注公司法律事务和合规情况：检查公司是否涉及任何法律诉讼、仲裁或纠纷，这些可能导致未来的负债。确认公司是否遵守相关法律法规，避免因违规行为而产生的潜在负债。

（4）考察公司管理层和治理结构：评估公司管理层的诚信度和能力，以确保其不会故意隐瞒负债。分析公司的治理结构，判断其是否能够有效地监督和管理公司的财务状况。

（5）利用专业机构进行尽职调查：聘请专业的财务顾问、审计机构或律师事务所对公司进行尽职调查，以发现潜在的隐性负债。这些机构具有丰富的经验和专业知识，能够更深入地挖掘公司的财务状况和风险点。

4. 隐性负债的评估与应对

（1）财务模型分析：利用财务模型对目标公司的偿债能力进行评

估。通过构建现金流预测模型，可以模拟不同经济情景下公司的现金流入和流出，从而评估公司在未来可能面临的偿债压力。

（2）信用评级：对目标公司进行信用评级，评估其债务偿还能力。信用评级可以提供一个相对客观的评价标准，帮助投资者判断公司的信用风险。

（3）合同条款设计：在股权转让协议或投资协议中设定明确的条款，要求卖方或目标公司披露所有已知的债务信息，并对潜在的债务承担责任。

（4）风险分担机制：通过设立风险基金、保险机制或担保安排等方式，将部分风险转嫁给卖方或第三方。

（5）交易结构优化：设计合理的交易结构，如采用股权和债权分离的方式，以减少债务对股权价值的影响。

案例分析：XX公司隐瞒负债案例

XX公司曾是美国能源行业的巨头，但在2001年，该公司因财务舞弊丑闻而崩溃。XX公司通过设立复杂的特殊目的实体（SPEs），将巨额负债隐藏在资产负债表之外，同时虚报收入，使得公司财务状况看起来比实际要好得多。当真相被揭露后，XX公司股价暴跌，最终宣告破产，其高管和会计师事务所也受到了法律的严惩。这一案例成为美国历史上最大的企业破产案之一，对投资者信心和市场秩序造成了严重冲击。

上述案例表明，上市公司隐瞒负债等财务舞弊行为对投资者、公司和市场秩序都造成了严重伤害。为了防范和打击这种行为，以下各方应共同努力。

1.上市公司：应加强内部控制，规范财务报表，增强信息透明度，确保财务数据的真实性和准确性。

2. 投资者：应增强风险意识，加强尽职调查，选择合规的上市公司进行投资。

3. 监管机构：应加大对上市公司财务舞弊行为的监督和惩戒力度，维护市场的公平性和透明度。

通过这些措施的实施，我们可以共同维护一个健康、稳定、透明的资本市场环境。

（三）抽逃注册资金

1. 抽逃注册资金的定义

抽逃注册资金是指公司股东在公司验资成立后，违反《中华人民共和国公司法》规定，将所缴出资暗中撤回，却仍保留股东身份和原有出资数额的一种欺诈性违法行为。

2. 抽逃注册资金的常见手法

（1）制作虚假财务会计报表虚增利润进行分配。

（2）通过虚构债权债务关系将其出资转出。

（3）利用关联交易将出资转出。

（4）股东将出资款项转到公司对应账户验资后，又将资金转出。

3. 抽逃注册资金的后果

（1）行政处罚：根据《中华人民共和国公司法》第二百条，对于股东抽逃注册资金的行为，公司登记机关应责令其改正，并处以所抽逃出资金额5%以上15%以下的罚款。

（2）刑事责任：如果股东抽逃注册资金的行为构成犯罪，如挪用资金罪，还可能受到刑事责任的追究。依据《中华人民共和国刑法》的相关规定，公司、企业或者其他单位的工作人员，利用职务上的便利，挪用本单位资金归个人使用或者借贷给他人，如果数额较大、超过三个月未还，或者虽未超过三个月但数额较大、进行营利活动或者非法活动，可能处三年以下有期徒刑或者拘役。

4. 尽职调查中的应对措施

（1）核查公司账户：通过核查公司银行账户交易记录，检查是否存在大额异常资金流出，特别是流向股东或关联方的资金。

（2）审查财务会计报表：仔细审查公司的财务会计报表，特别是利润表和现金流量表，以识别是否存在虚假出资、利润分配异常或虚构债权债务对应关系。

（3）对以非货币性资产出资的关联交易股东进行调查：深入调查公司与该股东或其关联出资方资产之间是否交易，办理特别是财产大额转移交易手续，确认评估交易的真实性和价值合理性是否与公司章程所定出资金额相符。

在股权投资财务尽职调查中，对于抽逃注册资金的问题应给予高度重视。投资者应充分了解目标公司的股东背景、出资情况和财务状况，通过核查公司账户、审查财务会计报表、调查关联交易和核验出资资产等方式，全面评估目标公司的合规性和风险状况。同时，投资者还应关注相关法律法规的规定，以确保自身权益得到保障。

案例分析：XX公司抽逃注册资金

XX科技有限公司成立于2010年，主要从事高新技术产品的研发、生产和销售，注册资本为1000万元，股东为王某、李某和张某。随着市场竞争的加剧，公司经营陷入困境，资金链紧张。为缓解资金压力，王某、李某和张某于2018年5月通过虚构业务合同、发票等手段，将公司资金划转到个人账户用于个人消费，以及通过虚构投资项目将公司资金借出后以债务形式抵消公司注册资本等方式，抽逃公司资金。2018年9月，税务局在税务检查中发现该公司存在虚列支出、虚增债务等行为，并依法向公安机关报案。最终，王某、李某和张某被法院判定构成抽逃资金罪，法院判处王某、李某和张某有期徒刑五年，并处罚金50万元。

上市公司抽逃注册资金行为对股东、公司和社会都造成了严重的影响。法律对于抽逃资金行为的打击力度非常严厉，企业应加强法律意识，严格遵守法律法规，确保公司健康发展。同时，关联交易存在一定的法律风险，企业应谨慎对待，并建立健全内部控制和审计机制，防止抽逃资金等违法行为的发生。此外，监管机构也应加强对上市公司的监管力度，及时发现和查处抽逃资金等违法行为，维护资本市场的公平和秩序。

（四）虚增收入

在股权投资财务尽职调查中，虚增收入是一种常见的财务粉饰问题。这种财务造假行为旨在误导投资者，提高公司业绩，骗取投资，或维护股价稳定等。以下是对虚增收入问题的详细分析。

1. 虚增收入的常见手法

（1）虚构销售交易：企业通过制造虚假的销售合同、发货单、收款凭证等文件，来证明销售交易的真实性，但实际上这些交易并未发生。

（2）提前确认收入：企业在商品或服务尚未提供或收入尚未实现时，就将其确认为收入。这种做法违反了会计准则中收入确认的规定。

（3）高估售价：企业在销售商品时，故意高估售价，从而增加账面收入。这种做法通常涉及与关联方的交易，因为关联方之间可能存在利益输送的动机。

（4）利用会计政策变更或会计估计变更：企业通过改变收入确认的时点、改变坏账准备的计提比例等手段来操纵收入。

（5）通过非货币性交易虚增收入：企业以高估的非货币性资产换取对方的商品或服务，从而将高估部分确认为收入。

2. **虚增收入的识别方法**

（1）营业收入与成本费用的匹配性：如果企业的营业收入大幅增长，但与之相关的成本、费用并未相应增加，甚至有所降低，那么可能存在虚增收入的情况。

（2）应收账款与营业收入的协调性：应收账款是营业收入的一部分，如果应收账款的增长速度远超过营业收入，那么很可能是通过虚增应收账款来虚增收入。

（3）营业收入与现金流量的匹配性：如果企业的营业收入大幅增长，但现金流量并未相应增加，甚至有所降低，那么可能存在虚增收入的情况。

（4）营业收入与税金的匹配性：如果企业的营业收入大幅增长，但税金并未相应增加，甚至有所降低，那么可能存在虚增收入的情况。

3. **虚增收入的后果与防范措施**

（1）后果：虚增收入会导致公司财务报表失真，误导投资者和债权人。一旦被发现，公司及相关责任人可能会面临罚款、市场禁入、刑事责任等严厉处罚。虚增收入还可能引发信任危机，导致投资者撤离、合作伙伴流失等后果。

（2）防范措施：投资者应保持警惕，仔细分析企业的财务报表和相关信息，以识别并防范虚增收入的风险。财务尽职调查人员应严格按照会计准则和法律法规进行审查，确保财务数据的真实性和准确性。监管机构应加强对企业的监管力度，及时发现和打击财务造假行为。

案例分析：两则上市公司虚增收入案例

案例一：XX 药业财务舞弊案

XX 药业是中国的一家医药上市公司，因财务舞弊行为而陷入困境。

XX 药业通过伪造销售合同、伪造客户回款等方式，虚增营业收入。同时，还通过伪造银行单据、篡改财务数据等手段，夸大公司的货币资金和资产价值。舞弊行为被揭露后，XX 药业股价暴跌，投资者损失巨大。公司相关责任人也受到了严厉的法律制裁。

案例二：XX 岛财务舞弊案

XX 岛是一家以海洋养殖为主业的上市公司。XX 岛通过操纵存货盘点等手段进行财务舞弊。在某些年份，声称扇贝大量死亡或失踪，从而减少存货价值，达到调节利润的目的。监管部门经过深入调查，最终认定 XX 岛存在财务舞弊行为，并对其进行了相应的处罚。这一案例对海洋养殖行业的上市公司提出了更高的财务透明度和监管要求。

上市公司进行财务舞弊的动机主要包括满足业绩承诺、维持股价、避免退市等。这些动机往往与公司的管理层、大股东或利益相关者的利益密切相关。财务舞弊给投资者、市场和社会带来了巨大的损失和负面影响。它损害了投资者的利益，破坏了市场的公平和透明，削弱了公众对资本市场的信任。

综上所述，上市公司虚增收入的案例屡见不鲜，给投资者和市场带来了巨大的损失。为了维护资本市场的健康、稳定和可持续发展，各方都应共同努力，加强监管、完善制度、增强风险意识，共同打击财务舞弊行为。

（五）隐瞒成本

在股权投资财务尽职调查中，虚增成本是一个常见的问题，它可能对企业的财务状况和投资价值产生重大影响。以下是对虚增成本问题的详细分析：

1.虚增成本的定义与表现

虚增成本是指企业在财务核算中，故意夸大成本支出，以降低利润或掩盖真实财务状况的行为。这种行为通常存在以下三种表现。

（1）虚构成本项目：企业通过虚构一些不存在的成本项目，如虚构的采购、劳务费用等，来增加成本支出。

（2）夸大成本金额：在真实存在的成本项目上，企业故意夸大其金额，以进一步增加成本支出。

（3）不恰当的成本分摊：企业可能将某些成本不恰当地分摊到多个项目或产品上，导致成本虚增。

2.虚增成本的原因与动机

（1）逃税避税：通过虚增成本，企业可以降低应纳税所得额，从而减少税款缴纳。

（2）粉饰财务报表：为了掩盖真实的财务状况，企业可能通过虚增成本来降低利润，以迎合某些投资者的期望或达到特定的财务指标。

（3）骗取融资：在申请贷款或融资时，一些企业可能通过虚增成本来降低资产负债率，提高融资成功率。

3.虚增成本的识别与应对

在财务尽职调查中，识别虚增成本是评估企业真实财务状况和投资价值的关键。以下是四种识别与应对虚增成本的方法。

（1）对比分析：将企业的成本数据与同行业平均水平、历史数据等进行对比分析，以发现异常的成本波动。

（2）审计成本项目：对企业的成本项目进行详细审计，包括采购合同、劳务合同、发票等凭证的核查，以确保成本的真实性和合理性。

（3）关注内部控制：评估企业的内部控制体系是否健全，是否存在漏洞或舞弊风险。完善的内部控制体系可以有效防止虚增成本等舞弊行为的发生。

（4）核实供应商和客户：通过核实企业的供应商和客户信息，了解企业的交易背景和真实性，防止企业通过虚构交易来虚增成本。

一旦发现企业存在虚增成本的行为，投资者应谨慎对待，并考虑采取以下措施。一是要求企业提供更详细的成本数据和解释。二是对企业的财务状况进行重新评估，以确定其真实价值和投资风险。三是如有必要，可以寻求专业机构或专家的帮助，以获取更准确的尽职调查结果。

案例分析：XX有限公司隐瞒成本的案例

XX有限公司是一家承载着国家粮食安全重任的企业，2013—2018年，通过开具自制的《粮食收购凭证》收购大米和稻谷，而这些收购业务并未取得合法的发票入账。公司入账的成本金额是按照合作协议，用收入扣减约定利润后自行推算出来的，这种成本核算方式严重违反了财务真实性原则。经税务机关查实，该公司自制凭证入账的虚假成本超过10亿元。

税务机关对该公司的偷税行为进行了彻底调查，并依据《中华人民共和国税收征收管理法》的相关规定，对其五年内发现的偷税行为处以了少缴税款50%的罚款，罚款金额高达87 528.09万元。同时，税务机关还责令该公司改正上述违法行为，以确保其未来的财务行为符合法律法规要求。

这一案例警示我们，企业在成本核算方面必须严格遵守法律法规，任何试图通过虚假凭证入账来降低成本的行为都是徒劳的。这不仅会损害企业的信誉，还会受到法律的严厉制裁。

综上所述，上市公司隐瞒成本的案例不胜枚举，这些案例给我们敲响了警钟。企业在运营过程中必须严格遵守相关法律法规，确保财务报告的真实性和准确性。同时，监管部门也应加强监管力度，对财务造假行为零容忍，以维护市场的公平和公正。

（六）隐瞒费用

在股权投资财务尽职调查中，隐瞒费用是一种常见的财务粉饰手段，其目的在于掩盖公司的真实财务状况，误导投资者。以下是六种常见的隐瞒费用的方法。

（1）虚构销售交易：企业可能通过与其他方签订虚假购销合同，虚构存货，并通过伪造发货单、装运单、签收单等单据，以及虚开商品销售发票等方式虚构收入。在虚构销售后，企业可能无货款回笼，也可能同时虚构货款回笼，从而虚增收入并隐瞒相关费用。

（2）资金循环：企业可能通过虚构存货采购、预付款项等方式形成资金闭环，将资金在体外循环，以掩盖真实的费用支出。

（3）不当成本费用分摊：企业可能故意通过不当成本费用分摊等方式，将费用在不同业务线之间进行转移，以达到隐瞒费用的目的。

（4）设置内外账：企业可能故意设置内外账，以满足公司内部管理者管理需要和应对外部的监察审计等情况。在这种情况下，内账可能记录了公司真实的财务状况，而外账则可能隐瞒了部分费用，以呈现给投资者一个更"光鲜"的财务报表。

（5）关联方交易：通过关联方之间的资产购销、受托经营、资金往来、费用分担等方式，企业可能调节利润或隐瞒费用。例如，企业可能向关联方支付高额费用，而这些费用并未在财务报表中充分披露。

（6）虚增资产或虚减负债：为了消化虚增的收入和利润，企业可能通过虚增资产或虚减负债来隐瞒相关费用。这些虚增的资产或虚减的负债可能并未真实存在或发生，而是企业为了操纵财务报表而故意为之。

为了防范和识别这些隐瞒费用的方法，投资者和尽职调查团队需要采取一系列措施。例如，他们可以从分析企业相关协议及合同入手，梳理企业舞弊的动机，判断舞弊的条件，识别舞弊手段。此外，他们还可以通过对财务数据和业务数据及文件的分析验证以及现场访谈和查看等方式，来认定是否存在隐瞒费用的行为。

请注意，以上内容仅供参考，并不能涵盖所有可能隐瞒费用的方法。在实际的股权投资财务尽职调查中，投资者和尽职调查团队需要保持高度警惕，综合运用多种方法和手段来识别和防范潜在的财务风险。

📑 案例分析：日产汽车隐瞒费用的财务丑闻

日产汽车公司前董事长卡洛斯·戈恩（Carlos Ghosn）被指控在公司财务报表中隐瞒个人收入、违反披露规定等行为。其中，隐瞒费用也是其舞弊手段之一。卡洛斯·戈恩通过操纵财务报表，将部分个人收入隐藏在公司的费用中，从而避免了相关税收和监管的审查。这一行为导致公司财务数据失真，损害了投资者的利益，也给公司的声誉造成了严重影响。

上市公司隐瞒费用的行为是一种严重的财务舞弊行为，不仅损害了公司的声誉和投资者的利益，也破坏了市场的公平性和透明度。为了防范此类行为的发生，监管部门应加强对上市公司的监督和审计力度，提高信息披露的透明度；同时，投资者也应提高警觉性，加强对公司财务报表的分析和审查能力。只有通过各方的共同努力，才能维护良好的市场秩序和投资环境。

二、剥离引发的思考

（一）剥离的类型

在股权投资财务尽职调查中，"剥离"并非一个直接相关的术语或常见类型。然而，如果将其理解为在尽职调查过程中，对目标公司的某些部分或业务进行单独分析、评估或排除的过程，那么可以探讨一些与剥离相关的概念或做法。但需要注意的是，这些并非严格意义上的"剥离类型"，而是尽职调查中可能涉及的一些分析或处理手段。

在股权投资财务尽职调查中，以下是一些可能涉及"剥离"概念或做法的方面。

1. 业务剥离分析

尽职调查团队可能会分析目标公司是否拥有非核心业务或不良业务,这些业务可能对公司整体价值产生负面影响。通过剥离这些业务,公司可能能够更专注于核心业务,提高整体运营效率和市场竞争力。

尽职调查团队会评估这些业务的剥离难度、成本以及剥离后对公司财务状况的影响。

2. 资产剥离评估

类似于业务剥离,尽职调查团队也会评估目标公司是否拥有非核心资产或低效资产。这些资产可能包括闲置设备、过时库存、不良投资等。通过剥离这些资产,公司可以释放资金用于更有价值的投资或运营活动。

尽职调查团队会考虑资产剥离的可行性、市场价值以及剥离后对公司财务状况的改善程度。

3. 财务剥离审查

在尽职调查过程中,尽职调查团队可能会发现目标公司的财务报表中存在某些异常或不合理之处。这些异常可能源于特定的会计政策、交易安排或财务结构。

尽职调查团队会审查这些异常,并评估其是否可以通过调整会计政策、重新安排交易或优化财务结构来"剥离"其对财务报表的影响。这有助于更准确地评估目标公司的财务状况和经营成果。

4. 风险剥离考虑

尽职调查团队会识别目标公司面临的各种风险,包括市场风险、信用风险、操作风险等。对于某些高风险业务或资产,团队可能会考虑是否可以通过剥离来降低公司的整体风险水平。这需要综合考虑风险剥离的成本与收益，以及剥离后对公司业务连续性和市场竞争力的影响。

需要强调的是，上述内容并非严格意义上的"剥离类型"，而是尽职调查中可能涉及的一些分析或处理手段。在股权投资财务尽职调查中，剥离通常不是一个直接的操作步骤，而是更广泛的分析和评估过程的一部分。此外，剥离的具体实施方式、成本和效果也会因目标公司的具体情况而异。

因此，在进行股权投资财务尽职调查时，应综合考虑目标公司的整体业务、资产、财务状况和风险情况，以确定是否需要进行剥离操作以及具体的剥离方式和策略。

（二）剥离带来的问题

股权投资财务尽职调查中，剥离（通常指剥离不良资产或特定业务）可能带来一系列问题，这些问题需要投资者在尽职调查过程中予以特别关注。以下是对这些问题的详细分析。

1. 剥离资产的真实性与价值评估问题

（1）剥离资产的真实性

在尽职调查中，投资者需要核实剥离资产的真实存在性，避免目标公司虚构或夸大剥离资产以改善财务报表。

通过查阅相关文件、凭证和访谈相关人员，确保剥离资产的来源、性质和归属清晰明确。

（2）剥离资产的价值评估

剥离资产的价值评估是尽职调查中的关键环节。投资者需要采用合理的评估方法（如市场比较法、收益法、成本法等），结合市场情况、资产状况和未来前景，对剥离资产进行准确的价值评估。

评估过程中，投资者应关注评估假设的合理性、评估参数的准确性和评估方法的适用性，确保评估结果的客观性和公正性。

2.剥离对财务状况的影响

（1）对财务状况的短期影响

剥离资产可能导致目标公司短期内财务数据的波动，如资产总额、负债总额、净资产等指标的下降。

投资者需要分析剥离资产对目标公司盈利能力、偿债能力和运营效率等关键财务指标的影响，以判断剥离行为对目标公司财务状况的短期冲击。

（2）对财务状况的长期影响

从长期来看，剥离不良资产或低效业务有助于目标公司优化资产结构、提高资产质量和盈利能力。但投资者也需要关注剥离后目标公司是否能有效整合剩余资源、拓展新业务或提升管理水平，以实现长期可持续发展。

3.剥离的合规性与法律风险

（1）剥离的合规性

投资者需要核实剥离行为是否符合相关法律法规和监管要求，避免目标公司因违规剥离而面临法律风险和监管处罚。

查阅相关文件、凭证和访谈相关人员，确保剥离程序的合法性、合规性和透明性。

（2）法律风险

剥离过程中可能涉及诉讼、仲裁等法律风险，投资者需要关注这些风险对目标公司财务状况和投资价值的影响。

通过法律尽职调查,了解目标公司是否存在与剥离相关的法律纠纷和潜在赔偿责任,并采取相应的风险防范措施。

4.剥离对投资估值的影响

(1)投资估值的调整

剥离资产可能导致目标公司整体估值的调整。投资者需要根据剥离资产的价值评估结果、对财务状况的影响以及合规性和法律风险等因素,综合考虑目标公司的投资估值。

在投资估值过程中,投资者应充分考虑剥离资产的潜在价值和未来前景,以及目标公司整体业务的发展和竞争态势。

(2)投资决策的考量

剥离资产对投资决策具有重要影响。投资者需要在尽职调查基础上,综合考虑目标公司的投资价值、投资风险和投资回报等因素,做出明智的投资决策。投资者还应关注剥离资产后目标公司的业务前景、市场地位和盈利能力等因素,以判断投资是否具有长期可持续性和增长潜力。

综上所述,股权投资财务尽职调查中剥离带来的问题涉及多个方面,包括剥离资产的真实性与价值评估、对财务状况的影响、合规性与法律风险以及投资估值的调整等。投资者需要在尽职调查过程中予以特别关注,并采取相应的风险防范措施以确保投资的安全性和收益性。

(三)实务中剥离调整事项处理的新发展

股权投资财务尽职调查实务中剥离调整事项处理的新发展主要体现在以下五个方面。

1. 剥离调整事项处理的精细化与规范化

随着股权投资市场的不断发展和成熟，财务尽职调查中的剥离调整事项处理也呈现出精细化与规范化的趋势。调查人员在进行财务尽职调查时，需要更加深入地了解目标公司的财务状况，对各项财务数据进行细致地分析和剥离，以确保调查结果的准确性和可靠性。同时，随着相关法律法规的完善，剥离调整事项的处理也变得更加规范，需要遵循一定的法律程序和规定。

2. 大数据与人工智能技术的应用

在财务尽职调查中，大数据和人工智能技术的应用为剥离调整事项的处理提供了新的手段和方法。通过大数据分析和人工智能技术，调查人员可以更加高效地处理和分析大量的财务数据，快速识别出异常数据和潜在风险。同时，这些技术还可以帮助调查人员更加准确地评估目标公司的财务状况和投资价值，为投资决策提供更加有力的支持。

3. 对业务理解的深化

财务尽职调查虽然是对目标公司的财务数据进行分析，但是目标公司的财务数据和背后的业务不可分离。因此，在剥离调整事项的处理中，对目标公司业务的理解尤为重要。调查人员需要深入了解目标公司的业务模式、运营策略以及市场环境等因素，以便更加准确地判断财务数据背后的业务逻辑和合理性。这种对业务的深入理解有助于调查人员更加准确地识别和调整财务数据中的异常和不合理之处。

4. 沟通与协作的加强

在剥离调整事项的处理过程中，与目标公司的沟通与协作也变得越来越重要。调查人员需要与目标公司的财务、业务人员等进行深入的交流和沟通，以便更加全面地了解目标公司的财务状况和业务情况。同时，双方还需要就剥离调整事项的处理达成一致意见，以确保调查结果的准确性和可靠性。这种沟通与协作的加强有助于减少误解和分歧，提高调查效率和质量。

5.关注长期发展与潜在风险

在剥离调整事项的处理中，调查人员还需要关注目标公司的长期发展和潜在风险。通过对目标公司的财务状况、业务模式、市场环境等因素的综合分析，调查人员可以评估目标公司的长期发展潜力和投资价值。同时，还需要关注目标公司可能面临的潜在风险，如市场风险、财务风险等，以便为投资决策提供更加全面的参考。

综上所述，股权投资财务尽职调查实务中剥离调整事项处理的新发展主要体现在精细化与规范化、大数据与人工智能技术的应用、对业务理解的深化、沟通与协作的加强以及关注长期发展与潜在风险等方面。这些新发展有助于提高财务尽职调查的质量和效率，为投资决策提供更加有力的支持。

三、企业价值和价值调整需关注的情况

（一）财务数据的准确性

我们讲公司估值，其定义是"分析和衡量一个公司的公平市场价值"，所以按理论评估出来的公司估值准确说是"公平市场价值"，而在实际情况中，一家公司的估值受其本身状况（如无法准确量化的技术、未来市场等）和市场状况（如资本市场热度）的影响，所以在投资中不同类型的公司需要考虑不同情况，使用的估值方法也不一样，且分析计算出来的估值只是作为参考价值，最终投资是否达成还是取

决于双方可接受的价格。在投资的过程中,我们通过分析计算出来的估值,来判断标的公司的融资报价与其价值之间的差异。如果差异过大,说明报价虚高,如果差异过低,说明存在低估。

在实际情况中,对投资者来说,并不是公司融资报价低于计算的估值越大越好(以下为方便叙述,"估值"特指投资机构分析计算出来的标的公司价值,标的公司自身估值统称"融资报价/报价")。一方面,公司报价越低,说明投资人的投资回收期越短,风险越小,投资价值越高;另一方面,也可能我们在对标的公司进行估值时,忽略了关键因素,公司实际上并没有那么值钱。

当然,也不是公司融资报价高于计算的估值越大越好。对于报价较高的公司,一方面高估值说明市场对其预期成长性较为乐观,未来有更高的增长空间,获得了资本的更高层次认可,所以现在就必须以更高的溢价来买入;另一方面,过高的公司估值,受增长天花板的限制,未来的预期价值均已体现在当前股权价值中,对于投资人来说,可获得的回报降低,且后续可能因为"太贵"而导致公司难以持续顺利地融到资金,从而陷入资金困境。

所以我们并不是单纯地通过公司估值高低来决定成交时的公司价值,无论是计算出来的估值还是标的公司给出的报价,其实都不能完全反映公司的价值,核心还是公司的未来业绩能否保持长期稳定增长。

股权投资财务尽职调查在评估企业价值和进行价值调整时,需要关注多个方面的情况。以下是对这些关键点的详细分析:

1. 企业价值评估需关注的情况

(1)财务架构与资产状况

① 财务架构:关注企业的财务部门设置、职责分工、汇报关系

与决策层级，以及集权与分权程度，这些都会影响企业的财务管理效率和风险控制。

② 资产规模与结构：了解企业的资产规模及构成，分析总资产增长或下降趋势及原因，关注重点资产项目如货币资金、应收账款、存货、长期投资、固定资产等。

③ 核心资产状况：评估核心资产的质量和管理效率，分析潜在风险，如坏账风险、存货积压、减值风险等。

（2）负债与权益状况

① 负债总额与构成：确定负债总额和构成（流动负债、非流动负债），审查债务还款期限、利率、还款方式和特殊条款，关注或有负债如未决诉讼、债务担保等。

② 权益状况：反映企业自有资金规模和股东权益情况，对投资并购价值和股权结构调整意义重大。

（3）现金流与盈利能力

① 现金流：分析现金流量表中经营、投资、筹资活动产生的现金流量，关注经营活动现金流量稳定性和充足性，评估投资和筹资活动现金流量变化趋势及影响。

② 盈利能力：核实利润指标金额和变化趋势，计算利润率指标评估盈利能力，分析利润构成，关注主营业务利润稳定性和持续性。

（4）销售收入与成本

① 销售收入：核实销售收入金额，按多维度分析构成和分布，审查确认政策和方法，确保合规，分析增长趋势和波动性及原因。

② 成本：确定成本构成，分析各项目占比和变化趋势，审查核算方法准确性。

（5）费用与税务

① 费用：包括销售、管理、财务费用等，反映不同经营环节支出情况，需要合理控制以提高盈利能力。

② 税务：审查企业纳税申报按时准确性、税款缴纳与申报一致性，查阅资料核实有无逾期欠缴，调查税务稽查情况及整改结果，评估税务合规意识和风险。

2. 价值调整需关注的情况

（1）财务数据真实性

通过财务分析、访谈、观察、检查、穿行测试等一系列程序，验证企业财务数据的真实性，发现企业真实业绩表现。

（2）盈利预测准确性

基于历史业绩表现和对企业未来发展的合理预期，建立符合企业现状的盈利预测模型，为后续投资估值提供数据基础。

（3）风险识别与评估

识别并评估企业面临的财务风险、市场风险、管理风险、技术风险等，这些风险都可能对企业的价值产生影响。

（4）价值调整机制

根据尽职调查结果，与企业协商建立价值调整机制，如估值调整协议（VAM）等，以应对未来可能出现的风险和价值变化。

综上所述，股权投资财务尽职调查在评估企业价值和进行价值调整时，需要综合考虑多个方面的情况，以确保投资决策的合理性和准确性。

（二）盈利的可持续性

在股权投资财务尽职调查中，盈利的可持续性是企业价值和价值调整需关注的重点情况之一。以下是对这一方面的详细分析。

1. 盈利可持续性的重要性

盈利的可持续性直接反映了企业未来的发展前景和盈利能力。在股权投资中,投资者通常更看重企业的长期盈利能力,因此,盈利的可持续性成为尽职调查中的关键要素。

2. 关注盈利可持续性的方面

(1)历史盈利情况

分析企业过去几年的盈利数据,包括收入、利润、毛利率等指标。关注盈利数据的稳定性和增长趋势,判断企业是否具备持续盈利的能力。

(2)商业模式和盈利逻辑

研究企业的商业模式,了解其盈利的核心逻辑和竞争优势。分析产品或服务的生产过程、价值实现过程以及自由现金流情况,判断企业盈利模式的可行性和可持续性。

(3)市场和竞争格局

了解企业所处的市场规模、增长趋势以及竞争格局。评估企业在市场中的地位和竞争优势,以及产品或服务的独特性。

(4)经营风险

分析企业面临的主要经营风险,包括市场风险、竞争风险、技术风险等。评估这些风险对企业盈利可持续性的影响,以及企业是否具备应对这些风险的能力。

(5)财务状况

审查企业的财务报表,包括资产负债表、利润表和现金流量表。关注企业的资产质量、负债情况、现金流状况以及盈利能力指标。分析企业的财务结构和财务政策,判断其是否支持盈利的可持续性。

3. 价值调整中考虑盈利可持续性的方法

(1)盈利预测

基于企业过去的表现和未来市场前景,进行盈利预测。预测应考虑多种因素,包括市场需求、竞争格局、技术进步等。

(2)估值调整

根据盈利预测结果,对企业的估值进行调整。如果盈利可持续性较强,可以给予更高的估值;反之,则应降低估值。

(3)风险溢价

在估值中考虑经营风险对盈利可持续性的影响。对于经营风险较高的企业,应给予更高的风险溢价以反映其不确定性。假设某企业过去几年一直保持稳定增长,但最近一年市场竞争加剧导致利润下滑。在尽职调查中,投资者需要深入分析这一变化的原因,包括市场竞争格局的变化、企业自身的竞争优势和劣势等。如果认为这种下滑是暂时的,并且企业具备应对市场竞争的能力,那么可以给予一定的估值折扣以反映这一不确定性;但如果认为这种下滑是长期的,并且企业无法有效应对市场竞争,那么应降低对企业的估值或放弃投资。

综上所述,在股权投资财务尽职调查中,盈利的可持续性是企业价值和价值调整需关注的重点情况之一。投资者需要深入分析企业的历史盈利情况、商业模式和盈利逻辑、市场和竞争格局、经营风险以及财务状况等方面,以全面评估企业盈利的可持续性,并据此进行价值调整和投资决策。

（三）盈利预测案例分析

案例分析：XX 创投公司定增项目估值预测案例

一、盈利预测

2022 年、2023 年及 2024 年第一季度，公司营业收入、归母净利润及扣非后归母净利润均呈现增长趋势，具体情况见表 4-35。

表 4-35　2016—2023 年与 2024 年第一季度公司盈利情况

时间	营业收入/亿元	同比增长率/%	归母净利润/亿元	同比增长率/%	扣非后归母净利润/亿元	同比增长率/%
2016 年报	3.1849	4.15	0.6642	8.56	0.6746	17.12
2017 年报	4.4939	41.10	0.9893	48.95	1.0191	51.06
2018 年报	5.0065	11.41	1.2601	27.37	1.2501	22.67
2019 年报	5.8492	16.83	1.6582	31.60	1.5150	21.19
2020 年报	6.4362	10.04	1.0503	−36.66	0.7617	−49.72
2021 年报	11.3017	75.59	0.3126	−70.23	0.7848	3.03
2022 年报	15.4776	36.95	1.9340	518.60	1.9422	147.46
2023 年报	18.1826	17.48	2.8139	45.77	2.6714	37.81
2024 年第一季度报	4.2517	22.18	0.7041	69.15	0.6896	86.01

根据公司 2022 年做出的限制性股票股权激励，2022、2023、2024、2025 年净利润分别不低于 1.8 亿元、2.8 亿元、4.5 亿元、7 亿元。2022 年、2023 年均已实现业绩指标。

合理客观根据发展战略以及现有客户业务拓展情况，预测公司通信及新能源方面，子公司 XX 通原有产能仅 2.5 亿元，本次自有资金升级产线 3 倍，产值将达到 10 亿元，目前产线即将投产，2024 年将释放 10 亿元通讯与新能源类业务。2023 年 XX 通营收 2.6 亿元，收入主要来自华为，其中华为约 2.2 亿元，其他收入来自中车、迈瑞医疗；预计 2024、2025 年 XX 通的总营收约 10 亿元、20 亿元，具体见表 4-36。

表4-36　2023年—2025年预测公司通信及新能源情况

单位：亿元

产品类型	2023年	2024年	2025年
通信（华为）	2.1	6	10
储能（宁德）	—	2	5
智能充电桩（华为、协鑫、小鹏）	—	1	2
中车、迈瑞医疗等其他	0.5	1	3
合计	2.6	10	20

预估中性情况下，2024年公司能完成业绩指标4.5亿元净利润。2024年第一季度归母净利润同比增长69.15%，以25%、59.92%、69%的增长率预测公司原业务低速、中速、高速增长情况，预测见表4-37。

表4-37　预测公司2024年低、中、高速净利润

盈利增速	2023年归母净利润/亿元	2024年归母净利润相对2023年的增长率/%	预测2024年归母净利润/亿元
低速	2.813 9	25.00	3.517 4
中速		59.92	4.500 0
高速		69.00	4.755 5

二、市盈率

选取同行业可比公司近一年市盈率情况进行对比，具体见表4-38。

表4-38　可比公司近一年市盈率情况对比表

证券简称	市盈率PE(TTM)	扣非后市盈率PE(TTM)	近一年PE(TTM)最低值	近一年PE(TTM)平均值	近一年PE(TTM)最高值
XX达	30.45	31.58	19.72	25.90	32.83
领益智造	28.71	33.11	13.80	19.20	28.71
安洁科技	30.45	32.84	27.16	36.07	45.08
智动力	−8.26	−7.94			
飞荣达	56.94	63.34	38.17	69.95	118.06
最小值	−8.26	−7.94	13.80	19.20	28.71
最大值	56.94	63.34	38.17	69.95	118.06
平均值	27.66	30.59	24.71	37.78	56.17
中位值	30.45	32.84	23.44	30.99	38.95

消费电子零部件及组装（申万）指数当前市盈率为 32.10 倍，近 1 年中位值为 29.60 倍，最大值为 32.28 倍，最小值为 23.44 倍。

根据 XX 达及 4 家可比公司及消费电子零部件及组装（申万）指数的市盈率情况，给予公司在保守、中性、乐观情况下 20、22、25 倍市盈率估值，公司市值预计为 70.35—118.89 亿元。具体见表 4-39。

表 4-39 公司总市值预测

利润增速	市盈率	2024 净利润/亿元	PE	预测退出时市值/亿元
低	保守	3.517 4	20	70.35
低	中性	3.517 4	22	77.38
低	乐观	3.517 4	25	87.93
中	保守	4.500 0	20	90.00
中	中性	4.500 0	22	99.00
中	乐观	4.500 0	25	112.50
高	保守	4.755 5	20	95.11
高	中性	4.755 5	22	104.62
高	乐观	4.755 5	25	118.89

四、视同借款事项

在股权投资财务尽职调查中，视同借款事项是一个相对复杂且需要细致审查的领域。视同借款通常指的是某些交易或资金往来在财务处理上被视作借款，尽管它们可能并不完全符合传统借款的定义。以下是对股权投资财务尽职调查中视同借款事项的详细分析。

（一）视同借款的定义与范围

视同借款事项通常涉及以下三个方面。

1.关联方交易：关联方之间的资金往来，如母公司向子公司提供资金,或者子公司之间互相拆借资金,在特定条件下可能被视作借款。

2.债务重组:在债务重组过程中,债权人可能同意将部分债务转换为借款,以减轻债务人的还款压力。

3.特殊资金往来:某些特殊的资金往来,如预付款项、保证金等,在特定情况下也可能被视作借款。

(二)视同借款的会计处理与税务影响

1.会计处理

视同借款事项在会计处理上需要遵循相关会计准则,如《企业会计准则》等。通常需要设立专门的会计科目来记录视同借款的发生和偿还情况。

在财务报表中,视同借款事项需要得到充分地披露,以便投资者和债权人了解企业的真实财务状况。

2.税务影响

视同借款事项可能对企业的税务产生影响,如利息收入的确认、税前扣除等。关联方之间的借款利息支出需要符合独立交易原则,并在税前扣除时符合相关税法规定。

如果关联方之间的借款被视为无息借款,税务机关可能要求视同销售缴纳增值税。

(三)股权投资财务尽职调查中的视同借款审查

在股权投资财务尽职调查中,对视同借款事项的审查是不可或缺的环节。审查内容通常包括以下五个方面。

1. 交易性质与目的：审查视同借款事项的交易性质和目的，确保其符合商业逻辑和法律法规的要求。

2. 合同条款与协议：检查与视同借款事项相关的合同条款和协议，确保其明确、合法且有效。

3. 资金往来记录：审查资金往来的记录，包括银行流水、收据、发票等，以确认资金的实际流向和用途。

4. 会计处理与披露：检查企业是否按照相关会计准则对视同借款事项进行了正确的会计处理和充分的披露。

5. 税务合规性：评估视同借款事项在税务上的合规性，确保企业没有因此而面临税务风险。

在实际操作中，视同借款事项可能涉及复杂的商业和法律问题。例如，在某些情况下，关联方之间的应付账款可能被视为借款。这通常发生在关联方之间存在长期未结算的应付账款时，如果双方签订了借款合同并明确了借款的利率、期限等条款，那么这些应付账款就可能被视为借款。然而，这种转换需要遵循相关的会计准则和税法规定，并确保在会计报表和税务申报中得到正确地反映和披露。

在股权投资财务尽职调查中，对视同借款事项的审查是确保投资安全和合规性的重要环节。投资者应密切关注企业的视同借款事项，确保其符合商业逻辑、法律法规和会计准则的要求。同时，企业也应加强内部管理，完善视同借款事项的会计处理和披露机制，以降低税务风险和法律风险。

综上所述，视同借款事项在股权投资财务尽职调查中占据重要地位。投资者和企业应共同关注这一问题，确保其在商业和法律上的合规性和安全性。

五、卖方在尽职调查过程中是否愿意提供关键性信息

从表面上看,尽职调查是去企业走访求证,实际上大量的工作是在这之外的。如果这家企业不配合尽职调查,我们要怎么办?这种情况我们也偶尔遇到过,取决于几个方面吧,我认为最核心的在于彼此是否需要,如果能解决它需要的问题,或者说它在某种意义上是依赖于你的,这个时候可能就会相当配合。

如果不配合尽调,需要会了解这个企业真实的需求是什么。一般会有以下几种情况:可能这个企业有正在对接的其他投资方,或者这个企业现在暂时不需要钱,或者因企业的订单未拿到而导致一个比较低的估值,就想再等等。只要我们了解到它真正的需求,并且持续跟踪,总会有合适的机会。

在一些比较特殊的领域,企业感觉有些信息不方便透露,可能他认为这些信息告诉你之后,会导致企业价值的降低,所以他一定要不断地掩盖这个信息。

尽调中很重要的一方面就是尽调团队要做到和企业家,特别是科学家创始人同一个频道、同一个频率去沟通,因为他在这个行业已经很资深了,做了很多年,如果你不专业,或者没有展现出应有的水准,他就有可能不配合,但如果你表现出自己应有的水准,让他敬佩你、认可你,说不定他就会很配合,这也是我们在工作中经常遇到的问题。在深度上我不如他对这个行业了解得多,但我可以选择在广度上来打败他。

六、项目财务尽职调查中的典型问题及案例分析

（一）财务舞弊的问题

在股权投资项目财务尽职调查中，财务舞弊是一个需要高度关注的问题。财务舞弊是指公司的管理层、治理层、员工或第三方使用财务欺骗手段获取不正当或非法利益的故意行为。以下是财务尽职调查中可能遇到的财务舞弊典型问题。

1. 虚增收入与利润

虚增收入是最常见的舞弊手段之一，公司通过虚构销售交易、显失公允的交易等方式，达到粉饰财务报表的目的。具体手法包括以下几种。

（1）虚构销售交易：企业可能通过与其他方签订虚假购销合同，虚构存货，并伪造发货单、装运单、签收单以及虚开商品销售发票等方式来虚构收入。

（2）显失公允的交易：企业故意高于市场价格向客户（一般为关联方，或通过其他方式对客户进行补偿）销售产品，从而达到虚增收入的目的。

（3）提前或延迟确认收入：企业可能通过调整收入确认的时点来操纵利润，如提前确认未实现的收入或延迟确认已实现的收入。

2. 成本费用舞弊

企业可能通过提前或延后确认成本费用、多记或少记成本费用等方式，达到调节利润的目的。具体手法包括以下两种。

（1）多列成本费用：通过虚增工人工资、材料成本等方式，侵占公司资产。

（2）少计成本费用：为了提升利润水平，企业可能故意少计或不计某些成本费用。

3. 关联方交易舞弊

关联方交易舞弊是指企业通过与关联方之间的资产购销、受托经营、资金往来、费用分担等方式，调节利润或侵占资产。具体手法包括以下两种。

（1）虚构关联方交易：通过虚构与关联方的交易，达到转移利润或资金的目的。

（2）显失公允的关联方交易：与关联方进行显失公允的交易，如以不合理的高价销售产品给关联方，或以不合理的低价从关联方购买原材料等。

4. 资产减值舞弊

企业可能通过不当计提减值准备来操纵利润或资产账面价值。具体手法包括以下两种。

（1）少计提减值准备：为了提升资产账面价值或利润水平，企业可能故意少计提或不计提减值准备。

（2）多计提减值准备：为了掩盖某些问题或达到其他目的，企业可能故意多计提减值准备，从而虚减资产或利润。

5. 体外循环与账外资产

体外循环是指企业故意设置内外账，以满足公司内部管理者管理需要和应对外部的监察审计等情况，或配合虚增收入、侵占资产等舞弊行为。账外资产则是指企业未将某些资产纳入账内核算，形成账外资产。具体手法包括以下两种。

（1）设置内外账：企业可能同时设置内账和外账，内账用于内部管理，外账则用于应对外部的监察审计等。

（2）隐瞒账外资产：企业可能故意隐瞒某些资产，如将资产转移至关联方或其他个人名下，形成账外资产。

6. 其他舞弊手段

除了上述典型的舞弊手段外，还可能存在如下两类其他舞弊手段。

（1）抽逃出资：出资人以制作虚假财务会计报表虚增利润进行分配、通过虚构债权债务关系将其出资转出等方式，抽逃注册资本。

（2）滥用会计政策和会计估计：企业可能通过滥用会计政策和会计估计变更来操纵利润或资产账面价值。

7. 识别与应对措施

为了有效识别和应对财务舞弊问题，在股权投资项目财务尽职调查中，可以采取以下措施。

（1）详细分析企业财务报表：通过对比历史数据、同行业数据等，分析企业财务报表的合理性。

（2）深入调查企业业务模式：了解企业的业务模式、收入来源、成本费用结构等，以判断其是否存在舞弊风险。

（3）关注关联交易和资金往来：仔细核查企业与关联方之间的交易和资金往来情况，分析其商业实质及合理性。

（4）实施存货和资产监盘：通过实地查看和监盘企业的存货和资产情况，验证其真实性。

（5）加强内部控制审计：评估企业内部控制制度的健全性和有效性，并关注其是否存在控制缺陷。

综上所述，股权投资项目财务尽职调查中可能遇到的财务舞弊问题多种多样，需要投资者和尽职调查人员保持高度的警惕性和专业素养，以有效识别和应对这些风险。

（二）财务规范的问题及案例分析

在股权投资项目财务尽职调查中，财务规范问题是至关重要的考察点，它直接关系到投资项目的风险评估和投资价值的判断。以下是对财务尽职调查中财务规范问题的详细分析。

1. 财务组织基本情况

（1）财务组织结构：关注目标企业的财务组织结构是否清晰，包括其母公司、子公司以及具有控制力的公司等，以了解企业的财务决策流程和资金管理架构。

（2）财务管理模式：了解子公司财务负责人的任免、奖惩以及财务报告体制等，以评估企业财务管理的规范性和透明度。

（3）财务人员结构：考察财务人员的年龄、职称、学历等，以判断企业财务团队的专业素养和稳定性。

（4）会计电算化程度：了解企业财务管理系统的应用情况，包括是否采用先进的会计软件、是否实现会计信息的自动化处理等，以评估企业财务信息的准确性和及时性。

2. 薪酬、税费及会计政策

（1）薪酬政策：关注企业的薪资计算方法、变动工资的计算依据和方法，以及缴纳"四金"的政策和情况等，以了解企业的人力资源成本和合规性。

（2）税费政策：了解企业的现行税费种类、税费率、计算基数、收缴部门等，以及税收优惠政策、税收减免或负担情况等，以评估企业的税务合规性和税务风险。

（3）会计政策：考察企业现行会计政策及近3年的重大变化，以及这些变化对企业财务状况和经营成果的影响。同时，关注企业与投资方在会计政策上的差异，以及这些差异可能造成的量化影响。

3. 会计报表分析

（1）损益表

关注销售收入及成本、毛利率等关键指标的变化趋势，以了解企业的盈利能力。

分析产品结构、大客户变化及销售收入集中度等，以评估企业的市场地位和客户稳定性。考察关联交易与非关联交易的区别及对利润的影响，以识别潜在的利润操纵风险。

（2）资产负债表

关注货币资金、应收账款、存货、长期投资、固定资产等科目的余额和变化趋势，以了解企业的资产结构和资产质量。

分析资产负债结构、资产质量以及资产负债率、有息负债率等偿债能力指标，以评估企业的财务稳健性。

（3）现金流量表

关注经营净现金流、投资净现金流和筹资净现金流等科目的金额和变化趋势，以了解企业的现金流入流出情况和现金流管理能力。

评估经营净现金流是否能满足融资活动的利息支出净额，以判断企业的偿债能力和现金流稳定性。

4. 销售与收款环节

（1）主营业务收入及成本调查：通过取得前3年及最近一个会计期间的主营业务收入、成本和毛利明细表，并与损益表进行核对，以核实企业主营业务收入及成本的真实性。

（2）应收账款管理：检查应收账款的账龄分析、逾期账款及坏账分析等，以评估企业的应收账款管理能力和坏账风险。同时，关注大额应收账款的客户是否为主要客户，并结合销售结算方式判断各客户账龄是否正常。

5. 采购与生产环节

（1）存货管理：了解企业存货的分类、趋势变化以及滞销、残损等情况，以评估企业的存货管理能力和存货跌价风险。

（2）应付账款管理：分析应付账款的账龄、预估材料款是否适当等，以评估企业的应付账款管理能力和信用风险。

6. 财务数据间的勾稽关系

通过资产负债表、利润表、现金流量表三表之间的逻辑关系进行印证，如毛利率与净资产收益率、资产周转率等指标之间的关联性，以评估企业财务数据的真实性和合理性。

7. 其他财务规范问题

（1）收入、成本、费用的配比性：关注企业收入、成本、费用之间的配比关系是否合理，以判断企业财务报告的准确性和真实性。

（2）固定资产和折旧会计政策：了解企业固定资产的入账标准、折旧方法等会计政策，以评估企业固定资产的账面价值和折旧费用的合理性。

（3）无形资产入账与摊销：关注企业无形资产的入账依据、摊销方法等，以评估企业无形资产的账面价值和摊销费用的合理性。

（4）纳税情况核查：检查企业是否按照税法规定及时足额缴纳税款，以评估企业的税务合规性。

> **案例分析**

XX 创投公司对 XX 公司财务尽调发现的关于员工工资发放及社保公积金缴纳不合规问题：

经访谈，我们了解到 XX 公司审阅期内为员工缴纳社保及公积金存在不合规情形。其中，XX 公司对于 XX 地区的部分员工按照上年平均薪酬为缴纳基数进行缴纳，另一部分员工未缴纳住房公积金，经了解该部分员工主要为一线生产线上的外地农村户籍人员、实习生、返聘人员、协保人员等；针对除 XX 地区以外的公司员工，按照当地最低缴纳基数进行缴纳，并未按照员工实际工资进行缴纳。根据《社会保险费征缴暂行条例》及《社会保险稽核办法》相关规定，社保缴纳基数指单位在一定时期内直接支付给本单位全部职工的劳动报酬总额，因此目标公司存在未按照相关监管部门要求缴纳社保情形。

综上所述，股权投资项目财务尽职调查中的财务规范问题涉及多个方面，需要全面、细致地进行分析和评估。通过深入了解企业的财务组织、薪酬税费政策、会计报表、销售收款与采购生产环节以及财务数据间的勾稽关系等，可以为企业投资决策提供有力的支持。

（三）关联交易的问题及案例分析

在股权投资财务尽职调查中，关联交易是一个核心且复杂的问题，它涉及投资方对被投资企业真实财务状况和经营成果的准确评估。以下是对关联交易问题的详细分析。

1. 关联交易的定义与特征

（1）定义：关联交易是指公司与关联人之间转移资源、输送利益的行为。这里的关联人通常是指能够对公司经营或财务决策产生控制或重大影响的一方。

（2）特征：一方为公司，另一方是公司的关联人。关联双方存在利益冲突，关联人可能会利用其控制权损害公司的利益。

2. 关联交易的法律性质与调查目的

（1）法律性质：关联交易的性质是中性的，存在关联交易不一定会损害公司的利益，但也可能带来消极影响。因此，必须对关联交易的公开性、公允性进行审核。

（2）调查目的：判断关联交易是否公允，是否损害被投资企业及其他股东的利益。审查关联交易是否履行了法定批准程序。

3. 关联交易在尽职调查中的关注点

（1）关联方的认定

① 关联法人：包括直接或间接控制公司的法人、由公司关联自然人直接或间接控制的法人等。

② 关联自然人：包括直接或间接持有公司股份的自然人、公司董事、监事及高级管理人员等。

（2）关联交易的核查

检查所有关联方，并获取关联交易的有关协议及执行情况。判断关联交易是否必要，并获取关联交易的发生背景资料、可行性研究报告。检查历年关联交易账户，分析关联交易的详细内容、数量、金额及占同类业务的比重。评估关联交易价格的公允性，是否存在损害被投资企业及其他股东利益的情况。

（3）关联交易的决策程序与合规性

检查被投资企业是否在公司章程及其他内部规定中制定了关联交易的公允决策程序。

审查已经发生的关联交易是否按照规章制度执行，如需股东大会批准，关联股东是否回避。

检查独立董事对关联交易的意见，确保其没有不同意见。

4. 关联交易的风险与应对措施

（1）风险

一是关联方可能通过关联交易转移公司资源，损害公司及其他股东的利益。二是关联交易可能违反法律法规和监管要求，给公司带来法律风险。

（2）应对措施

一是督促被投资企业制定和完善关联交易决策机制及管理制度。二是要求被投资企业协调保荐人制订减少关联交易的具体方案，并设定时间表和减少比例。三是在交易文件中约定关联交易的公允性、必要性和合理性，并设定专项违约责任。

在股权投资财务尽职调查中，关联交易是一个需要高度重视的问题。通过全面、细致地核查关联方及关联交易情况，可以揭示潜在的风险和问题，为投资方提供决策依据。同时，通过制定和完善相关制度、方案及约定，可以有效应对关联交易带来的风险和挑战，确保投资的安全和收益。

案例分析： XX创投公司对XX公司财务尽调过程中发现的XX公司与实控人的关联交易紧密、业务独立性问题 …………

一、原料药产品齐多夫定主要原材料胸苷全部依赖关联方采购

经了解，目标公司原料药业务中，生产齐多夫定产品的主要原材料胸苷，全部由目标公司从实控人控制的赤峰蒙广采购。管理层表示，因胸苷主要用于抗艾滋病药物，目前全球市场主要是赤峰蒙广生产供应，原因为赤峰蒙广采用的生产工艺为发酵，其他生产商采用的生产工艺为化学合成，而发酵成本约占合成成本的1/2，所以赤峰蒙广产品以价格优势占领市场。2020年、2021年，目标公司从赤峰蒙广采购原材料胸苷的金额分别为3626万元、5200万元，生产的原料药齐多夫定及其中间体销售额分别为1.42亿元、1.15亿元，生产的制剂齐多夫定片销售额分别为0.03亿元、0.08亿元，合计销售金额分别为1.45亿元、1.24亿元，在各期收入占比约6.77%、6.72%。经了解，赤峰蒙广对外销售胸苷价格约为330元/千克。审阅期内，2020年度，销售给目标公司定价约为290元/千克，2021年后调整价格与外部一致。

二、目标公司研发活动与关联方紧密相关

2019年以前，目标公司研发团队与实控人公司研发团队本为一体，为了拆分出目标公司单独作为拟申报主体上市，2019年度管理层以研究方向为标准对研发团队进行拆分。拆分后，目标公司研发团队的研发方向主要为抗艾滋病药物和非抗艾滋病药物的研发，实控人公司研发团队的研究方向主要为其他仿制药及维生素等产品的研发。因研发团队人员的研发方向有交叉，目标公司存在委托关联方进行研发的关联交易。经统计，2020年及2021年1—11月形成的关联交易金额分别为624万元、212万元，占当年研发费用比为4.9%、1.9%，呈下降趋势。目标公司委托关联方进行研发时，仅提出研发方向及课题，由关联方研发团队开始研发，等研发项目结束验收时基于研发成本金额适当确认合同金额，补充签订委托协议，委托研发定价公允性无法判断。经查，目标公司委托关联方安礼特（上海）研究的主要为罗沙司他原料药中试技术开发，该产品尚处于研究阶段，对目标公司主营业务暂无影响。

做好市场动态分析，保障投资决策的科学性。财务尽职调查的开展与落实，能够为企业股权投资方案的制订提供完整的信息，保障投资的科学性与合理性。充分利用市场信息与政策资料等，开展全面的分析，提供完整的调查报告，进行投资风险预测，提出风险有效应对策略，强化风险的把控。充分利用现有的信用平台和相关数据信息等，为投资决策的开展提供支持，切实保障投资决策的科学合理性。

（四）资金占用的问题

在股权投资项目财务尽职调查中，资金占用问题是一个需要重点关注的内容。资金占用通常指的是关联方或非关联方占用公司的资金，这可能对公司的财务状况和运营产生重大影响。以下是对资金占用问题的详细分析。

1. 资金占用的定义与类型

资金占用指的是公司资金被其他方（如关联方、股东、实际控制人等）以借款、代偿债务、代垫款项等方式占用的情形。这种占用可能导致公司资金紧张，影响正常运营。资金占用通常分为经营性资金占用和非经营性资金占用两种类型。

2. 资金占用的风险

（1）财务风险：资金占用可能导致公司现金流紧张，影响偿债能力，甚至引发财务危机。

（2）运营风险：资金被占用可能限制公司的业务扩张和创新能力，降低市场竞争力。

（3）法律风险：若资金占用未依法披露或涉及违规操作，可能引发法律诉讼和监管处罚。

3. 财务尽职调查中资金占用的关注点

（1）关联方资金占用

一是调查关联方与公司之间的资金往来情况，包括借款、代偿债务、代垫款项等。二是分析关联方资金占用的合理性、必要性和公允性。三是关注关联方资金占用的金额、期限和利率等条件是否与市场水平相符。

（2）非关联方资金占用

一是调查非关联方与公司之间的资金往来情况，特别是大额资金往来。二是分析非关联方资金占用的原因、目的和还款计划。三是评估非关联方资金占用对公司财务状况和运营的影响。

（3）资金占用的披露与合规性

一是检查公司是否依法披露资金占用情况，包括关联方交易、资金拆借等。二是评估公司内部控制制度的健全性和有效性，特别是与资金占用相关的内部控制。

4. 资金占用问题的处理建议

（1）加强内部控制：建立健全内部控制制度，规范资金往来流程，确保资金安全。

（2）完善信息披露：依法披露关联方交易和资金占用情况，提高透明度。

（3）加强监管与处罚：监管部门应加强对资金占用问题的监管和处罚力度，维护市场秩序。

（4）合理规划资金：公司应合理规划资金使用，避免过度依赖外部资金占用。

> **📖 案例分析**
>
> 以 XX 生物药业股份有限公司为例,该公司实控人通过关联方占用公司资金,并隐瞒关联交易事项,导致公司未及时披露。最终,实控人及相关责任人受到罚款处罚。此案例警示我们,资金占用问题需引起高度重视,否则可能引发严重的法律后果。

综上所述,在股权投资项目财务尽职调查中,资金占用问题是一个需要重点关注的内容。投资者应深入了解公司的资金占用情况,评估其对公司财务状况和运营的影响,并采取相应的风险控制措施。

(五)现金采购或现金销售占比较大的问题

股权投资现金采购或现金销售占比较大,可能涉及多个方面的问题,以下是对这一问题的详细分析。

1. 现金采购占比较大的问题

(1)资金流动性压力:现金采购意味着企业需要支付大量的现金,这可能导致企业的资金流动性受到压力。特别是在短时间内需要支付大额现金时,可能对企业的日常运营产生负面影响。

(2)机会成本:企业持有大量现金而未进行有效投资,会产生较高的机会成本。这些资金本可以用于其他高回报的投资项目,但由于现金采购的需求,这些机会被放弃了。

(3)财务风险:现金采购占比较大可能增加企业的财务风险。一旦市场环境发生变化,如资金链断裂或市场利率上升,企业可能面临严重的财务困境。

2. 现金销售占比较大的问题

（1）收入稳定性：现金销售虽然能迅速增加企业的现金流，但也可能导致企业收入的稳定性受到影响。因为现金销售往往缺乏长期合同的保障，一旦市场环境发生变化，企业的销售收入可能大幅下降。

（2）客户信用风险：现金销售意味着企业需要在没有信用担保的情况下向客户交付产品或服务。这增加了客户违约或拖欠款项的风险，进而可能导致企业的坏账损失增加。

（3）市场竞争力：在某些行业中，提供信用销售或分期付款等灵活的支付方式可能是吸引客户的重要手段。如果企业过于依赖现金销售，可能会丧失这部分市场竞争力。

3. 应对策略

（1）优化股权结构：通过优化股权结构，减少代理问题，降低管理者对现金的过度持有和滥用。例如，可以引入股权激励计划，将管理者的利益与企业的长期利益相结合。

（2）加强现金管理：建立完善的现金管理制度，合理安排现金流入和流出。通过现金池、集中管理等方式，提高现金的使用效率。

（3）多元化支付方式：在销售方面，提供多种支付方式以满足不同客户的需求。这不仅可以增加销售收入，还可以降低客户信用风险。

（4）加强风险管理：建立完善的风险管理制度，对财务风险、市场风险等进行有效监控和管理。这有助于企业及时发现和应对潜在的风险。

综上所述，股权投资中现金采购或现金销售占比较大可能带来一系列问题。为了应对这些问题，企业需要在优化股权结构、加强现金管理、多元化支付方式和加强风险管理等方面的工作。

（六）税务问题及案例分析

财务尽职调查需要核查公司的财税问题。如果是为了抢上市的时间，需要让前几年的报表列入报告期内，可能就需要跟当地税收部门洽谈，争取通过补税等措施让上市时间缩短一些。因为能够让当地企业迅速上市也是地方政府愿意看到的，不过不可能补太多的税，否则当地的税收增长和之前的合规审查压力也会增加很多，会相应地出现很大的风险。

《论语》曰："往者不可谏，来者犹可追。"既然需要追溯到上市前3年，是不是在这之前的行为不需要追责呢？这要看当时的操作是不是严重地违反了法律法规，如虚开增值税发票、行贿等触犯刑法的行为。如果实际控制人涉及违法问题，基本上就可以为上市进程画上句号了。同样受牵连的可能是没有严格把关的会计师事务所和责任会计师。

> **案例分析：** XX创投公司对XX公司财务尽调中发现的目标公司个税代扣代缴风险问题

审阅期内，项目组翻阅凭证发现，XX公司存在部分员工每月以固定金额报销交通费、通信费、差旅费、业务招待费等费用的情况。经访谈，该部分报销实质上是员工的工资奖金，以报销形式发放的目的是避税。经项目组初步梳理，审阅期内目标公司员工通过费用报销形式发放的工资奖金金额见表4-40。

表4-40 员工报销支付工资情况

单位：千元

项目	2020年	2021年1—11月
药业本部	3700	2888
化学制药	2470	2022
生物医药	1530	844
江苏普信	1270	187
盐城XX	170	—
合计	9140	5941

对员工社保、公积金及个税影响：由于该部分工资通过费用报销形式发放，因此该部分工资未构成员工社保、公积金及个税的计提基数部分，员工社保、公积金及个税均存在少计算缴纳的风险。

对企业所得税的影响：由于该部分报销主要为员工自行找发票报销，报销内容与公司真实业务无关，相应的成本费用无法在税前抵扣，需被纳税调增。经匡算，审阅期内可能产生的所得税影响分别为187万元、120万元。

第五章 法律尽职调查

第一节 法律尽职调查概述

一、法律尽职调查的概念、目的和意义

股权投资,作为一种重要的资本运作方式,涉及的资金量大、风险高、影响深远。在股权投资过程中,法律尽职调查扮演着至关重要的角色。它不仅能够帮助投资者全面、深入地了解目标公司的真实状况,识别潜在风险,还能够为投资者提供决策依据。

(一)法律尽职调查的概念

法律尽职调查是指在公司并购、证券发行等重大公司行为中,由律师进行的对目标公司或者发行人的主体合法性存续、企业资质、资产和负债、对外担保、重大合同、关联关系、纳税、环保、劳动关系等一系列法律问题的调查。法律尽职调查大体分为两种,即公司并购的法律尽职调查和证券发行等重大行为的法律尽职调查。私募股权投资,从本质上可以归类于公司并购,因此,私募股权投资中的法律尽职调查属于公司并购类的法律尽职调查。

（二）法律尽职调查的目的

法律尽职调查的主要目的是全面评估目标公司的经营状况、财务健康、法律合规性及未来增长潜力，以帮助投资者做出明智的投资决策。具体来说，其目的包括以下三点。

（1）投资价值发现：通过尽职调查，投资者可以更加深入地了解目标公司的实际价值，包括其资产状况、盈利能力、市场前景等。

（2）风险评估：尽职调查有助于投资者识别目标公司可能存在的法律风险、财务风险、市场风险等，从而做出更加谨慎的投资决策。

（3）投资可行性分析：通过对目标公司的全面调查，投资者可以判断该投资是否符合其投资策略、风险承受能力和投资回报要求。

（三）法律尽职调查的意义

法律尽职调查在投资过程中具有非常重要的意义，主要体现在以下四个方面。

（1）保护投资人利益：尽职调查可以帮助投资者全面了解目标公司的真实情况，避免信息不对称带来的投资风险。通过揭示潜在的法律问题和风险点，投资者可以在投资前做出更加明智的决策，从而保护自己的利益。

（2）降低投资风险：通过尽职调查，投资者可以及时发现并评估目标公司可能存在的各种风险，包括法律风险、财务风险、市场风险等。这有助于投资者在投资前做好充分的风险准备和应对措施，从而降低投资风险。

（3）促进双方透明交流：尽职调查过程中，投资者与目标公司之间需要进行深入的交流和沟通。这有助于增进双方之间的了解和信任，为成功的投资合作奠定基础。同时，通过尽职调查揭示的问题和风险点，也可以作为双方谈判的依据和条件，确保投资条款对双方都公平合理。

（4）为投资决策提供依据：尽职调查的结果可以为投资者的投资决策提供重要的参考依据。通过对目标公司的全面评估和分析，投资者可以更加准确地判断该投资项目的可行性和盈利前景，从而做出更加明智的投资决策。

二、法律尽职调查的原则

（一）保密性原则

1. 保密性原则的定义与重要性

（1）定义：保密性原则要求尽职调查人员在整个调查过程中，对获取的所有敏感信息进行严格保密，确保这些信息不被未经授权的人员获取。

（2）重要性：一是保护商业秘密，尽职调查中可能涉及被投资企业的核心技术、商业秘密等敏感信息，这些信息的泄露可能对企业造成重大损失。二是维护个人隐私，尽职调查还可能涉及个人隐私信息，如股东、高管等的个人财务状况、家庭情况等，这些信息的泄露可能侵犯个人隐私权。三是确保交易安全，保密性原则有助于维护交易的公正性和安全性，避免因信息泄露而导致的交易风险。

2. 保密性原则的实践要求

（1）签署保密协议：在进行尽职调查之前，尽职调查人员通常需要与被调查企业签署保密协议，明确双方对敏感信息的保密义务。

（2）限制信息访问：尽职调查过程中，应严格控制信息的访问权限，确保只有经过授权的人员才能接触和查看敏感信息。

（3）加强信息安全措施：尽职调查人员应采取必要的信息安全措施，如加密存储、限制网络访问等，防止敏感信息被非法获取或泄露。

（4）保密义务的持续履行：尽职调查结束后，尽职调查人员仍需继续履行保密义务，不得将调查过程中获取的敏感信息泄露给任何无关人员。

3.违反保密性原则的后果

（1）法律责任：违反保密性原则可能导致尽职调查人员承担法律责任，包括民事赔偿、行政处罚甚至刑事责任。

（2）声誉损失：尽职调查人员的违规行为可能损害其职业声誉，影响其未来的职业发展。

（3）交易失败：信息泄露可能导致交易双方失去信任，进而导致交易失败。

案例分析

在私募股权投资领域，保密性原则同样被严格遵守。私募股权投资公司通常会对旗下管理的私募投资基金的投资信息和相关资料负有保密义务，除法律、行政法规和其他有关规定、监管机构及审计要求外，不得向任何机构或者个人泄露相关信息和资料。此外，私募股权投资公司还会采取一系列保密措施，如实施办公场所电子门禁管理、安装录像监控系统等，以确保敏感信息的安全。

（二）客观性原则

股权投资法律尽职调查的客观性原则是尽职调查过程中的一项基本原则，要求尽调人员对所审核的材料、内容及发现的问题，本着实事求是的原则予以披露，客观地反映企业的真实情况。

客观性原则强调在进行股权投资法律尽职调查时，尽调人员必须保持客观、公正的态度，不受委托人或其他相关方的立场及要求影响，不作出虚假的表述或歪曲事实的行为。这一原则确保尽职调查结果的真实性和可靠性，为投资者提供准确的决策依据。同时尽调人员通过资料审核、现场调查、法律分析和报告撰写等客观尽职调查，有利于保护投资者利益、降低投资风险、促进市场健康发展。

（三）独立性原则

法律尽职调查的独立性原则是指在进行尽职调查时，调查主体（通常为律师或专业法律团队）必须保持独立的地位和判断，不受其他因素（如委托人、被调查对象或其他利益相关方）的影响和干扰。这一原则是确保尽职调查公正、客观、准确的重要保障。

独立性原则的具体要求包括以下三条。

（1）独立的调查地位：调查主体在进行尽职调查时，应独立于被调查对象和其他利益相关方，不受其控制和影响。这要求调查主体在调查过程中保持自主性和独立性，能够客观、公正地评价被调查对象的情况。

（2）独立的判断依据：调查主体在尽职调查中应依据法律法规、行业规范及专业标准进行判断，不受被调查对象或其他利益相关方的意见和立场影响。这要求调查主体具备扎实的专业知识和丰富的实践经验，能够准确识别和分析潜在的法律风险和问题。

（3）独立的调查报告：调查主体在完成尽职调查后，应独立撰写调查报告，对调查结果进行客观、全面地阐述。调查报告应真实反映被调查对象的情况，包括存在的问题和风险，以及可能的影响和后果。同时，调查报告还应提出合理的建议和解决方案，为委托人提供有价值的参考依据。

（4）独立性原则在股权投资法律尽职调查中具有重要意义。一是有助于确保尽职调查的公正性和客观性，避免调查结果受到不当干预和影响。二是有助于提高尽职调查的准确性，使委托人能够更全面地了解被调查对象的情况，从而作出明智的投资决策。三是有助于保护委托人的合法权益，降低投资风险，提高投资效益。

在遵循独立性原则的同时，调查主体还应注重与其他相关方的沟通和协作，以确保尽职调查的顺利进行。同时，调查主体还应严格遵守法律法规和行业规范，确保调查过程的合法性和规范性。

（四）全面和重点相结合原则

1. 全面性原则

（1）公司基本情况：了解目标公司的注册资本、股东结构、经营范围等基本情况，确认其合法性和合规性。同时，要对目标公司的历史沿革进行梳理，了解其成立、变更及发展的过程。

（2）财务状况：对目标公司的财务报表进行审查，包括资产负债表、利润表和现金流量表等，以评估其财务状况和盈利能力。此外，还要分析目标公司的税务情况，确保其税务合规，无潜在税务风险。

（3）法律事务：核查目标公司是否存在未决诉讼、仲裁或行政处罚等法律风险。同时，要对目标公司的合同进行审查，了解其合同履行情况和潜在纠纷。此外，还要确认目标公司的知识产权情况，包括商标、专利、著作权等，以确保其权属清晰，无争议。

（4）劳动人事：了解目标公司的员工结构、薪酬福利和社保缴纳情况。同时，要核查目标公司是否存在劳动争议或纠纷，以确保其劳动关系的稳定性。

全面性原则要求调查者必须调集所有相关材料，并对所涉及的问题进行详尽的审核和调查。这有助于全面反映目标公司的运行状况，以及是否符合法律规定。

2. 重点性原则

（1）根据公司特点确定调查重点：对于股份制企业，重点应集中于公司治理结构。而对于改制为股份公司的企业，改制是否规范、改制文件是否齐全、相关利益主体的利益是否已经妥善解决则是必须关注的。对于民营企业，则要重点关注其内部制度的规范性、公司的股权架构、公司与自然人之间的借贷、关联交易等因素。

（2）根据合同类型确定调查重点：对于目标公司每年签署的大量合同，可以根据合同的类型、期限、标的额等因素进行分类，并确定重点合同的标准。例如，标的额较大、合同期限较长或与前十大客户签署的合同等，都应作为重点调查对象。

（3）根据法律风险确定调查重点：对于目标公司存在的法律风险，如未决诉讼、仲裁或行政处罚等，应作为重点调查对象。同时，还要关注目标公司可能面临的潜在法律风险，如知识产权侵权、合同违约等。

重点性原则要求调查者在全面了解目标公司状况的基础上，深入调查和分析重点问题，以揭示目标公司可能存在的风险和问题。

3. 全面和重点相结合原则的实践应用

在实践中，全面和重点相结合原则的应用需要调查者具备丰富的专业知识和经验。调查者应根据目标公司的实际情况，制订合理的调查计划和方案，明确调查的重点和难点。同时，还要注重调查方法的灵活性和多样性，综合运用查阅文件、访谈相关人员、实地考察等多种手段进行调查。

此外，调查者还应保持客观、公正的态度，不受不良因素的影响和干扰。在调查过程中，要严格遵守法律法规和职业道德规范，确保调查结果的准确性和可靠性。

（五）规范性原则

1. 证据充分性原则

尽调必须基于充分、适当的证据。调查人员应采集、分析和评价充足的证据，以支持尽调报告意见和结论的形成，并且应当充分保留和备查相关证据。这是确保尽调结果具有法律效力的关键。

2. 专业谨慎原则

调查人员应当具备相应的专业能力，包括必备的法律专业知识及企业并购运作、财务会计、企业管理、劳动人事等方面的基础知识。他们应审慎评估目标公司的数据和信息的准确性和真实性，以确保尽调结果的可靠性和准确性。

3. 合规性原则

法律尽调应遵循相关法律法规和规范性文件的规定，如《中华人民共和国公司法》等。调查人员应确保尽调过程合法合规,避免触犯法律红线。同时,他们还应关注目标公司是否存在违法违规行为或潜在的法律风险,并据此为投资者提供风险提示和法律建议。

(六)审慎性原则

1. 审慎性原则的定义与重要性

审慎性原则是尽职调查的核心原则之一,要求调查人员在进行法律尽职调查时,必须采取谨慎、细致的态度,对目标公司的法律文件、合同、协议、诉讼、仲裁记录等进行全面审查,以确保投资的安全性。审慎性原则的重要性在于,它可以帮助投资者全面了解目标公司的法律风险和合规状况,为投资决策提供重要参考。

2. 审慎性原则的具体要求

(1)全面审查:调查人员需要对目标公司的法律文件、合同、协议等进行全面审查,确保没有遗漏任何重要信息。这包括对目标公司的公司章程、股东协议、董事会决议、重大合同等文件的详细审查。

(2)深入调查:对于可能存在的法律风险或合规问题,调查人员需要进行深入调查和分析。例如,对于目标公司涉及的诉讼或仲裁案件,需要了解案件的具体情况、进展以及可能的影响等。

(3)多渠道核实:为了确保信息的准确性和完整性,调查人员需要通过多个渠道进行核实。这包括与目标公司管理层、法律顾问、相关政府部门等进行沟通和交流,以获取更全面、准确的信息。

(4)审慎评估:在调查过程中,调查人员需要对收集到的信息进行审慎评估。这包括对目标公司的法律风险、合规状况、潜在风险等进行综合评估,以确定投资的安全性和可行性。

3. 审慎性原则在实践中的应用

（1）法律文件审查：调查人员需要对目标公司的法律文件进行仔细审查，确保文件的合法性和有效性。例如，对于公司章程的审查，需要关注公司的股权结构、股东权利、董事会职权等方面的规定。

（2）合同协议审查：对于目标公司涉及的重大合同和协议，调查人员需要进行详细审查。这包括合同的签订背景、条款内容、履行情况等方面的审查，以确保合同的合法性和有效性。

（3）诉讼仲裁案件调查：对于目标公司涉及的诉讼或仲裁案件，调查人员需要了解案件的具体情况、进展以及可能的影响等。这包括案件的当事人、诉讼请求、争议焦点、法院或仲裁机构的裁决等方面的调查。

（4）合规性审查：调查人员需要对目标公司的合规性进行审查。这包括公司的经营行为是否符合相关法律法规的规定、是否存在违法违规行为等方面的审查。

4. 审慎性原则的意义与作用

（1）降低投资风险：通过审慎性原则的应用，调查人员可以全面了解目标公司的法律风险和合规状况，从而降低投资风险。

（2）保护投资者利益：审慎性原则的应用可以确保投资者在投资决策过程中获得全面、准确的信息，从而保护投资者的利益。

（3）促进投资合作：通过审慎性原则的应用，调查人员可以为投资者提供有关目标公司的法律风险和合规状况的全面信息，有助于促进投资合作。

（七）及时性原则

1. 重要性

在股权投资中，信息的变化可能对投资决策产生重大影响。例如，合同履行出现争议、借贷无法偿还、担保出现代偿等情况，都可能影响目标公司的价值和未来发展。因此，及时性原则要求尽职调查必须基于最新的资料和信息，以确保调查结果的准确性和有效性。

2. 实践应用

（1）时间范围限定：尽职调查通常只能对一个相对固定的时间段内公司提供的资料进行如实披露和描述，并据此提出法律意见。如果企业情况发生了新的变化，或者出现了新的情况，可能需要根据新的情况对尽调报告进行补充、修正。

（2）信息更新：尽职调查过程中，如果发现之前收集的信息已经过时或存在变化，应及时更新调查内容，以确保调查报告的时效性。

（3）定期审查：对于已经完成的尽职调查报告，应定期进行审查，以确保其仍然符合当前的市场和法律环境。

3. 注意事项

（1）信息时效性：在尽职调查过程中，应特别注意收集和分析最新、最准确的信息，避免使用过时的数据或资料。

（2）持续跟踪：对于可能影响投资决策的重大信息变化，应持续跟踪并及时向投资者报告。

（3）报告更新：如果尽职调查报告在提交后出现了新的重大信息变化，应及时更新报告并向投资者披露。

三、法律尽职调查的途径及方法

（一）收集与核查公开资料

1. 明确调查目标与范围

在进行尽职调查前，应明确调查的目标和范围，这有助于确定需要收集的公开资料的具体内容和来源。股权投资法律尽职调查通常包括对公司结构、财务状况、业务风险、合规性等方面的全面评估。

2. 收集公开资料的方法

（1）官方渠道：目标公司的官方网站、政府监管部门网站：如工商局、税务局、环保局等，可以获取公司的注册信息、税务记录、环保合规情况等。

（2）第三方机构：信用评级机构、行业研究机构：提供关于行业动态、公司竞争地位等方面的研究报告。

（3）媒体与舆论：新闻报道、社交媒体。

（4）专业数据库：法律数据库、商业数据库。

3. 检查公开资料的方法

（1）真实性验证：对比不同来源的信息，确保信息的准确性和一致性。查阅原始文件，如财务报表的原始底稿、合同原件等，以验证信息的真实性。

（2）完整性评估：检查所提供的信息是否全面，是否涵盖了尽职调查所需的所有方面。对于缺失的信息，应要求目标公司提供或进行进一步调查。

（3）合规性审查：评估所提供的信息是否符合相关法律法规的要求。检查公司是否存在违反法律法规的行为或潜在风险。

（4）专业分析：聘请专业的法律顾问或会计师对收集到的信息进行深入分析和评估。根据分析结果，提出针对性的建议和解决方案。

4. 注意事项

（1）保护商业秘密：在尽职调查过程中，应遵守商业秘密保护的相关法律法规，不得泄露目标公司的商业机密和敏感信息。

（2）合法合规性：确保所有调查行为符合相关法律法规的规定，不得侵犯目标公司的合法权益。

（3）沟通与协作：与目标公司的管理层、法务人员等进行充分沟通，明确调查目的和范围，以便更好地完成尽职调查工作。

（二）查阅、复制企业登记资料

1. 查阅企业登记资料的途径

（1）向政府登记机关查阅：调查人员可以到公司所在地工商登记机关进行查询，了解公司的成立日期、存续时间、公司性质、公司章程、注册资本和股东、法定代表人等情况，以便判断公司是否合法成立并有效存续。

（2）请求公司配合查阅：在某些地区，政府登记机关可能限制非诉讼相关律师查阅公司工商档案。此时，律师可以请求公司出具介绍信，以便获得政府登记机关的许可，查阅并复制其登记资料。为了确保所提供档案的真实性，律师应亲自前往工商部门查阅登记信息，避免企业为了自身利益而故意造假或更换其中的部分内容。

2. 查阅、复制企业登记资料的内容

在查阅、复制企业登记资料时，应重点关注以下内容。

（1）公司主体资格相关文件：包括公司的营业执照、公司章程、工商局登记信息单（含股权结构）、组织机构代码证及其他从事业务生产的许可、批准证书等。这些文件有助于判断公司是否依法成立并合法存续，对私募股权投资来说，可以确保将来发行上市主体资格的合法有效性。

（2）股权变动历史资料：包括增资协议或决议、评估报告、审计报告、验资报告、公司章程变更等文件。这些文件能够反映公司历次资本金变化的情况，帮助投资者了解企业的股权结构及其变动历史。

（3）其他重要信息：如公司的实际控制人情况、是否存在实际控制人变更的情形等。对于私募股权投资来说，发行人最近3年内实际控制人不得发生变更。因此，了解实际控制人的情况对于投资决策至关重要。

3. **注意事项**

（1）核实资料真实性：在查阅和复制企业登记资料时，应仔细核对各项信息的真实性，避免被虚假信息误导。

（2）保护信息安全：在查阅和复制过程中，应注意保护企业信息的安全，避免信息泄露或被滥用。

（3）遵守法律法规：在查阅和复制企业登记资料时，应严格遵守相关法律法规的规定，确保调查活动的合法性和合规性。

（三）访谈企业相关负责人

1. **访谈准备**

（1）了解公司背景：在访谈前，深入了解公司的基本情况、行业背景、业务模式、财务状况等。这有助于您提出更具针对性的问题，并更好地理解被访谈者的回答。

（2）制订访谈计划：根据调查目的，制订详细的访谈计划，包括访谈对象、访谈时间、访谈地点、访谈问题等。确保访谈计划具有可操作性，并能够覆盖所有需了解的关键信息。

（3）准备访谈材料：准备必要的访谈材料，如公司资料、行业报告、法律法规等。这些材料有助于您在访谈中更好地引导话题，并验证被访谈者的回答。

2. 访谈技巧

（1）建立良好的沟通氛围：在访谈开始时，与被访谈者建立良好的沟通氛围，表达您的尊重和关注。这有助于被访谈者放松心态，更愿意分享真实信息。

（2）提问清晰明确：提出的问题应清晰明确，避免模糊或含糊不清的表述。这有助于被访谈者更好地理解您的问题，并给出准确的回答。

（3）采用多种提问方式：结合开放式问题和封闭式问题，灵活运用。开放式问题可以引导被访谈者自由表达观点，封闭式问题则有助于获取具体信息。

（4）倾听与记录：在访谈过程中，认真倾听被访谈者的回答，并做好记录。避免打断或急于表达自己的观点，保持耐心和尊重。

（5）观察与判断：除了听取被访谈者的回答外，还要观察其言行举止、表情变化等细节。这些细节可能透露出更多隐藏的信息，有助于您更全面地了解公司情况。

3. 访谈内容

（1）公司基本情况：了解公司的成立背景、发展历程、股东结构、管理层情况等。

（2）业务与财务状况：了解公司的主营业务、收入来源、财务状况、财务指标等。重点关注公司的盈利能力、偿债能力、运营效率等方面。

（3）法律风险与合规性：了解公司是否存在法律纠纷、行政处罚等法律风险；是否遵守相关法律法规和行业标准；是否存在合规性问题等。

（4）发展战略与前景：了解公司的发展战略、市场定位、竞争对手情况等。评估公司的发展前景和投资价值。

4.访谈后的工作

（1）整理访谈记录：将访谈记录进行整理和分析，提取关键信息。

（2）撰写尽职调查报告：根据访谈结果和其他调查资料，撰写尽职调查报告。报告应全面、客观地反映公司的基本情况、财务状况、法律风险等方面的情况。

（3）提出投资建议：基于尽职调查的结果，提出合理的投资建议。包括投资金额、投资方式、投资期限等。

5.**注意事项**

（1）保持客观公正：在访谈过程中，保持客观公正的态度，避免受到被访谈者主观因素的影响。

（2）保护商业秘密：在访谈过程中，注意保护公司的商业秘密和敏感信息，避免泄露给第三方。

（3）遵守法律法规：在访谈过程中，遵守相关法律法规和行业规范，确保访谈的合法性和合规性。

通过以上方法和策略，您可以更有效地访谈企业相关负责人，获取关键信息，为股权投资决策提供有力支持。

(四) 实地考察

1. 明确考察目标与计划

在进行实地考察之前，需要明确考察的目标和计划，包括了解目标公司的基本情况、公司结构、财务状况、业务风险、合规性等方面。同时，根据初步调查的结果，制订详细的考察计划，包括需要调查的问题、调查方式、时间安排等。

2. 收集与审阅相关资料

在实地考察之前，应收集目标公司的相关资料，包括公司章程、董事会决议、财务报表、合同等。这些资料有助于了解公司的运营状况、法律风险和潜在问题。在实地考察过程中，可以针对这些资料中的疑问或不明确之处进行进一步核实和询问。

3. 与公司管理层及法务人员面谈

实地考察中，与公司管理层及法务人员的面谈是获取一手信息的重要途径。通过面谈，可以深入了解公司的经营状况、法律风险、合规要求等方面的情况。同时，可以就关心的问题进行提问，并获取对方的解答和说明。

4. 实地考察公司运营环境

实地考察还应包括对目标公司的运营环境进行考察，查看公司的厂房、土地、设备、产品和存货等实物资产。这有助于了解公司的实际运营情况和资产状况，判断公司是否存在虚假陈述或隐瞒重要事实的情况。

5.关注重点问题和风险

在实地考察过程中,应重点关注目标公司存在的法律问题和风险,如合规性问题、知识产权纠纷、诉讼情况等。同时,还需要关注公司的财务状况。

(五)寄送询证函

1.明确询证函的目的和内容

询证函主要用于向第三方机构(如银行、政府职能部门等)核实被投资企业的相关信息。在寄送询证函之前,需要明确询证的目的和内容,包括但不限于银行存款、银行借款、托管证券、应付票据等财务信息的核实,以及公司在劳动人事、环境保护方面是否存在违规行为等信息的了解。

2.选择适当的询证对象

根据询证函的内容,选择适当的询证对象。例如,如果需要核实银行存款和借款情况,可以向银行发送询证函;如果需要了解公司在劳动人事、环境保护方面的情况,可以向公司所属政府各职能部门发送询证函。

3.制定规范的询证函格式

询证函的格式应规范、清晰,包括函头、正文、结尾等部分。正文部分应明确列出需要核实的信息点,并附上必要的附件(如企业营业执照复印件、授权委托书等)。同时,应注意询证函的表述方式,避免使用模糊、含糊不清的措辞。

4.确保询证函的准确性和完整性

在寄送询证函之前,需要对询证函的内容进行仔细核对,确保信息的准确性和完整性。避免因为信息不准确或遗漏而导致函证结果不准确或无法得出有效结论。

5. 选择合适的寄送方式

询证函的寄送方式可以根据实际情况选择，包括邮寄、电子邮件等。如果选择邮寄方式，需要注意邮寄地址的准确性和邮寄时间的选择，确保询证函能够及时送达。如果选择电子邮件方式，需要注意邮件的发送和接收情况，确保邮件能够顺利传递并收到回复。

6. 跟进询证函的回复情况

在寄送询证函后，需要跟进回复情况。如果询证对象未在规定时间内回复，可以通过电话、邮件等方式进行催促。同时，需要注意对回复内容进行仔细分析，判断回复是否真实、准确，并根据回复结果调整尽职调查的结论和建议。

7. 注意事项

在寄送询证函时，应确保函件内容的保密性，避免泄露被投资企业的敏感信息。

询证函的回复结果应作为尽职调查报告的重要基础性文件之一，用于评估被投资企业的风险和价值。

在寄送询证函的过程中，应遵守相关法律法规和职业道德规范，确保函证程序的合法性和合规性。

（六）走访行业协会、商会及行业主管部门

1. 明确走访目的

在走访之前，需要明确走访的目的，包括但不限于：了解目标公司所处行业的市场环境、市场容量、进入壁垒、供求状况、竞争状况

及行业利润水平等。获取行业监管体制和政策趋势的信息，以及行业内的法律法规和规范性文件。了解行业内主要企业及其市场份额情况，以及竞争对手的情况。

2. 准备走访材料

根据走访目的准备相应的走访材料，包括公司介绍及尽职调查背景说明，以便让对方了解走访的意图和背景；尽职调查问卷或访谈提纲，列出需要了解的问题和关注点；相关法律法规和规范性文件的清单，以便在走访过程中进行核对和咨询。

3. 确定走访对象

根据走访目的和准备的材料，确定需要走访的行业协会、商会及行业主管部门，并了解其联系方式和地址。在选择走访对象时，优先考虑与目标公司业务关联度较高、影响力较大的行业协会和商会，以及直接负责目标公司所处行业的行业主管部门。

4. 安排走访时间

与行业协会、商会及行业主管部门联系，安排走访时间。在安排时间时，要考虑到对方的工作时间和日程安排，以及自己的时间安排和行程规划。同时，尽量提前预约，以便对方有足够的时间准备和接待。

5. 进行走访

在走访过程中，需要注意以下几点：第一，礼貌待人，尊重对方的工作和意见，礼貌地提出问题和关注点。第二，深入了解，通过提问和交流，深入了解目标公司所处行业的市场环境、竞争状况、监管政策等关键信息。第三，核实信息，对于对方提供的信息和数据，要进行核实和比对，确保其真实性和准确性。第四，记录要点，在走访过程中，及时记录关键信息和要点，以便后续分析和总结。

6. 整理和分析走访信息

走访结束后，及时整理和分析走访信息，包括：将走访过程中获取的信息和数据进行分类和整理，形成走访报告或总结；对走访信息进行深入分析和研究，提炼出对行业和目标公司的有价值的结论和建议；将走访信息与尽职调查的其他信息进行综合比对和分析，形成全面的尽职调查报告和法律意见书。

7. 注意事项

在走访过程中，要遵守相关法律法规和职业道德规范，不得泄露目标公司的商业秘密和敏感信息。在与对方交流时，要注意言辞和语气，避免引起不必要的误解和冲突。在整理和分析走访信息时，要保持客观公正的态度，不得夸大或缩小事实真相。

（七）要求管理层出具声明书、承诺函

1. 明确声明书、承诺函的目的和内容

（1）目的：确保管理层提供的信息真实、准确、完整。明确管理层的法律责任，防止虚假陈述或遗漏重要信息。

（2）内容：声明书应包含目标公司的基本情况、财务状况、资产权属、债权债务、重大合同、关联关系、环保合规性、劳动关系等方面的真实情况。承诺函则应承诺所提供的信息真实无误，并愿意承担因虚假陈述或遗漏信息而产生的法律责任。

2. 与管理层沟通并发出书面要求

（1）沟通：在尽职调查过程中，与目标公司的管理层进行充分沟通，解释要求出具声明书、承诺函的必要性和重要性。确保管理层理解并接受这一要求。

（2）发出书面要求：律师或尽职调查团队应准备一份正式的书面要求，明确声明书、承诺函的具体内容、格式、签署人等要求。将书面要求发送至目标公司管理层，并督促其尽快准备和签署。

3.审核和确认声明书、承诺函

（1）审核：在收到管理层出具的声明书、承诺函后，律师或尽职调查团队应进行仔细审核。确认声明书、承诺函的内容是否真实、准确、完整，是否与尽职调查过程中获取的其他信息相符。

（2）确认：如发现任何问题或疑虑，应及时与目标公司管理层沟通并核实。确认无误后，律师或尽职调查团队应在声明书、承诺函上签署确认意见。

4.将声明书、承诺函作为尽职调查报告的附件

（1）整合：将审核确认后的声明书、承诺函作为尽职调查报告的附件进行整合。确保尽职调查报告的完整性和准确性。

（2）提交：将尽职调查报告及附件提交给委托人（投资方）进行审阅和决策。在必要时，可根据委托人的要求对尽职调查报告及附件进行补充和修改。

5.**注意事项**

（1）保密性：在要求管理层出具声明书、承诺函时，应确保信息的保密性。避免将敏感信息泄露给无关方。

（2）法律责任：明确管理层在出具声明书、承诺函中的法律责任。如发现虚假陈述或遗漏重要信息，应依法追究其法律责任。

（3）合规性：确保声明书、承诺函的出具符合相关法律法规和监管要求。避免因违规操作而引发法律风险。

（八）秘密调查

1. 明确调查目标和范围

在进行股权投资法律尽职调查之前，需要明确调查的目标和范围。这包括了解目标公司的基本情况、股东结构、业务范围、财务状况等，并确定需要重点关注的法律风险领域。

2. 制订详细的调查计划

根据初步了解的情况，制订详细的调查计划。调查计划应包括需要调查的问题、调查方式、时间安排、人员分工等。确保调查计划具有可操作性和针对性，以便有效地发现潜在的法律风险。

3. 收集和分析资料

查阅目标公司的公司章程、董事会决议、财务报表、合同等文件，了解公司的治理结构和运营情况。通过公开渠道收集目标公司的行业信息、市场地位、竞争对手情况等，以评估公司的市场竞争力和发展前景。

对收集到的资料进行深入分析，识别潜在的法律风险和问题。这可能包括公司治理结构不合理、合同条款存在漏洞、知识产权侵权等。

4. 进行现场调查和访谈

对目标公司进行实地调查，了解公司的生产经营情况、资产状况等。与公司管理层、法务人员等进行深入访谈，了解公司的经营策略、法律风险防控措施等。

通过访谈和调查，进一步确认和了解潜在的法律风险和问题。

5. 撰写尽职调查报告

将调查结果整理成尽职调查报告，详细阐述目标公司的法律风险和问题，并提出相应的解决方案和建议。尽职调查报告应客观、准确、全面地反映目标公司的法律状况和风险情况。

6. 遵守法律法规和道德规范

在进行股权投资法律尽职调查时，必须遵守相关的法律法规和道德规范。这包括保护商业秘密、尊重目标公司的合法权益、不得侵犯他人的隐私权等。同时，调查人员应保持客观公正的态度，不得因个人利益或偏见而影响调查结果。

（九）委托调查

1. 明确调查目的和范围

（1）确定调查目标：了解目标公司的运营合法性、真实价值及潜在风险，为投资决策提供依据。

（2）界定调查范围：包括目标公司的历史沿革、股权结构、股东变更、组织结构、关联交易、财务状况、法律合规性等方面。

2. 组建尽职调查团队

（1）选拔专业律师：选择具有丰富经验和专业知识的律师组建尽职调查团队。

（2）明确分工：根据团队成员的专业背景和技能进行分工，确保调查工作的全面性和深入性。

3. 收集和分析资料

（1）发放尽职调查清单：向目标公司发放详细的尽职调查清单，要求其提供相关资料和文件。

（2）多渠道获取资料：通过目标公司提供、政府部门调取、网络检索、现场调查、人员访谈、函证等方式获取资料。

（3）资料审核与分析：对收集到的资料进行仔细审核和分析，验证其真实性和准确性。

4. 现场调查和访谈

（1）实地考察：对目标公司的生产经营场所、设备、存货等进行实地考察。

（2）人员访谈：与目标公司的高级管理人员、财务人员、法务人员等进行深入访谈，了解公司的运营状况、财务状况和法律合规情况。

5. 撰写尽职调查报告

（1）整理调查结果：将收集到的资料、分析结果和访谈记录进行整理和总结。

（2）撰写报告：根据整理的结果撰写尽职调查报告，详细阐述目标公司的法律状况、运营风险和投资价值。

（3）提出法律意见：在报告中提出明确的法律意见和投资建议，为委托人提供决策依据。

6. 关注重点问题

在进行股权投资法律尽职调查时，应重点关注以下问题。

（1）股权真实性及代持：核查公司的实际股权结构是否与工商登记情况一致，了解股权代持情况。

（2）股东出资到位情况：核查股东出资是否到位，是否存在抽逃注册资本的情况。

（3）历史沿革中的股权转让：关注历史上的股权转让情况，判断股权转让的合法性和有效性。

（4）法律合规性：检查目标公司是否存在重大的违反法规行为以及受到重大处罚的情况。

（5）关联交易和同业竞争：调查关联交易是否履行了法定批准程序，是否存在同业竞争及其解决措施。

7. 遵循基本原则

（1）如实反映：如实反映尽职调查的成果和发现的问题，不隐瞒、不夸大。

（2）解决问题：发现问题是为了更好地解决问题，提出切实可行的解决方案和建议。

（3）法律框架内操作：在法律框架内进行操作，确保尽职调查的合法性和有效性。

（十）其他方法

1. 行业分析

（1）收集信息：收集目标公司所在行业的政策法规、市场趋势、竞争格局等信息。

（2）分析方法：运用 SWOT 分析（优势、劣势、机会、威胁）等工具，评估目标公司在行业中的地位和未来发展潜力。

（3）目的：帮助投资者更好地了解目标公司的行业背景和市场前景。

2. 专家咨询

（1）咨询对象：聘请具有行业经验和法律知识的专家进行咨询。

（2）咨询内容：针对特定法律问题或行业风险进行咨询，获取专业意见和建议。

（3）注意事项：确保咨询对象具有足够的权威性和专业性，咨询内容准确、可靠。

3. 背景调查

（1）调查内容：了解目标公司的历史演变、股东变更情况、实际控制人背景等。

（2）调查方法：查阅公司档案、公开资料、新闻报道等，必要时进行实地走访。

（3）目的：揭示目标公司的潜在法律问题和风险，为投资决策提供参考。

4. 数据分析

（1）数据来源：财务报表、业务数据、市场调研数据等。

（2）分析方法：运用统计分析、趋势预测等方法对数据进行处理和分析。

（3）目的：发现数据中的异常和趋势，评估目标公司的财务状况和业务前景。

5. 模拟分析

（1）分析内容：模拟目标公司在不同情况下的经营情况和财务状况。

（2）分析方法：运用财务模型、敏感性分析等工具进行模拟分析。

（3）目的：评估目标公司在不同市场环境下的盈利能力和抗风险能力。

第二节　法律尽职调查重要内容

一、主体资格

在股权投资法律尽职调查中，目标公司的主体资格是调查的重要内容之一。它涉及目标公司是否依法成立并合法存续，以及是否具有进行交易的行为能力和资格。以下是关于目标公司主体资格调查的详细要点。

（一）审查目标公司的设立文件

1. 营业执照：确认目标公司是否持有有效的营业执照，以及营业执照上的信息（如公司名称、注册资本、经营范围等）是否与实际相符。

2. 公司章程：审查公司章程的合法性、完整性，以及是否经过必要的批准手续并在公司登记机构登记备案。同时，关注章程中是否有反收购条款、超级多数条款等可能影响股权投资的特别规定。

3. 工商登记信息：包括公司的股权结构、组织机构代码证及其他从事业务生产的许可、批准证书等，以确认公司的基本信息和股东情况。

（二）核实目标公司的合法存续情况

1. 年审情况：确认目标公司是否按时进行了年度审计，并审查审计报告的内容，以了解公司的财务状况和经营情况。

2.变更情况：审查目标公司的历次变更、变动情况，包括公司名称、注册资本、经营范围、股东结构等方面的变更，并确认这些变更是否合法合规。

3.重大法律障碍：调查是否存在影响目标公司合法存续的重大法律障碍，如是否被吊销、注销或停业整顿等。

（三）审查目标公司的股东情况

1.股东名册：查阅目标公司的股东名册，以了解公司的股东结构、股东持股比例以及股东的基本情况。

2.股东出资情况：审查股东出资的真实性、合法性以及是否履行了必要的法律程序。同时，关注是否存在出资瑕疵、虚假出资、抽逃出资等情况。

（四）关注目标公司的经营资质和许可

1.经营资质：确认目标公司是否依法取得了从事业务所需的资质、认证和特别许可，并审查这些资质、认证和许可的合法性和有效性。

2.业务合规性：调查目标公司的业务是否合法合规，是否存在违反法律法规或行业规定的情况。

二、设立和存续

在法律尽职调查中，设立和存续是两个至关重要的方面，它们直接关系到目标公司的合法性和稳定性。以下是对这两个方面的详细分析。

(一) 设立

设立环节主要关注目标公司的设立程序、资格、条件、方式等是否符合相关法律法规的规定，以及是否得到了有权部门的批准。

1. 设立程序合规性：核查目标公司的设立是否遵循了公司监管、国有（集体）资产管理、外商投资管理等有关规定，并确认其是否得到了有权部门的批准。这包括检查公司的设立申请文件、审批记录及登记文档等。

2. 工商注册登记：核实目标公司的工商注册登记信息是否真实、合法。这包括公司的营业执照、公司章程、股东名册等基本注册信息的核查。

(二) 存续

存续环节主要关注目标公司目前的合法存续状态，以及是否存在影响公司持续经营的法律障碍。

1. 合法存续状态：核查目标公司是否存在营业执照被吊销、经营期限届满等《中华人民共和国公司法》和公司章程规定的需要解散和清算的情形。同时，还需要确认公司是否存在其他影响持续经营的情形，如重大法律纠纷、债务危机等。

2. 历史沿革与合规性：审查公司的设立审批、申请文件及登记文档，核查公司历次变更、变动情况的合法合规性。这有助于了解公司的历史沿革，并判断其是否存在潜在的法律风险。

3. 持续经营的法律障碍：一是资产产权，核查房产、土地使用权、商标、专利、特许经营权及其他主要资产的产权归属情况、权利限制情况、缴费情况及权利期限。二是经营模式与业务变动，核查经营模式、产品或服务的品种结构、所处的经营环境是否已经或将发生重大变化，分析判断前述变化是否影响持续经营能力。

三、公司独立性

（一）公司人格独立性

公司的人格独立性是公司独立性的基础。根据《中华人民共和国公司法》及相关法律法规，公司具有独立的法律人格，能够以自己的名义进行民事活动，享有民事权利并承担民事责任。在尽职调查中，应确认公司是否具备独立的法人资格，包括营业执照、公司章程、工商登记信息等文件是否齐全、合法，以及公司是否依法设立并有效存续。

（二）财产独立性

公司的财产独立性是公司独立性的重要体现。公司以其全部财产对公司的债务承担责任，而公司的股东则以其认缴的出资额或认购的股份为限对公司承担责任。在尽职调查中，应重点关注公司的财务状况，包括资产、负债、利润等，以及是否存在股东抽逃出资、挪用公司资金等损害公司财产独立性的行为。同时，还应审查公司的财务报告是否真实、准确、完整，以评估公司的偿债能力和经营稳定性。

（三）业务独立性

公司的业务独立性是指公司在经营活动中能够自主决策、自主经营，不受其他主体（如股东、关联方等）的不当干预。在尽职调查中，应深入了解公司的业务模式、市场地位、竞争优势和未来发展潜力，评估其经营能力和市场竞争力。同时，还应关注公司是否存在关联交易、同业竞争等问题，这些问题可能会损害公司的业务独立性，影响公司的经营稳定性和盈利能力。

（四）治理独立性

公司的治理独立性是指公司的内部治理结构设置合理、职能权限清晰、相互关系协调，能够确保公司决策的科学性和合理性。在尽职调查中，应审查公司的内部治理结构，包括股东会、董事会、监事会等机构的设置和运行情况，以及公司章程、议事规则等内部管理制度的制定和执行情况。同时，还应关注公司是否存在大股东或实际控制人不当干预公司治理的问题，以及公司治理结构是否存在重大缺陷或潜在风险。

（五）法律合规性

公司的法律合规性是公司独立性的重要保障。在尽职调查中，应调查公司是否遵守各项法律法规，包括公司法、证券法、税法、环保法规、劳动法规等，以及是否存在诉讼、仲裁或其他法律纠纷。这些法律合规性问题可能会对公司的独立性产生负面影响，甚至可能导致公司面临法律风险和经营风险。

四、股东资格

（一）股东基本信息及资格审核

1. 股东身份信息

对于自然人股东，需要核查其国籍、身份信息、住所、是否拥有永久境外居留权，以及个人征信报告等。

对于法人股东，需要核查其成立时间、法定代表人或负责人、注册资本、注册地、组织形式、经营范围、股权结构等情况，并获取其《企业法人营业执照》或其他合法证件。

2.股东资格审核

确认股东是否依法存续并具有出资的资格。

核查股东人数、住所、出资比例，并确认是否符合《中华人民共和国公司法》及相关法律、行政法规的有关规定。

（二）股东背景及合规性审查

1.股东背景调查

审阅关于股东背景的情况说明，包括股东是否为中共党员、公务员、国有企业领导干部及负责人、证券公司从业人员等敏感身份。根据相关法律法规，对于具有敏感身份的股东，需要特别关注其持股的合规性。

2.合规性审查

核查股东是否存在违反法律法规或公司章程规定的情形。对于存在违规行为的股东，需要评估其对公司的影响及潜在风险。

（三）股东持股情况审查

1.股权质押情况

核查股东所持股份是否存在质押、冻结等权利负担。如存在股权质押，需要审阅关于股权质押情况的简要说明、股权质押所担保的主债权文件、股权质押协议等相关文件，并评估质押的合法性及可能引起的风险。

2. 集资入股情况

核查公司是否存在集资入股情况。如有此类情况，需要审阅关于集资入股的简要说明、政府批准文件、参与集资人的人员名册、集资金额明细等相关文件，并评估集资的合法性及潜在风险。

（四）其他相关审查

1. 股权变动审查

核查历次股权变动的法律程序、定价依据及对价的支付情况。确认历次股权变动是否履行了所有必需的批准、核准、备案或其他法定程序。

2. 控股股东及实际控制人审查

确认控股股东与其他股东之间是否存在委托持股、代为持股等情形。确认控股股东和受控股股东、实际控制人支配的其他股东所持有的股份是否存在重大权属纠纷。

五、公司财务和内部控制制度

（一）公司财务状况尽职调查

1. 财务报表审阅

（1）资产状况分析：审查目标公司的资产负债表，评估其资产规模、结构及质量，重点关注固定资产、流动资产和无形资产的状况。

（2）盈利能力评估：通过利润表分析，了解公司的盈利能力和利润构成，评估其持续盈利能力。

（3）现金流分析：分析现金流量表，评估公司的现金流入、流出情况，判断其资金流动性和偿债能力。

2. 财务比率分析

（1）偿债能力比率：如流动比率、速动比率，用于评估公司的短期偿债能力。

（2）盈利能力比率：如毛利率、净利率，反映公司的盈利能力。

（3）运营效率比率：如存货周转率、应收账款周转率，衡量公司的资产运营效率。

3. 财务尽职调查程序

（1）实地了解生产经营状况：通过实地考察，了解公司的生产流程、设备状况及员工素质。

（2）取得并审阅财务报表及明细资料：获取完整的财务报表及明细资料，进行详尽的分析。

（3）编写尽职调查报告：基于调查结果，编写详细的尽职调查报告，提出专业意见。

（二）内部控制制度尽职调查

1. 内部控制框架评估

（1）企业整体架构：了解公司的组织架构，评估合理性及有效性。

（2）会计部门架构：审查会计部门的设置、人员配备及职责分工。

（3）关键岗位人员资质：评估会计主管人员的资历、素质及专业能力。

2. 内部控制程序审查

（1）每月会计结账程序：了解公司的会计结账流程，评估其规范性及准确性。

（2）基本内控程序执行：审查银行存款差异调节表、与客户和供应商对账情况、固定资产卡片编制、应收账款账龄分析等内控程序的执行情况。

（3）内部审计部门设置：评估公司是否设有内部审计部门，以及其在内部控制中的作用。

3. 内部控制缺陷识别与改进建议

（1）识别内控缺陷：通过审查和分析，识别公司内部控制存在的缺陷和不足。

（2）提出改进建议：针对识别出的内控缺陷，提出具体的改进建议，以完善公司的内部控制体系。

（三）综合评估与风险提示

1. 综合评估

结合财务状况和内部控制制度的审查结果，对目标公司进行综合评估，判断其投资价值及潜在风险。

2. 风险提示

（1）财务风险：如资产质量下降、盈利能力减弱、现金流紧张等。

（2）内控风险：如内控程序缺失、执行不力、关键岗位人员失职等。

（3）法律风险：如合同违约、诉讼纠纷、知识产权侵权等。

3. 投资决策建议

基于尽职调查结果，为投资者提供明确的投资决策建议，包括投资金额、投资比例、风险控制措施等。

六、关联交易

（一）关联交易的定义及特征

1. 定义

关联交易是指公司与关联人之间发生的转移资源、输送利益的行为。

2. 特征

关联交易的一方为公司，另一方为公司的关联人。关联双方存在利益冲突，关联人可能会利用其控制权损害公司的利益。

（二）关联交易的法律性质及影响

1. 法律性质

关联交易的性质是中性的，其存在有其积极性，但也可能带来消极的影响。因此，必须对关联交易的公开性、公允性进行审核。

2. 影响

积极的方面：关联交易可以降低交易成本，提高交易效率，促进公司资源的优化配置。

消极的方面：如果关联交易不公允，可能会损害公司及其他股东的利益，甚至引发法律纠纷。

（三）关联交易尽职调查的内容

1. 关联方的认定

关联方一般包括公司实际控制人、持股 5% 以上股东、董事、监事、高管以及上述关联方对外实际控制的企业。

在调查中，需要取得管理层提供的关联方清单，并根据相关法律法规和会计准则全面地调查和判断发行人的关联关系，编制完整的关联方清单。

2.关联交易的梳理和核查

需要对发行人日常关联交易，以及日常性关联交易以外的其他关联交易事项进行逐一的梳理和核查。日常性关联交易包括购买原材料、燃料、动力、销售产品、商品、提供或者接受劳务、委托或者受托销售、与关联人共同投资、关键管理人员报酬等事项。其他关联交易事项包括提供担保、股权、固定资产和无形资产的使用、提供资金、人员借用等。

3.关联交易的必要性和公允性核查

（1）核查关联交易的必要性：即关注发行人是否对关联方和关联交易存在重大依赖，是否具有独立性。

（2）核查关联交易的公允性：即关注发行人可能存在的利用关联交易进行业绩调整或利益输送的情况。

（3）核查关联交易的决策程序是否合规：即关联交易是否通过了经理层、董事会、股东大会的决策程序，关联人员是否回避了表决。

4.关联交易尽职调查的方法

（1）取得相关文件：取得与关联方订立的采购、销售的合同、有关关联交易的董事会、股东大会的会议记录、管理层审批文件等，了解关联交易的类型、目的和定价依据。

（2）检查交易凭证：取得关联交易的记账凭证、发票、收付款凭证、关联采购、销售明细表等资料，检查关联交易的真实性和完整性。

（3）核查银行账户：取得银行对账单，检查报告期内关联方的收款和付款情况，与关联方收付款以及应收应付变动情况进行对照，核查关联交易是否遗漏，合同签订方、发票付款方、实际付款方是否有不一致的情况。

5. 关联交易尽职调查的注意事项

（1）关联交易非关联化：需要关注公司与关联方的主要客户、供应商是否重合，是否有关联方和利益相关方代发行人向供应商支付成本费用等情况，是否有关联交易非关联化的情况。

（2）特殊交易方式：需要关注是否使用了现金收付的方式或者用体外资金向关联方支付货款、进行采购，以及关联方借用人员和设备、研发项目的转移等可能存在未收取价款的情况。

七、知识产权

（一）知识产权尽职调查的目的

知识产权尽职调查的主要目的是评估目标公司或其子公司所拥有的知识产权的价值、有效性以及潜在的法律风险，从而帮助投资者做出明智的投资决策。

（二）知识产权尽职调查的关键内容

1. 知识产权清单及文件

一是目标公司或其子公司拥有的商标、服务标志、商号清单及相关证书。二是拥有的专利、专有技术、技术许可清单以及专利或专利申请文件。三是著作权清单及著作权文件。四是域名等网络知识产权。

2. 知识产权转让与许可协议

与任何第三方签订的知识产权转让或许可协议，以及知识产权研究开发协议、技术服务或咨询协议。

3. 知识产权的归属与有效性

审查知识产权的归属情况，确保权属清晰，不存在权属争议。验证知识产权的有效性，包括专利的有效期、商标的注册情况等。

4. 知识产权的保护状况

评估目标公司对知识产权的保护措施是否得力，是否存在被侵权的风险。了解目标公司是否建立了完善的知识产权管理制度和流程。

5. 知识产权的利用情况

分析目标公司如何利用其知识产权进行市场竞争，包括专利技术的实施情况、商标的品牌价值等。评估知识产权对目标公司业务发展的贡献程度。

6. 知识产权的法律纠纷

调查目标公司是否涉及与知识产权相关的法律纠纷，包括专利侵权诉讼、商标争议等。分析这些法律纠纷可能对目标公司财务状况、经营成果、声誉、业务活动以及未来前景产生的影响。

（三）知识产权尽职调查的步骤

1. 收集资料

从目标公司获取相关的知识产权文件和资料。查阅相关的法律法规和政策文件，了解知识产权的法律环境和政策导向。

2. 审查与分析

对收集到的知识产权资料进行审查和分析，评估其价值、有效性和潜在风险。与目标公司的管理层和技术人员进行沟通,了解知识产权的实际情况和运营状况。

3.撰写报告

根据审查和分析的结果,撰写知识产权尽职调查报告。在报告中详细阐述知识产权的价值、风险以及建议的投资策略。

(四)注意事项

1.关注知识产权的地域性

知识产权具有地域性特点,不同国家和地区的法律环境和保护力度可能存在差异。因此,在尽职调查中需要特别关注目标公司知识产权的地域分布情况及其在不同国家和地区的保护状况。

2.评估知识产权的潜在风险

除了关注知识产权的当前状况外,还需要评估其潜在的法律风险,如专利被无效宣告、商标被撤销等可能性及其对公司业务的影响。

3.结合公司业务进行分析

在尽职调查中需要将知识产权与目标公司的业务相结合进行分析,评估知识产权对公司业务发展的贡献程度和潜在价值。

八、环境保护问题

(一)环保合规性审查

1.环保许可与审批

审查目标公司是否已获得所有必要的环保许可和审批,包括排污许可证、建设项目环评批文等。确认这些许可和审批的有效期限,并核实是否存在任何违规行为或未满足的环保要求。

2.环保法规遵守情况

评估目标公司是否严格遵守国家及地方的环保法规，包括排放标准、废物处理规定等。检查公司是否存在环保违法行为或受到环保部门的行政处罚。

（二）环保设施与措施

1.环保设施配置

审查目标公司是否配备了必要的环保设施，如废水处理设施、废气净化装置等。评估这些设施的处理能力和实际运行情况，确保其能够有效降低污染物排放。

2.环保措施执行

了解目标公司采取的环保措施，如清洁生产、节能减排等。评估这些措施的实施效果，以及是否有助于减少对环境的影响。

（三）环保风险评估

1.潜在环保风险

识别目标公司可能面临的环保风险，如环境污染事故、环保纠纷等。评估这些风险对公司经营和财务状况的潜在影响。

2.环保投入与费用

了解目标公司在环保方面的投入，包括环保设施的建设、运行和维护费用。评估这些投入与公司生产经营规模、污染物排放量等是否相匹配。

(四) 环保合规性对公司的影响

1. 对经营的影响

环保合规性直接影响公司的生产运营,不合规可能导致停产整顿、罚款等严重后果。环保合规性也影响公司的市场竞争力,特别是在环保要求日益严格的今天。

2. 对财务的影响

环保违规可能导致公司面临巨大的罚款和赔偿,增加公司的财务风险。环保投入和费用也会直接影响公司的盈利能力和财务状况。

(五) 特殊行业的环保要求

对于如医药制造、化工等特定行业,环保要求可能更加严格。在尽职调查中,应特别关注这些行业的特殊环保要求,如原料药制造行业、制药行业是否被纳入了重点排污单位名录,是否严格执行排污许可制度等。

九、重大合同

在股权投资法律尽职调查中,重大合同作为评估目标公司(以下称"标的公司")运营状况、法律风险及未来发展潜力的重要依据,其审查内容涵盖了多个方面。以下是对重大合同审查中重要内容的详细阐述。

(一) 重大合同的定义与范围

重大合同通常指对标的公司的财务状况、经营成果、业务稳定性及未来发展战略具有显著影响的合同。其范围包括但不限于以下十点。

1. 合作、联营、合伙协议及战略合作、委托管理协议：这些协议通常涉及标的公司与第三方共同投资、运营或管理特定项目，对标的公司的业务布局、市场拓展及盈利能力具有重要影响。

2. 主要机器设备购买合同及供应协议：涉及标的公司核心生产设备或原材料的采购，直接影响其生产能力及成本控制。

3. 销售代理协议、特许经营合同：与主要商品品牌持有人签订的销售协议，关乎标的公司的销售渠道、品牌形象及市场地位。

4. 进出口业务合同：涉及国际贸易的合同，包括直接与境外第三方签署的合同及与进出口代理人签署的协议，对标的公司的国际业务布局及外汇风险具有重要影响。

5. 代理、批发、零售协议：与客户或供应商订立的金额较大的协议，影响标的公司的销售业绩及供应链稳定性。

6. 限制性合同：如不竞争协议、限制销售和市场划分的协议等，对标的公司的市场竞争策略及业务扩张具有约束作用。

7. 资产相关合同：如销售或购买选择权协议、动产转让或使用限制合同等，涉及标的公司资产的转让、使用及增值潜力。

8. 工程建设、承包合同及建筑设备采购合同：对标的公司的固定资产投资、生产能力提升及长期发展规划具有重要影响。

9. 证券买卖协议：涉及股票、证券及政府国债的购买或出售，对标的公司的资本运作及财务状况具有直接影响。

10. 其他重大合同：如与政府机构或其他组织签订的长期合同、保密协议、兼并收购协议等，对标的公司的合规性、市场地位及未来发展具有重要影响。

（二）重大合同的审核要点

在审查重大合同时，需关注以下要点以确保合同的合法性、合规性及有效性。

1. 合同目的与合法性：审核合同目的是否正当合法，能否实现，并确认合同内容是否损害社会公共利益或违反法律、行政法规的强制性规定。

2. 合同形式与条款：确认合同形式是否符合法律规定，合同条款是否完备、规范，并审查合同与公司经营范围、经营资质及财务文件是否一致。

3. 合同主体资格：核实合同主体的合法性及民事行为能力，包括是否拥有有效的《企业法人营业执照》、经营范围是否与合同相适应，以及是否存在限制经营或特许经营的特殊行业许可。

4. 合同内容适用性：审查合同内容是否适应交易对象的特点，是否包含针对交易特有风险及标的特性的实用性条款。

5. 权利义务与违约条款：确认合同中的权利和义务是否明确、可识别，违约条款是否具有可操作性，并审查合同附件是否对正文中的权利和义务进行了明确补充。

6. 合同订立程序：审查合同订立过程中是否存在导致合同无效、可变更或可撤销的情形，如是否存在未经授权代理、欺诈、胁迫等情形。

7. 合同管理与履行：审查公司合同管理制度是否完善，包括合同审核、签订、变更、解除及履约等流程是否严谨，以及合同台账登记、档案管理制度是否健全。

8. 合同履行与违约情况：了解重大合同的履行情况，包括合同进度、支付情况等，并评估是否存在违约风险及潜在的法律纠纷。

（三）其他注意事项

在审查重大合同时，还需注意以下四点。

一是关联交易与资金流动：关注合同是否涉及关联交易，以及资金流动是否合规，避免潜在的利益输送风险。

二是合同条款的灵活性：评估合同条款的灵活性，确保在面临市场变化或法律政策调整时，合同能够具有一定的适应性。

三是合同终止与争议解决：审查合同终止条件及争议解决机制，确保在合同无法继续履行或发生争议时，能够有序、高效地解决问题。

四是合同与其他法律文件的协调性：确保合同与其他法律文件（如公司章程、股东协议等）在内容、条款及执行上保持协调一致。

案例分析一：母基金的核心条款

母基金的核心条款构成了基金合同的基础，对基金的运作模式、投资者的权益保护以及基金管理人的责任和义务都有明确的规定，是基金运作的基石。因此，对核心条款进行尽职调查是投资者保护自身利益，提高投资决策质量，促进基金合规运作的重要举措。尽调的主要内容包括GP的出资比例、管理费计提比例、收益分配的方式以及保障性条款等。

一、GP出资条款

理论上要求GP的出资比例应该大于1%，常规出资比例为1%—2%，最早源自美国的避税等做法，既能与GP进行利益绑定，也能基于有限合伙制度的灵活性全面掌握管理活动，逐渐形成了一种惯例。一般而言，具有丰富的投资经验、众多成功投资案例、知名的投资专家、诱人的投资项目等资源的GP往往比较强势，其出资比例仅1%—2%；相反，对于缺少经验、项目、背景等弱势GP，实践中甚至出资会达到10%—20%，主动规避道德风险。

二、管理费计提及收益分配条款

2+20是一个经典惯例，即按照2%/年的比例收取管理费，并按照20%的比例收取业绩报酬。尽调重点包括检查管理费的比例、计提基数与频率以及业绩报酬的计提时点与计提方式。实践中，一般在产品分红时计提业绩报酬，主要的计提方式包括以下三种。

1. 高水位法，计提基准为基金历史高水位，计提基数为基金管理人取得超过历史高水位的绝对收益。

2. 业绩比较基准法，计提基准为与投资策略相匹配的市场指数或指数组合，计提基数为超出相应指数或指数组合的相对收益。

3. 门槛收益率法，计提基准为固定的年化收益率，即门槛收益率，计提基数为基金实际年化收益率超过固定年化收益率的相对收益。

三、保障性条款

主要关注观察员席位、出资顺序及联合投资承诺。有些LP没有联合投资的需求，或者是他的投资策略中没有联合投资的需求可以忽略。但是对于机构投资者来说，投资委员会的观察员席位是监督GP能够按照LP或者其他约定投资执行的方式。对于投资分配顺序来说，要等市场化的LP出资之后再出资。在费用承担方面，主要是GP是否有能力谈到把项目尽调费用由项目方承担，关系到基金是否承担项目投资所产生的尽调费用，会影响基金最终的整体收益。

案例分析二：XX创投公司参与XX基金方案

一、基金名称及类型

基金名称拟定为XX地质勘查基金。基金采取有限合伙企业的组织形式。

二、基金规模及出资

基金目标总规模20亿元，首期5亿元，期限8+2年。XX厅通过资本金增资 XX 金控形式出资 4 亿元，其中从 XX 省 XX 厅专项中安排 3 亿元，XX 地质院专项资金中安排 1 亿元，向湖南 XX 投资集团等募集 1 亿元。资金按照服从项目投资进度的原则，分年到位。可以通过采取提前下达以后年度资金的方式保障资金需求。

三、基金运营及投向

基金将发挥省级基金引导作用，统筹我省锂、黄金、钨、锡、锑等战略矿产资源有序开发，首期基金主要通过锂矿勘查的重点突破带动我省锂电新能源产业链的发展。基金主要用于与市、县和产业投资者共同设立项目子公司，购买锂矿等探矿权，支付勘查费用等，待探矿权增储或形成采矿权以后，向产业投资者进行转让，实现基金退出。为达到以资源引产业的目的，在形成探矿权或采矿权后，可以设置产业投资的转让附加条件，通过公开挂牌方式转让项目子公司股权；基金中切块 1 亿元，主要投向省内公益性地质勘查、矿产资源保护与利用等项目，不追求退出和回报；二期、三期等后续基金视情况加大公益性地质勘查、矿产资源保护与利用等投资比例。

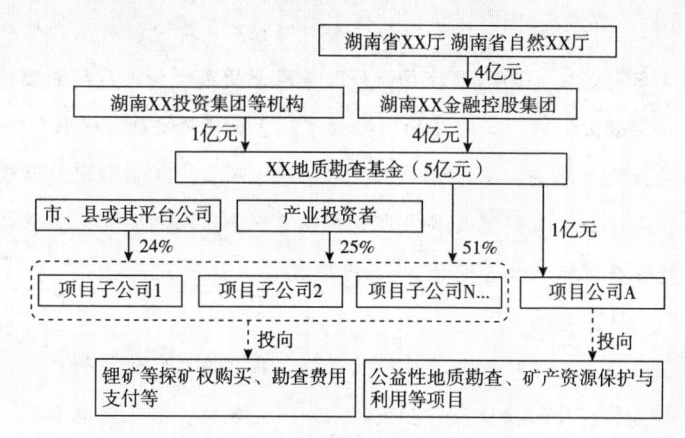

图 5-1　基金运营及投向

注：基金在项目子公司的持股比例在 20%—60% 不等，视与其他股东沟通情况而定。项目 A 公司主要用于公益性地质勘查、矿产资源保护与利用等项目，基金持股比例 100%。

四、基金投资决策

基金设投资决策委员会（简称"投决会"），委员5名，其中湖南省XX厅委派2名，XX地质院委派1名，湖南XX投资集团委派1名，基金管理人委派1名（若其他出资人有相关投决委员诉求的，视情况调整）。投决会审议事项中，公益性地质勘查、矿产资源保护与利用等项目经湖南省XX厅委派的2名委员一致同意即可，其他委员不参与表决；其他项目须经五分之三（含）以上委员同意后方可通过，存在利益冲突的委员应回避表决并不计入表决基数，湖南省XX厅可委派1名观察员，了解基金运作情况。为提高基金决策效率，须当场表决，各委员根据专业能力进行独立决策。地勘基金与市、县或其平台公司设立项目子公司由基金投决会进行审议决策，项目子公司探矿权获取、勘查工作的开展等事项由项目子公司股东会审议决策，涉及基金股东的决策事项，由基金投决会决策。

五、收益分配

项目退出后可分配资金按照以下顺序和原则进行分配：返还各出资人的实缴出资额；分配有限合伙人门槛收益：即分配有限合伙人实缴出资单利6%/年的门槛收益；分配普通合伙人门槛收益：分配普通合伙人实缴出资单利6%/年的门槛收益；分配超额收益：提取20%用于公益性地质勘查、矿产资源保护与利用等项目；70%分配给有限合伙人，有限合伙人按照其实缴出资在各有限合伙人之间的比例进行分配；10%分配给基金普通合伙人。

六、绩效考核

湖南省XX厅对基金实施绩效考核。基金建立容错纠错机制，对依照基金管理公司投资风控相关流程、规定实施，且未谋取私利，没有实现预期目标或造成损失的，不作负面评价，不追究相关责任。

总之，就是在尽调之前，一定要做很充分的准备工作，对行业的、对企业的、对整个产业的认知，都要有所积累。否则尽调也只会停留在非常肤浅的阶段。而且不区分产业和财务，都需要对尽调项目有一个基本的画像。

第三节　法律尽职调查应注意的问题及案例分析

一家公司若要参股某公司以获得丰厚回报，或者要控股某公司进行实际运营前，会聘请律所律师对要参股或控股的公司即标的公司进行法律尽职调查。我曾经参与多个股权投资尽职调查项目，本文就尽职调查事项及尽调标的公司经常出现的问题做一分享。

一、违反业绩承诺触发应注意的问题

在投资目标公司时，投资人在协议中要求目标公司和/或原股东承诺目标公司未来业绩达到一定标准，否则由目标公司和/或原股东回购其持有的目标公司股份或对其进行补偿的条款有效吗？投资人需要注意哪些问题？

（一）业绩承诺是股权投融资定价的基础

金融的本质是价值跨越时空的交换，并在交换的过程中实现跨越时空的资源配置。换句话说，其实就是用未来的价值，现在融通资金。所以，股权投资人看中的不仅是目标公司现在的价值，更是公司未来的价值，从而愿意以较高的溢价购买现在的股权，以期在未来能

以更高的价格出售，从而获取投资收益。

在股权投资领域，股权的流动性较低，不足以通过高频的市场交易形成公允价格。因此，公司原股东与投资人对于公司业绩或价值的认识存在信息不对称。通过设定目标公司的未来业绩要求作为股权交易定价的条件，可实现调整股权价格以反映公司真实价值的目的。这是股权投融资的基本商业逻辑。

一般来说，目标公司业绩若未能达到投资协议约定的标准，可通过以下几种方式补偿投资人的损失：第一，由公司或原股东按约定的价格回购投资人所持有的公司股权。第二，由公司或原股东以现金形式补偿投资人的损失，即现金对赌。第三，原股东向投资人转让一定数量的股权以弥补投资人的损失，或公司允许投资人以较低的价格再次认购部分公司新增股权（新增注册资本），即股权对赌。但实践中，股权对赌采取由原股东向投资人转让一定数量的股权较为常见，由公司允许投资人以较低的价格再次认购部分公司新增股权（新增注册资本）在实际操作中有一定难度，不多见。

（二）业绩承诺约定及触发时，投资人应重点关注什么？

目标公司若未完成投资协议约定的业绩承诺，投资人若起诉原股东/目标公司，要求其根据协议约定承担股权回购/现金补偿/股权补偿责任的，应重点关注。

第一，举证责任。投资人应就目标公司未达成协议约定的业绩承诺承担举证责任，相关常见的证据包括公司相关年度的财务报表、审计报告等。因为这些证据通常都不在投资人的掌控之中，所以，可以通过召开股东会或董事会等方式，巧妙地获取该等财务报表和审计报告作为证据。

第二，投资协议约定由目标公司而非原股东承担回购责任/现金补偿/股权补偿责任，有被法院认定无效的风险，投资人可结合投资协议的目的（重点保护投资人的权益）、投融资领域交易习惯，以及在投融资方式为公司增资，实际交易对手为投资人和公司等角度，论述目标公司承担该等责任，不构成股东权利的滥用，亦不会影响公司债权人的利益，不构成抽逃公司资本，应属合法有效，并从这几个方面准备相应的证据。

1. 办理违反业绩承诺触发对赌案件的策略

（1）业绩对赌安排的效力及履行可能性分开处理原则

投资人与目标公司原股东在投资协议中约定业绩对赌条款，系投融资实践中的常见做法，法院一般予以认可。但需注意，投资协议中约定由目标公司承担回购责任的条款或者由目标公司承担现金补偿责任的条款，司法实践中虽然认可效力，但如果目标公司未完成减资程序的，法院一般不予支持。投资人要求目标公司承担回购责任/现金补偿责任，可能被法院认定为投资人从目标公司取得相对固定的、脱离目标公司经营业绩的收益，损害了目标公司利益和目标公司债权人的利益，一般要在目标公司有利润时才能判决支持。

（2）约定公司承担回购责任或现金补偿责任的，可从投资协议目的、习惯、诚信原则等方面努力争取

司法实践中对于目标公司承担回购责任条款及承担现金补偿责任，区分了合同效力和履行可能性，增加了投资人维护自身权益的风险及难度。

从投资人角度而言，若投资协议载明目标公司向投资人承担股权

回购责任或现金补偿责任的，投资人可从以下几个角度予以解释。

第一，按照文义解释，根据权利义务对等的原则，投资人向目标公司增资，购买目标公司的股权，投资人与目标公司同意特定情况出现时，由目标公司向投资人回购股权或调整股权购买价格，从而由交易对手（目标公司）承担返还价款责任或者将股权价格按照约定的价格形成机制调整至符合价格形成机制的价格。

第二，对投资协议条款进行整体解释，投融资实践中，投资协议一般从股权的交割、投资款项的使用、公司治理与经营、公司清算、协议解除等各方面对投资人的权益予以保护，并对原股东利用其在地位、信息等方面的优势实施损害投资人或目标公司利益的行为予以禁止或限制。回购条款或对赌条款作为投资协议中一大重要的权利义务安排，将其解释为合法有效符合投资协议的整体条款安排，与协议其他条款不存在冲突或矛盾。

第三，从投资协议的合同目的进行解释，投资人对目标公司进行投资的目的是获取投资回报，是一种经济行为。目标公司与投资人在投资协议中就公司业绩作出承诺，是为了保障投资人的权益。在公司未能达成其作出的业绩承诺时，应首先从保护投资人的角度解释该等条款。

第四，按习惯解释，对赌安排作为商业行为并不违反法律、行政法规的强制性规定，且广泛运用于商业领域，投资人为保障自身合法投资利益，可以要求被投资主体作出一定的承诺。

第五，从诚信原则解释，目标公司原股东一般情况下作为公司的实际控制人，负责目标公司的经营与管理，而投资人的持股比例一般处于劣势地位，实际参与公司经营管理的成本较高。在此背景下，投资人保护自身利益的一大有效途径即通过投资协议的条款设计，增加目标公司及原股东的违约成本，促使原股东履行尽职义务，从而保障投资人实现投资回报，符合公平合理、诚实信用的原则。

尽管如此，在短期内，想要突破最高人民法院《全国法院民商事审判工作会议纪要》的规定，在目标公司尚未完成减资程序的情况下向法院提起诉讼请求目标公司回购，抛开目标公司有利润的前提向法院提起诉讼请求目标公司进行"金钱补偿"，还是有很大的障碍。即目标公司作出业绩承诺、股权回购承诺，符合市场一般的交易习惯。

案例分析： XX创投公司投资XX新能源公司投资协议中的股权回购协议

> 实际控制人（以下简称"回购义务方"）承诺，如发生下列任一情形，甲方有权要求回购义务方回购甲方所持有的目标公司部分或全部股权。
>
> （1）目标公司未能于【2024】年【12】月【31】日之前实现合格首次公开发行股票并上市（投资人、目标公司及实际控制人共同同意延期的除外），不包括新三板挂牌。
>
> （2）目标公司2022年度经具有证券从业资格的会计师事务所审计的净利润合计低于人民币【10 000】万元。
>
> （3）依据第2.1款中明确规定的股权回购价格的约定，具体内容如下：一是参照《增资扩股协议》约定的投资方的投资额，二是需计算自实际支付投资款之日起至回购义务方实际支付全部股权回购款之日止按年化单利【8】%计算的本息和。具体计算公式为：$P = M \times (1+$【8】$\% \times T)$（其中，P为回购价格，M为甲方要求回购方回购的股权所对应的投资款，T为甲方认购款项实际到达目标公司账户之日至回购方向甲方支付完毕所有的股权回购款项之日的自然天数除以365）。
>
> （4）协议项下的股权回购款均应以现金形式进行。本协议第2.1款约定的任一回购条件成就后，甲方有权向回购义务方主张回购。如

甲方行使回购权，自甲方发出回购通知书之日起90日内，丙方应促使目标公司及其他相关方采取下列行动：

第一，尽快签署相关协议和文件。

第二，应当采取所有必要或合理要求的步骤，并提供相应的协助（包括但不限于给予同意、通过决议、签署或修订其他有关文件，以及促使公司及其股东、董事采取同样的行动）。

第三，采取所有必要的措施协助公司完成在有关政府部门的注册和备案（如需），并且签署在实施前述各项的过程中必须向有关政府部门提交的所有文件或申请。

第四，甲方应配合回购义务方、目标公司办理其拟回购股权的工商变更登记及备案手续（包括但不限于办理注册资本变更、股东变更登记、修改后的公司章程或章程修正案备案）。前述工商变更登记完成之日起90日内，回购义务方应将全部股权回购款支付至甲方指定银行账户。

二、被投资企业股权架构设计与变动机制问题

股权架构设计与变动机制是指在公司设立和运营过程中，为了维护股东权益、优化资源配置、提升管理效率，对公司的股权结构以及股权变动进行的合理规划和调整。在实际操作中，需要根据公司的实际目标和战略需求来确定具体的股权安排，并制定相应的股权变动规则。

在公司的股权结构设计中，通常会涉及若干重要的股权比例，如持有公司10%股权的股东可以提议召开临时股东会议；持有公司50%以上股权的为控股股东等。不同的股权比例在法律上代表着不同的权利和责任，影响着公司的运营管理和决策过程。

同时，股权激励也是一种常见的股权结构设计方法，主要用于吸引和激励公司的关键人才，如科研技术人员和管理层人员。通过股权激励，公司可以与其核心员工建立更紧密的利益关系，激发他们的工作积极性和创造力。

随着社会投资和资本市场的发展，"同股不同权"或"双层股权结构"也逐渐受到关注和讨论。这种结构主要是通过设置具有不同表决权的股票，让管理层能够保持对公司的控制，即使他们的股权被稀释。这种结构在初创公司和创新企业中尤为常见，有助于保护创始人的利益和公司的发展。

案例分析： XX创投公司对XX电子科技定增项目公司股权结构的尽调

截至2023年末，公司总股本2.301 7亿股，其中限售股0.686 3亿股（29.82%），流通股1.615 4亿股（70.18%）。公司实控人为X氏家族，董事长XX先生及其亲属XX平、X京平、X琛和X江直接和间接持有公司股份合计达44.72%，X氏家族成员为一致行动关系，股权结构较为稳定。公司第一大股东XX质押840万股，占其持有股份比例12.22%，质押价为25.47元/股，不存在质押风险。公司前十大股东股权占比为51.46%，具体见表5-1。

表5-1　公司股东情况

股东名称	持股数量/万股	占总股本比例/%	股东性质
XX	6 876.45	29.88	限售股，流通股
深圳市XX投资有限公司	1 352.00	5.87	流通股
X琛	1 052.68	4.57	限售股，流通股
略			
合计	11 844.23	51.46	—

截至 2023 年末，公司共有 10 家子公司，具体情况见表 5-2。

表 5-2 子公司情况

单位：万元

序号	被参控公司	参控关系	被参控公司注册资本	营业收入	净利润
1	惠州 XX 电子科技有限公司	全资子公司	8500.00	31 854.70	7 058.29
2	XX 新技术研发（北京）有限公司	全资子公司	5000.00	—	—
3	略				

在股权变动机制方面，投资前的整体规划是非常重要的。股权交易涉及多个参与方和多个阶段，包括投资、融资、管理、退出等。如果缺乏整体规划，可能会导致争议和项目的失败。此外，公司治理结构的考虑也是股权变动机制的重要组成部分。如何合理分配企业的剩余索取权和控制权，对于保障公司各方的利益和公司的稳定运营至关重要。

三、股权投资实践中的对赌与回购问题

回购和对赌在股权投资实践中较为常用。但在法律概念里，只有回购这个概念，并没有"对赌"这个概念。所以，如果要从法律上来讨论回购和对赌这两个概念，首先要搞清楚在股权投资实践中，回购和对赌分别是什么样的概念，具体有哪些情形，这两个概念之间又有何区别。

概括地说，在实践中，回购是回购，对赌是对赌，两者的一般理解和适用上虽然有交叉，但不是一回事。

下面我们就从股权投融资业务实践角度来谈一谈回购和对赌。

回购权，在股权投资实践中又称之为赎回权，是投资人享有的一

种权利,或优先的权利。投资人享有这种回购权,主要有以下六点原因。

第一,投资人往往以较高的溢价投资目标公司,这种较高的溢价意味着投资人承担着比较大的投资风险。

第二,投资人投资的目标公司绝大多数都是有限责任公司,属于私人公司,缺乏公开和强制的信息披露机制,因此,在投资人与目标公司之间存在严重的信息不对称。尽管投资人一般在做出投资决策之前都会委托律师事务所和会计师事务所对目标公司进行尽职调查,但这种尽职调查的主要信息和资料来源,还是依赖目标公司的配合。换言之,如果目标公司配合度欠佳,未给予充分协作,投资人能够获得的信息便比较有限。况且,只说自己好的一面,对不太好的一面总是有意无意地淡化甚至回避也是存在可能。所以,投资人与目标公司之间的信息不对称程度还是非常高的。

案例分析:XX创投公司对XX新能源公司尽调退出方式

本次股权投资的退出方式主要有三种:IPO或并购退出、股份转让、公司或管理人回购退出。

一、IPO或并购退出

公司IPO实现投资溢价转让退出;或由上市公司并购,基金所持公司股权通过公司被并购实现投资溢价退出。

二、股份转让

基金将持有公司股份以高于实际控制人回购价格转让给第三方,实现投资溢价退出。

三、公司或管理人回购退出

股权投资,即投资3年内(2024年12月31日前),基金未能通过并购、转让等方式实现退出；公司管理人发生不诚信或其他违反投资协议核心条款事项，公司或管理人应按以下二者孰高原则回购受让基金投资股份：一是所持股份对应的公司经审计的账面净资产；二是投资本金＋年化（单利）8%投资收益。

从本案例来看，通过对目标公司尽调形成一种机制，来解决如果发生投资人事先约定清楚不愿看到的信息，该如何处理的问题。回购安排，提供了一种机制，当某种不对称的信息，事先没有披露，投资后发现的情况下，允许投资人撤回投资，这就是触发回购机制。这种情形既包括披露上的重大瑕疵，也包括故意欺诈。

第三，投资人绝大部分都不控股目标公司，目的是保留创始股东对公司的控制权，因此投资人往往是小股东。设置回购机制也是保障投资人作为小股东，在发生有悖于投资目的或目标公司发生其他违反承诺的情况时，拥有退出通道和解决问题的相应机制。

第四，目标公司或创始股东在未来经营中，不存发生重大违法违规事件。

第五，在投资界，有一个非常重要且普遍的观点，认为投资就是投人。换言之，投资人往往对目标公司中某些骨干人员有着特别的期待，所以，特别要求骨干人员不能离开目标公司，否则，也会触发回购。

第六，因为大部分投资人都是私募基金，而私募基金都有投资期和退出期的要求，所以，一般私募基金作为投资人会要求目标公司在其退出期内实现投资人的退出，而退出最佳的方式之一，就是目标公司上市，所以，目标公司在某个时间点之前上市，也往往被作为回购的触发条件。

四、关联方及关联交易应注意的问题

关联方的认定在法律法规、会计准则上都有规定，有时候不尽一致，如果投资公司和被投资公司不是上市企业，在关联方认定上不会严格遵循上市企业关联方认定标准。关联方一般指公司实际控制人、持股 5% 以上股东、董事、监事、高管以及上述关联方对外实际控制企业。

除对关联方进行审查披露外，还需审查公司的章程、制度中关于关联交易的规定是否合法合规，以及标的公司与各关联方的买卖、借贷等交易是否符合公司规定，是否履行了相关程序，价格是否公平合理。

📖 **案例分析：**XX 创投公司对 XX 生物制药公司 Pre-IPO 项目尽调中与关联方相关的问题

一、XX 生物及 XX 药业存在租赁关联方房屋作为生产经营场所的情形

（一）问题及事实

根据 XX 生物及 XX 药业分别与上海领迅签署的租赁协议可知：

XX 生物租赁上海领迅位于张衡路 1479 号房产用于生产、研发及办公，租赁的房产包括办公楼、研发楼、制剂大楼以及生产辅助设施，租赁面积合计 16 177.16 平方米，租赁期限为 10 年，自 2019 年 7 月 1 日至 2029 年 6 月 30 日；租金为第一年 1 212.90 万元，自 2022 年度开始每三年递增一次，递增率为前一年度日租金增加 3%；XX 药业租赁上海领迅位于张衡路 1479 号房产用于研发及办公，租赁的房产包括办公楼、研发楼，租赁面积合计 3 642 平方米，租赁期限为 10 年，

自 2021 年 1 月 1 日至 2031 年 12 月 31 日。租金为第一年 372.21 万元，自 2024 年度开始每三年递增一次，递增率为前一年度日租金增加 3%；经公开渠道检索及管理层访谈，上海领迅是发行人实际控制人徐 XX 控制的企业。根据管理层介绍，由于张衡路 1479 号房产取得与药品生产相关必要的 GMP 认证，因此上述关联租赁具有必要性。

（二）法律问题及分析

1. 潜在处罚风险无。

2. 对 IPO 审核的影响

根据《科创板审核问答》，发行人存在从控股股东、实际控制人租赁或授权使用资产的，中介机构应当予以关注。生产型企业的发行人，其生产经营所必需的主要厂房、机器设备等固定资产系向控股股东、实际控制人租赁使用的，中介机构应结合相关资产的具体用途、对发行人的重要程度、未投入发行人的原因、租赁或授权使用费用的公允性、是否能确保发行人长期使用、今后的处置方案等，充分论证该等情况是否对发行人资产完整和独立性构成重大不利影响，并督促发行人做好信息披露和风险揭示，并就发行人是否符合科创板发行条件审慎发表意见。

根据上述规定及过往项目经验，关联租赁的必要性和公允性是交易所/证监会关注的重点事项。根据管理层访谈，相关关联租赁具有必要性；根据财务尽调团队提供的数据，经测算，集团公司上述关联租赁的平均租赁价格为 2.29 元/平方米/天，另经查安居客、58 同城等公开信息网站，集团公司所在的浦东新区张江高科技园区办公楼的租赁价格区间为 3—5 元/平方米/天。前述关联租赁价格略低于市场平均水平。

建议：投资人与集团公司进一步确认该等关联租赁的必要性，如相关租赁必要，则应确保关联租赁价格与市场同类房产租赁价格基本一致。

二、集团公司存在与实际控制人及其关联方共有专利的情形

(一) 问题及事实

根据集团公司提供的资料,集团公司持有的专利中,有 11 项为集团公司与其实际控制人控制的关联企业共有。且集团公司尚未与关联方签署共有专利协议。具体共有专利情况见表 5-3。

表 5-3 共有专利情况

序号	申请人	专利名称	申请号/专利号	申请日	授予日
1	XX 化学、上海 XX 医药集团有限公司、XX 药业	相转移法制备齐多夫定叠氮中间体的方法	ZL200610118788.1	2006-11-27	2010-12-15
2	上海 XX 医药集团有限公司、盐城迪赛诺、江苏普信	合成(R)-9-[2-(二乙基膦酰基甲氧基)丙基]-腺嘌呤的方法	ZL200810034579.8	2008-3-13	2011-8-10
3	上海 XX 医药集团有限公司、盐城 XX、江苏普信	制备(R)-9-(2-膦酰甲氧基丙基)腺嘌呤双(异丙氧羰基氧甲基)酯的方法	ZL201010526531.6	2010-10-29	2015-4-1
略					

(二) 法律问题及分析

1. 潜在处罚风险无

2. 对 IPO 审核的影响

根据《科创板首发办法》第十二条,发行人的资产完整,业务及人员、财务、机构独立,与控股股东、实际控制人及其控制的其他企业间不存在对发行人构成重大不利影响的同业竞争,不存在严重影响独立性或者显失公平的关联交易。

在 A 股 IPO 审核中,资产独立性是审核关注的重点。针对共有专利,交易所/证监会主要关注共有专利权来源的合法合规性(即是否属

于职务发明等)、对其他共有专利权人是否存在依赖(直接关系到公司的研发独立性)以及共有专利权属安排(一方是否可以许可第三方使用等)。拟上市公司应当在不晚于 IPO 申报日前清理共有专利事宜。

三、建议

第一,建议投资人从业务角度进一步判断该等共有专利是否涉及公司的核心技术。

第二,建议投资人于交易文件中要求集团公司对该等共有专利/申请中的专利进行清理,涉及集团公司目前及将来需要使用的专利,应要求实际控制人承诺于一定期限内将涉及的关联方退出相关专利所有权人名录。

根据《科创板首发办法》第十二条,发行人的资产完整,业务及人员、财务、机构独立,与控股股东、实际控制人及其控制的其他企业间不存在对发行人构成重大不利影响的同业竞争,不存在严重影响独立性或者显失公平的关联交易。

在 A 股 IPO 审核中,资产独立性及关联交易的必要性、公允性一直是审核关注的重点。前述商标授权使用的情形对集团公司的资产独立性产生了较大不利影响,特别是"DESANO"等集团公司的重要知识产权;此外,将商标许可给关联方使用亦构成了关联交易,就必要性而言,将拟上市公司的商标授权给实际控制人控制的其他企业并非交易所/证监会能够接受的合理理由;就价格公允性而言,拟上市公司将其商标无偿许可给实际控制人控制的其他企业属于显失公平的关联交易定价方式。拟上市公司应当在不晚于 IPO 申报日前清理商标许可事宜。

综上,前述商标授权许可构成 XX 生物 IPO 的实质性法律障碍。建议投资人于交易文件中要求集团公司对该等共有专利/申请中的专利进行清理,涉及集团公司目前及将来需要使用的专利,应要求实际控制人承诺于一定期限内将涉及的关联方退出相关专利所有权人名录。

第六章　股权投资项目尽职调查风险及退出

第一节　股权投资风险评估

从股权投资风险管理的角度看，风险是指事项发生并影响战略和商业目标实现的可能性。无论采用何种投资模式、交易架构和设计，风险始终存在。因此，投资人对于风险的认识以及如何管理风险就显得十分重要。这涉及风险如何在投资者、融资者之间分配和承担的问题，也体现了资本追逐利益以及双方风险偏好的特点。

在股权投融资的实际操作中，风险来源多样化，且具有一定的复杂性，如商业风险、政治风险、法律风险、金融风险、技术风险、市场风险等。其中，法律风险是各方不可忽视的重要部分，包括股权交易的合规性、股东出资和身份认定、股权转让、公司内部治理以及合同纠纷等多个方面。

风险识别是风险管理的第一步，包括识别能够控制或影响的内在风险，如人事任免和成本估计，也包括无法控制或影响的外在风险，如市场转向或政府行为等。当然，内外风险的区分并非绝对，例如，在股权投资交易中，既存在如投资决策风险、融资成本风险等内在风险，也存在政治风险、商业风险、法律风险等外在风险。

风险管理的流程包括风险识别、风险评估、风险应对和处理三个核心部分。风险管理的最终目的并非消除所有风险，而是确保能够有效管理风险，并对需要由交易双方承担的特定风险进行评估和估值。对于因法律文件引起的法律风险，应结合具体情形采取相应的处理方法，如选择合适的合同模式、加强合同履行过程中的风控等。投资人保护的法律规制主要涵盖了对投资人财产、投资行为、股权投资并购、保护性条款、结构化股权投资主体和协议内容的规制等方面。

在资金投资方面，如银行、保险等机构接受投资者委托进行金融服务，必须遵循明确的金融监管规定。比如，不得将资产管理产品资金直接投资于信贷资产、不得为非标债权类资产或股权类资产提供任何担保等。若违反这些规定，可能会被认定为无效投资行为，导致无法获得约定的收益。

在股权投资并购方面，尽管这属于自愿的商业行为，但仍然需要遵循资本维持、股东优先认购权、公司内部决策机制等相关规定。此外，上市公司并购、资产重组等需遵守的法律法规也是不可忽视的。保护性条款，例如，针对小股东的特别权利，也是保护投资人的一种重要法律手段。这些条款能保护小股东的利益，防止不公平待遇。

在结构化股权投资主体方面，尽管原则上股权投资的主体不受限制，但实际情况中，银行、保险等机构开展股权投资会受到一定限制。例如，商业银行不得向非自用不动产或非银行金融机构和企业投资等。因此，实务中产生了结构化的股权投资方式。

在协议内容方面，投资人行为要遵循公平、平等和诚实信用的原则。违反这些原则的投资协议可能会被认定为无效。此外，保底条款的法律效力也会因个案具体情况而有所差异，因此需要交易双方合理安排。

第二节 股权投资风险分析案例

实践中，由于有不少投资尽调报告是参考投行 IPO 招股说明书的"风险因素"章节来撰写的，因此这里先以招股说明书为例来说明投资风险描述的误区。

一、普适性风险

所谓普适性风险是指任何企业都会存在的风险，不区分行业和发展阶段，不需要结合企业实际情况，甚至不需要尽调就能提出的风险。普适性风险没有实际的价值，因为无法干预也没有应对措施，所以没有风险提示的意义。典型的普适性风险涵盖市场竞争风险、人才流失风险、技术迭代风险等。例如，"宏观经济波动风险：随着经济下行压力持续增大，消费者未来的收入存在不确定性，消费者支出意愿的削弱可能直接抑制人均消费支出，进而影响电子商务及相关产业企业的经营业绩，企业的盈利能力受到宏观经济波动影响的风险客观存在。"

二、无病呻吟式风险

与其说是风险提示，不如说是财务说明。无病呻吟式风险更多是一种财务层面的现象，对于业务而言并不存在实际影响。比如，报告中写："应收账款发生坏账的风险：随着企业经营规模的扩大，应收账款余额可能逐步增加，应收账款的大幅增加会造成企业的经营活动现金流入减少，可能导致应收账款周转率大幅下降，增加企业的经营风险。如企业采取的收款措施不力或客户履约能力发生变化，企业应收账款发生坏账的风险将加大。"

正常情况下，收入增长，应收账款和坏账同比例增长，这是合理的现象，并不会对企业的经营造成实际的负面影响。上述风险提示仅仅是把正常的发展逻辑描述了一遍。如果按照这个逻辑来写风险提示，即随着业务增长，负债会增长，成本会增长，费用也会增长，如此一来，风险提示就变成财务报表注释了。

风险提示应该关注真正对业务有影响的事项。比如，以应收账款为例，随着业务增长，风险提示应该关注的是企业在账期管理策略上是否有变化、是否为了保增长而放宽账期、账龄结构是否恶化等情况出现。

再比如，报告写道："净资产收益率下滑的风险：本次发行后，企业净资产规模将大幅扩张。由于募投项目的实施需要一定时间，在项目建成投产后才能达到预计的收益水平，因此短期内企业净资产收益率将有一定幅度的下降，从而存在净资产收益率下降的风险。"

这个是非常典型的无病呻吟式风险。净资产收益率是一项财务指标，它的用途是做财务分析，而财务分析是为业务服务，用于提醒业务中可能存在的风险与问题，以帮助改进业务。企业 IPO 上市之后通过发行新股进行融资，所以导致短期内净资产收益率降低，这是正常的，对企业的业务没有负面影响。但已经明确知道业务方面不存在问题，却依然以财务指标变化为理由来提示风险，这明显是多此一举。这就像医生跟病人说：因为你体温偏高，所以虽然你身体很健康，但你依然可能患有疾病。

三、确定性风险

所谓确定性风险，是指事项发生与否存在不确定性的。而未来必定会发生的事项不符合风险的定义，因此通过行使表决权或其他方式对企业在经营、人事、财务、管理等方面进行控制，做出损害投资人利益的决策和行为的风险。以上述滥用实际控制人地位风险为例，如果实际控制人在过往期间长期将企业资金挪作私用，合规意识淡薄，那有理由怀疑他在获取融资后可能继续侵害投资人合法权益。但是如果企业过往内控制度一直运行良好并且实际控制人合规经营，只凭借"股权比例大"就说实际控制人可能滥用权利，这合理吗？

案例分析：股权投资中真实的案例及投资风险

一、基本情况描述

2018年1月，XX创投认购"XX投乐定增12号"资管计划2 000万元，资管计划投资XX环境定增项目，定增股价为8.53元/股，目前已退出1/4股权。XX公司通过财通基金持股1691841股（根据资管新规要求，2021年12月31日，XX创投出资650万元，XX创投出资420万元进入资管计划，江山创投占资管计划比例变为64.565 6%，目前资管计划为封闭状态）。

根据2024年以来已投项目的股价均价，项目未退出股份的减值金额为6 778 580元，具体情况见表6-1。

表6-1 项目示退出股份情况

	定增价格/元	2024-1-1至2024-9-6均价	股数	增减值/元
XX环境	8.53	4.60	1 691 840	-6 648 931.20
XX股份	5.97	5.13	113 635	-95 453.40

续表

	定增价格/元	2024-1-1至2024-9-6均价	股数	增减值/元
XX新能	9.24	7.60	209 628	-343 789.92
XX铭达	29.03	33.67	66 723	309 594.72
合计				-6 778 579.80

由于在XX环境所作的投资近7年未能成功退出，公司只能采取措施，将XX定增12号内的退出资金及分红资金用于投资其他定增项目，并购买XX安瑞短债A产品。截至2023年9月6日，已取得的收益合计为2 871 288元，具体见表6-2。

表6-2 项目已取得收益情况

单位：元

时间	XX环境（已卖出582 137股，剩余1 691 840股）		XX股份（已卖出94 757股，剩余113 635股）		XX新能（209 628股）	理财收益
	分红	退出收益	分红	退出收益	分红	
2018年	209 558	—	—	—	—	—
2019年	232 987	—	—	—	—	—
2020年	256 194	576 316	—	—	—	—
2021年	209 628	—	—	—	—	—
2022年	174 690	—	—	—	—	159 654
2023年	186 103	—	19 607	45 483	14 506	151 754
2024年1—8月	211 480	—	11 364	—	14 674	385 552
2024年9月					11 739	
合计	1 480 639	576 316	30 971	45 483	40 919	696 960
总计	2 871 288					

注：XX新能已发布2024年半年度权益分派实施公告，每股派发现金分红0.056元，现金红利发放日为2024年9月23日。

综上，XX定增12号目前减值金额为3 907 292元。

二、预计新参与定增项目

公司已通过乐歌股份、宝钢包装、长龄液压定增项目,预计还将利用XX定增12号中的理财资金参与两个定增项目,合计参与金额为300万元,预期投资收益率为20%,预计投资收益为60万元。目前XX定增12号已取得收益及预计取得收益合计为3 471 288元,按项目2024年均价预计减值金额为3 307 292元。

三、退出计划

公司计划未来再通过参与其他定增项目取得投资收益后,摊薄成本,在XX定增12号资管计划整体达到盈亏平衡点后,择机退出项目,退出计划见表6-3。

表6-3 项目退出计划情况

项目	2024-1-1至9-6均价/元	退出价	股数	收益/元
XX环境	4.60	6.17	1 691 840	2 656 188.80
XX股份	5.13	6.58	113 635	164 770.75
XX新能	7.60	9.50	209 628	398 293.20
X铭达	33.67	35.00	66 723	88 741.59
合计				3 307 994.34

注:资管计划的费用不属于投资范畴,属于项目管理范畴,因此测算未考虑费用。

目前公司该定增项目还处于浮亏状态,为了保证国有资产保值增值,公司仍在努力寻找优质的定增项目进行投资,由于2024年股市处于牛市状态,公司认为XX定增12号资管计划离实现退出的目标越来越近。我们总结关键的因素是尽调中对行业情况及公司情况了解不深刻,导致投资时间跨度太长,影响了公司的资金成本。

第三节　股权投资退出及案例展示

股权投资的"退出"是投资决策中非常重要的一个因素，原因在于严峻的退出形势。众所周知，一级市场投资最大的难题在于退出。中国证券投资基金业协会的数据显示，近五年来，国内每年投资案例数量在8000—10 000例，年均投资金额近万亿元。由于缺乏畅通的退出渠道，大量项目无法退出，存量项目日益增多。

根据清科统计数据，近年来我国企业每年境内外IPO的数量为200—500家，且受政策影响大，比如，2013年A股市场只有2家企业上市。现有渠道仅能满足不到20%的项目退出需求，大量的项目面临退出无门的窘境。这要求投资人必须重视退出，对企业进行更加深入的尽职调查，提前谋划才有可能抓住为数不多的机会。

一、退出的定义

当谈起"退出"的时候，投资人关注的到底是什么？要回答这个问题，我们需要讨论"价值""估值""退出"三者之间的关系。简单概括如下。

价值回答的是成长问题，它主要解决业绩和时间的预测问题，衡量的标准是准不准；估值回答的是回报问题，它主要解决策略与风险的权衡问题，衡量的标准是赚不赚；退出回答的是时间问题，它主要解决规划及善后的执行问题，衡量的标准是行不行。

从这个意义上讲，既可以把退出理解为一种预期回报的实现方式，也可以理解为一种应急方案。退出既关系到基金策略目标的达成，又关系到投资资金的安全。衡量它的标准只有是或否，而不存在好与坏。

退出方案不讨论成长，也不关心回报，它关注的是实操。比如，投资到期时企业能否达到上市的规模条件，那是价值所要考虑的问题，无法预期能获取的投资回报情况及面临的风险，那是估值应该确定的问题，退出只关心企业是否制订了并购计划并切实完成了任务。

二、退出所要考虑的因素

在投资决策中，关于退出方案部分应该考虑以下因素。

（一）是否符合基金策略

需要先制定好基金整体投资策略（如基金存续期限、基金的整体预期回报率、高中低风险项目的投资金额配比），然后根据具体情况给每个项目匹配退出策略，如是长期持有取得高收益，还是快速周转赚估值差等。

基金的大目标决定了每个项目的小目标。单一项目的退出方案首先要跟基金整体策略保持一致。比如，基金存续期剩余期限如果只有3年，就不应该再投资预期退出期超过3年的项目，否则基金存续期满，投资无法退出，就需要跟LP协商延期，或者寻找其他基金进行转让。前者会影响基金管理人下期基金的募集，后者则会让投资回报率打折扣。实践中，我就曾见过业务增长良好的企业要求基金期限即将届满的投资人以低价出售股权的情况。而这就是要在投资前评估退出方案的原因之一。

（二）退出渠道是否明确

根据项目所处的阶段可以判断退出渠道，比如，退出期在5年以内的早期项目，基本不可能以IPO作为退出渠道，所以在退出方案设计中应该以对外转让或者并购作为退出渠道。若选择对外转让，需要考虑该渠道是否被市场广泛接受，是否属于投资机构可能投资的项目；若选择并购，则要考虑标的是否符合被并购的要求（如是否属于限制并购行业、其业务是否属于前期投入大的类型、在投资期内是否能达到并购业务的要求等）、团队是否可以接受被并购等。

退出渠道越明确清晰，其实现的可能性就越大。投资人在进行项目决策时，要将该问题纳入考虑范围，而不要认为退出是几年以后的事情，可以先不考虑。很多事情在投资时点就已经确定，后期想更改非常困难。

（三）风险是否覆盖

要明确的一条原则是"按时退出是第一要务"。在大部分情况下，在特定的时间点收回特定资金比赚更多的钱更重要。只有按时退出，才能保证基金策略目标的达成。如果不能按时退出，意味着原有的成长性预测和风控措施失效，就无法保证预期投资目标的实现，甚至可能影响到投资本金。投资退出要遵循终局机制，即必须在特定的期限内退出。如果没有终局机制，投资人就只能指望企业家的人品了。

1.通常的风控机制

通常的风控机制为对赌。对赌是指依据双方约定，由创始人在特定目标未达成时向投资人履行特定义务的行为，比如，企业在期限内未上市，则由创始人回购投资人持有的企业股权。对赌条款的收益率不高，基本在8%—12%。这种退出方式是保本的一种风控措施，而并非能实现投资目标的退出渠道。对赌条款是投资人与融资企业之间经常讨论的话题。偶尔会有创始人诟病对赌条款，认为这是投资人不愿意承担风险的表现。也有投资人抱怨，一旦企业经营不善，创始人根本无力履行承诺，使得对赌条款形同虚设。

实践中，对赌条款并不能完全保证投资本金的安全，但确实能起到促使项目成功的效果。这类条款的意义在于以承担后果的方式约束创始人不要在融资时过度乐观地预测成长，同时将创始人与投资人的利益捆绑，保证创始人全身心投入，尽全力运营好企业。因此，通常来说，如果在企业预期与投资人预期有较大差异且无合理依据时，投资人有必要通过对赌条款约束创始人，以作为企业发展不及预期的终局机制。

2. 建议的应对措施

对于未达到预期退出目标的企业，投资人应及时清理，如坚决执行回购条款等。对被投资企业抱有"再等一等，说不定有机会翻身"的想法是不理性的，绝大部分情况下在投资期内发展不佳的企业在以后翻身的可能性很小。当然，要结合业务分析管理层给出的企业未来业绩增长扭转的原因并判断合理性。投资人在做退出决策时应该针对企业业务和行业情况做一次补充尽调，以更新企业的最新情况，防止误判。

而对于发展预期良好但暂无退出渠道的企业，投资人应先寻找问题，再评估时间，最后决定是否清理。如果问题在短期内可以解决且不违反整体投资策略，可以暂不清理，但需要重新设计与协商风控措施。如果问题解决时间不明确或者企业本身存在其他问题，投资人则应该及时清理，但不是简单地履行回购条款，而是应与创始人沟通以合理方式退出，以保证自身的利益。

案例分析：XX 创投公司退出 XX 生物 Pre-IPO 项目情况说明

XX 创投是 XX 江山资源投资控股有限公司（以下简称"华投"）全资子公司。2018 年 12 月，根据华投年初下达的经营计划目标，XX 创投在立项、论证和调研 XX 生物科技股份有限公司（以下简称"XX 生物"）基础上，通过了外部专家评审会、华投股东会、华投总经理办公会，最终决定以 490 万元投资 XX 生物，本轮融资为上市前最后一轮融资，估值 38 亿元，每股价格为 27.56 元，并报原湖南省有色 XX 局发展改革处备案，于 2019 年 1 月 9 日与湖南 XX 私募股权基金管理有限公司（以下简称"XX 泉"）签署了《湖南 XX 创业投资合伙企业（有限合伙）投资协议书》《无托管协议书》《补充协议书》等，并于 2019 年 1 月 10 日支付投资款项 490 万元，并取得收款确认函。

2020 年 3 月得知 XX 生物收到上海证券交易所科创板受理上市申请，根据湖南省地勘事业单位改革要求（即尽快退出所投资的项目），同时根据公司专业论证：当前 XX 生物估值较高，疫情影响逐步减弱，公司业绩存在大幅波动风险，公司所投 XX 基金持有的 XX 生物股份自上市之日起一年之内不得转让，XX 创投间接持有 XX 生物股份上市满一年时间后才能获得解禁，预计退出时间较长，风险不可控。与 XX 基金管理人 XX 泉进行沟通后，在明确基金内部有受让股权意向方的前提下，为了加快资金回笼，XX 创投计划通过公开挂牌转让程序退出投资项目，具体程序如下。

一、XX创投内部决策程序

1. 2020年4月26日，XX创投召开项目研讨会。会议讨论了公司已投XX生物Pre-IPO项目退出计划，形成2020年第7次会议纪要。

2. 2020年4月28日，XX创投召开XX生物项目研讨会，经研究决定聘请评估机构对项目进行评估，并聘请湖南XX律师事务所全程参与该事项工作。2020年5月13日，XX创投对外发布招标信息，于5月22日确定XX（北京）资产评估有限公司湖南分公司（以下简称"XX正信"）为本次项目评估机构，并在湖南省有色XX研究信息中心官网公示，公示时间为三天。

3. 2020年5月28日，XX正信出具XX创投拟转让长期股权投资所涉及的湖南XX创业投资合伙企业（有限合伙）股东全部权益价值项目评估报告书，评估价值1 385.99万元。

4. 2020年6月5日，湖南XX律师事务所出具关于XX创投拟申请挂牌转让湖南XX创业投资合伙企业（有限合伙）490万元出资份额之法律意见书。

5. 2020年6月8日，XX创投向母公司华投提出关于退出XX生物Pre-IPO项目的请示，华投提名召开2020年第一次临时股东大会，并取得股东表决文件。

二、上级主管部门决策程序

1. 2020年6月10日，XX创投母公司华投召开总经理办公会，经研究，会议原则同意XX创投关于转让XX基金份额的请示事项，请XX创投严格按照相关程序，依法依规进行该基金转让事项。2020年6月11日，湖南省有色XX研究信息中心关于所属企业转让湖南XX基金份额事项的请示上报湖南省XX院。

2. 2020年6月22日，经湖南省XX院办公会会议决定，会议原则同意湖南省有色XX研究信息中心关于所属企业转让湖南XX基金份额，并按照程序退出所投项目，会议要求，坚持程序公开，要按照法定程序，确保转让不预设对象，做到公开评估、公开挂牌、公开竞价，要在坚持公开程序、充分竞争的前提下，确保国有资产收益最大化。

3. 2020 年 6 月 23 日，取得湖南省 XX 院关于湖南省 XX 研究信息中心所属企业转让湖南 XX 基金份额事项的批复。

三、公开挂牌程序

1. 2020 年 6 月 24 日，XX 创投与湖南省联合产权交易所签订产权转让委托合同以及产权转让信息发布申请书。

2. 2020 年 6 月 24 日，收到关于 XX 创投拟向湖南省联合产权交易所申请挂牌转让湖南 XX 创业投资合伙企业（有限合伙）3.83% 合伙份额的回复函。

3. 2020 年 7 月 23 日，依照公开、公平、公正、诚信原则，在湖南省联合产权交易所公开挂牌关于湖南 XX 创业投资合伙企业（有限合伙）人民币 490 万元出资份额公告。竞买人在竞买标的时须以不低于人民币 1 385.99 万元报价，采取网络竞价：一次报价的交易方式确认受让方。2020 年 7 月 24 日，湖南省联合产权交易所确定竞买人为李 XX 先生，并在湖南省联合产权交易所中心工作人员的见证下，XX 创投与受让方签订产权交易合同，同时 XX 创投收到产权交易凭证，转让份额成交价格为 1 385.99 万元。

4. 2020 年 8 月 5 日，XX 创投完成了本次湖南 XX 创业投资合伙企业（有限合伙）人民币 490 万元出资份额转让的工商变更登记手续，根据交易合同约定收到交易价款 1 385.99 万元至 XX 创投公司账户。

四、基金退出收益比较

XX 生物上市前最后一轮融资估值为 38 亿元，XX 创投 2019 年 3 月投资原始股股价为 27.56 元 / 股，当时股改前股本为 1.27 亿股，完成股改后 1.67 亿股，XX 生物上市前股改后总股本为 3.6 亿股。2020 年 8 月 28 日，XX 生物挂牌上市，2021 年 8 月 30 日股票解禁，解禁数量约为 2.02 亿股，解禁可售数量占比约 41.31%。根据中国证监会关于参与 IPO 上市企业基金减持规定，满一年期限解禁股票，通过二级市场交易方式卖出股票要求在任意连续 90 日内，减持总数不得高于总股本的 1%，XX 基金至今一直没有实现退出，因此按 2021 年 12 月股票 10 日均价 55.02 元/股，测算退出基金管理费 2%/年，具体测算明细如下：

管理费费用：$490 \times 2\% \times 3 = 29.4$（万元）

扣除管理费用后：$490 - 29.4 = 460.6$（万元）

XX 创投股改后持有股数：$(490 - 29.4) / 27.56 \times (3.6 \div 1.67) = 36.02$（万股）

根据 2021 年 12 月股票 10 日均价测算持有市值：

$36.02 \times 55.02 = 1981.82$（万元）

因 XX 创投是国有机构投资者，根据国家相关税法规定，参与基金退出时需要承担相关费用即增值税、所得税、增值税附加税、印花税、上交国家社保基金费用、基金管理费用，合计约 45%，扣除 45% 费用后所得收益：

退出收益：$1981.82 \times 55\% = 1090$（万元）

投资净收益：$1090 - 460.6 = 629.4$（万元）

上市后按照 2021 年 12 月股票 10 日均价退出投资净收益率：$629.4 \div 460.6 = 136.65\%$

公司提前转让股权退出（根据国家税法规定不需要缴纳税费）：

收到转让价款：1 385.99（万元）

投资净收益：$1385.99 - 460.6 = 925.39$（万元）

投资净收益率：$925.39 \div 460.6 = 200.91\%$

综上所述，XX 创投通过提前公开挂牌转让 XX 生物股权的方式取得投资净收益 925.39 万元，与持有至上市解禁卖出圣湘生物股票 629.40 万元（扣掉相关税费后）相比，多盈利 295.99 万元。最大化实现了国有资产增值，提前一年半收回所投资金，同时有效规避股票上市后股价波动风险，且鉴于当前 XX 生物股价偏低，XX 基金尚未退出。因此，湖南省 XX 院同意 XX 创投提前转让 XX 生物原始股决策是正确的，同时 XX 创投在 XX 基金份额转让过程中均是依法依规，做到了程序清晰、审核审批完备，完全符合国家法律法规相关要求，同时也为公司创造了较大的经济效益，为 XX 院的发展做出了贡献。

从以上案例来看，选择好的时机退出可以给企业带来最大的效益。虽然能否实现退出归根结底还是成长性的问题，因为一家成长性良好的企业不缺乏投资人投资，但投资人经验再丰富，也难免会有看走眼的时候，而各种意外也可能导致项目出现无法预料的状况。合理的退出方案能保证在遇到问题时有一个合理的善后方案，避免各方陷入僵局。因此，退出方案应该追求全面性，务求把退出中可能遇到的各种问题和风险及其应对措施都纳入考虑范围，以实现全面覆盖。

第七章 股权投资项目投资价值分析

第一节 股权投资项目投资价值分析的地位和作用

股权投资项目投资价值分析在投资决策中占据核心地位,发挥着至关重要的作用。以下是对其地位和作用的具体阐述。

一、股权投资项目投资价值分析的地位

股权投资是指投资人通过购买企业中的股份(股权),以换取企业利润和价值的收益,从而使自己的财富得到增值。在现代社会,股权投资已经成为吸引大量投资者的一种重要投资方式。然而,由于股权投资风险较大,因此在进行股权投资时,投资者需要对投资项目进行深入的价值分析。价值分析可以帮助投资者了解投资项目的现有价值和潜在价值,从而评估股权投资收益水平,降低投资风险,确保自己的收益水平。

二、股权投资项目投资价值分析的作用

(一)提供决策依据

投资者可以通过价值分析了解投资项目的市场潜力、财务状况、

技术能力、竞争优势等关键信息，为投资决策提供有力依据。

价值分析还可以帮助投资者识别投资项目的潜在风险，如市场风险、技术风险、管理风险等，从而制定风险应对措施，降低投资风险。

（二）评估投资价值

价值分析可以量化投资项目的价值，包括现有价值和潜在价值。这有助于投资者了解投资项目的价值增长潜力，从而制定投资策略。

通过价值分析，投资者还可以评估投资项目的投资回报率、资金回收期等关键财务指标，为投资决策提供更加具体的参考。

（三）优化资源配置

价值分析可以帮助投资者识别具有潜力的投资项目，从而优化资源配置，将资金投入到更具价值的项目中。这有助于投资者实现资金的优化配置，提高资金的使用效率。

（四）促进企业发展

通过股权投资，企业能够获得资金支持，用于扩大生产规模、研发创新、拓展市场等。这有助于企业提升竞争力，实现更快地发展。价值分析还可以帮助企业识别自身的优势和不足，从而制定更加科学的发展战略和计划。

综上所述，股权投资项目投资价值分析在投资决策中占据核心地位，发挥着至关重要的作用。投资者应高度重视价值分析工作，确保投资决策的科学性和准确性。同时，投资者还应密切关注市场动态和行业发展趋势，不断优化投资策略和风险管理机制，以实现投资的长期稳健发展。

第二节 股权投资项目投资价值分析方法

一、财务分析法

（一）财务分析法的核心要素

1.利润表分析：通过分析利润表，可以评估企业的盈利能力，包括毛利率、净利率等盈利指标。

2.资产负债表分析：通过分析资产负债表，可以评估企业的资产质量和债务水平，了解企业的资产配置、负债状况以及所有者权益状况。

3.现金流量表分析：通过分析现金流量表，可以评估企业的现金流量状况和资金管理能力，了解企业的现金流入、流出情况以及现金储备情况。

（二）财务分析法的具体应用

1.比率分析：利用财务比率，如市盈率、市净率、股息率等，评估企业的财务状况和投资价值。这些比率可以帮助投资者了解企业的盈利能力、成长潜力和市场估值。

2.趋势分析：观察企业财务报表中的各项数据随时间的变化趋

势，以评估企业的稳定性和成长性。通过比较不同时间点的财务数据，投资者可以发现企业的财务状况是否得到改善或恶化。

3.结构分析：分析企业财务报表中各项数据的构成和比例关系，以了解企业的资产结构、负债结构和所有者权益结构。这有助于投资者评估企业的财务稳健性和抗风险能力。

（三）财务分析法的局限性

1.历史数据依赖：财务分析法主要基于企业的历史财务数据进行分析，可能无法充分反映企业的未来成长潜力和市场前景。

2.信息滞后性：财务报表的发布通常存在一定的滞后性，因此财务分析法可能无法及时反映企业的最新财务状况和市场变化。

3.主观判断影响：财务分析法的应用过程中需要投资者进行一定的主观判断，如选择合适的财务比率、预测未来的财务数据等，这可能会影响分析结果的准确性和客观性。

（四）改进建议

1.结合其他分析方法：为了更全面地评估股权投资项目的投资价值，投资者可以将财务分析法与其他分析方法相结合，如市场比较法、收益折现法等。

2.关注行业动态和政策变化：投资者在分析企业的财务状况时，还应关注企业所在行业的市场规模、增长趋势、竞争格局以及政策法规等因素，以评估企业的市场地位和未来发展前景。

3.引入第三方评估机构：借助专业评估机构的力量，利用其丰富的经验与专业知识，提高评估结果的客观性与公信力。

综上所述,股权投资项目投资价值财务分析法是一种重要的分析工具,可以帮助投资者评估企业的财务状况和投资价值。然而,投资者在应用该方法时也应关注其局限性,并结合其他分析方法、行业动态和政策变化等因素进行综合判断。

二、市场比较法

(一)市场比较法的定义

市场比较法是通过比较市场上同类或相似企业的股权交易价格,来评估目标企业股权价值的方法。这种方法基于一个假设,即类似企业的股权交易价格能够反映其内在价值,因此可以用来作为评估目标企业股权价值的参考。

(二)市场比较法的应用步骤

1. 选择可比企业:首先需要在市场上找到与目标企业相似或同类的企业,这些企业应在业务模式、市场环境、竞争格局等方面与目标企业具有相似性。

2. 收集交易数据:然后收集这些可比企业的股权交易数据,包括交易价格、交易时间、交易条件等。这些数据应尽可能全面和准确,以确保评估结果的可靠性。

3. 调整差异因素:由于目标企业与可比企业在某些方面可能存在差异,如规模、盈利能力、发展前景等,因此需要对这些差异因素进行调整。调整的目的是使目标企业的股权价值与可比企业的股权价值更具可比性。

4.计算评估价值：最后根据调整后的可比企业股权交易价格，计算目标企业的股权评估价值。这通常是通过加权平均或其他统计方法来实现的。

（三）市场比较法的优缺点

1.优点

（1）直观易懂：市场比较法基于市场上同类或相似企业的股权交易价格进行评估，因此结果直观易懂。

（2）易于操作：与其他评估方法相比，市场比较法的操作步骤相对简单明了，易于实施。

2.缺点

（1）可比企业选择困难：在市场上找到与目标企业完全相似的企业并不容易，因此可比企业的选择可能存在一定的主观性和不确定性。

（2）交易数据获取困难：有些可比企业的股权交易数据可能并不公开或难以获取，这会影响评估结果的准确性和可靠性。

（3）差异因素调整困难：由于目标企业与可比企业在某些方面存在差异，这些差异因素的调整可能存在一定的困难和主观性。

（四）市场比较法的适用条件

1.市场成熟度高：在市场上存在足够数量的同类或相似企业，且这些企业的股权交易价格具有代表性。

2.交易数据丰富：能够获取足够数量和质量的可比企业股权交易数据。

3. 差异因素可控：目标企业与可比企业之间的差异因素能够得到有效调整和控制。

（五）注意事项

1. 确保数据准确性：在收集可比企业股权交易数据时，应确保数据的准确性和可靠性，避免使用过时或错误的数据。

2. 合理调整差异因素：在调整目标企业与可比企业之间的差异因素时，应尽可能做到客观和合理，避免主观臆断和过度调整。

3. 综合考虑多种因素：在评估目标企业股权价值时，除了使用市场比较法外，还应综合考虑其他因素和方法，如收益法、资产法等，以确保评估结果的准确性和全面性。

综上所述，市场比较法在股权投资项目投资价值评估中具有广泛的应用前景和重要的参考价值。然而，在实际应用中需要注意可比企业的选择、交易数据的获取以及差异因素的调整等问题，以确保评估结果的准确性和可靠性。

三、收益折现法

（一）定义与原理

收益折现法是一种基于未来收益预测的评估方法，它将项目未来的现金流量折现到当前时点，以确定项目的内在价值。

（二）具体计算方法

收益折现法通常包括多种具体的计算方法，如股利折现模型、现金流折现模型等。以下是这些方法的简要介绍。

1. 股利折现模型

（1）计算公式：股票当前价值 = 第一年预期股利 ÷（1+ 必要回报率）+ 第二年预期股利 ÷（1+ 必要回报率）^{2} + ⋯ + 第 n 年预期股利 ÷（1+ 必要回报率）^{n}。

（2）原理：基于未来预期股利来评估股票当前价值。

（3）应用：适用于能够稳定发放股利的公司。

2. 现金流折现模型

（1）计算公式：项目价值 =$\sum$[第 t 年的净现金流量 ÷（1+ 折现率）t]。

（2）原理：将项目未来的净现金流量折现到当前时点。

（3）应用：广泛适用于各类股权投资项目的价值评估。

（三）步骤与注意事项

在应用收益折现法进行股权投资项目价值评估时，需要遵循以下步骤，并注意相关事项。

1. 预测未来收益

基于项目的历史数据、市场环境、行业发展趋势等因素，预测项目未来的收益情况。预测应涵盖多个年度，以反映项目的长期价值。

2. 确定折现率

折现率应反映投资者对风险的偏好和预期回报。可以参考市场上类似风险水平的投资产品的收益率来确定。

3. 计算现值

使用预测的未来收益和确定的折现率，计算项目的现值。现值即为项目的内在价值。

4. 注意事项

预测未来收益时应充分考虑各种不确定性因素，如市场需求变化、政策调整等。折现率的选择应合理，避免过高或过低导致评估结果失真。评估结果应与其他估值方法和市场信息相结合，以得到更全面的分析。

综上所述，股权投资项目投资价值收益折现法是一种科学、有效的评估方法，能够帮助投资者更准确地判断项目的内在价值和潜在风险。在应用该方法时，需要充分考虑项目的未来收益情况、折现率的选择以及评估结果的全面性等因素。

四、期权定价法

股权投资项目投资价值的期权定价法，是利用期权定价理论来评估股权投资项目的价值。期权是一种权利或选择权，允许持有者在未来某一特定时间以特定价格买入或卖出标的资产。在股权投资领域，期权定价法可以被用来评估项目投资的潜在价值和风险。

以下是一些常用的期权定价方法，它们在股权投资项目评估中可能具有适用性。

（一）布莱克-斯斜尔斯（Black-Scholes）期权定价模型

Black-Scholes模型是目前最流行的期权定价模型之一，它基于几何布朗运动理论来描述股票价格（或项目价值）的变化。该模型通过一系列严格的假设条件，如市场无摩擦、股票价格遵循几何布朗运动等，利用复杂的数学公式来计算期权的理论价格。在股权投资项目评估中，可以将项目价值视为标的资产，利用 Black-Scholes 模型来评估投资项目的期权价值。

（二）二叉树模型

二叉树模型通过构建股票价格的二叉树来逐步计算期权价格。它将时间划分为多个小的区间，每个区间内股票价格只有两种可能的变化方向：上涨和下跌。根据这些变化，可以计算出在每个时间点上期权的价值。二叉树模型的优势在于其灵活性和适应性，可以处理更复杂的条件，如股息支付、期权提前执行等。在股权投资项目评估中，二叉树模型可以用来模拟项目价值的可能变化路径，并据此评估投资项目的期权价值。

（三）蒙特卡洛模拟

蒙特卡洛模拟是一种基于随机抽样和计算机模拟的期权定价方法。它通过模拟大量的股票价格（或项目价值）路径来估计期权的价值。这种方法适用于复杂的期权结构和多变量的情况。在股权投资项目评估中，蒙特卡洛模拟可以用来模拟项目价值的多种可能变化路径，并据此评估投资项目的期权价值。虽然蒙特卡洛模拟的计算量较大，但随着计算机技术的发展，其计算效率已经得到了显著提高。

（四）其他方法

除了以上三种常用的期权定价方法外，以下还有一些其他方法也可以用于股权投资项目评估。

隐含波动率法：通过观察市场上期权的交易价格反推出隐含波动率，进而估算期权价格。这种方法直接反映了市场参与者的预期，但受市场情绪和短期波动的影响较大。

有限差分法：通过差分方程来求解期权价格。这种方法适用于处理多维度的期权定价问题，如多资产、多期限的期权定价。在股权投资项目评估中，有限差分法可以用来求解复杂的期权定价问题。

（五）注意事项

模型假设的合理性：期权定价模型通常基于一系列假设条件。在股权投资项目评估中，需要关注这些假设条件是否合理，并考虑它们对评估结果的影响。

计算效率和精度：不同的期权定价方法在计算效率和精度上存在差异。在实际应用中，需要根据项目的具体情况和评估要求选择合适的方法。

风险评估：股权投资项目通常伴随着一定的风险。在评估过程中，需要充分识别和分析这些风险，并采取相应的风险管理措施来降低风险。

综上所述，股权投资项目投资价值期权定价法是一种有效的评估方法，可以帮助投资者更准确地评估投资项目的潜在价值和风险。在实际应用中，需要根据项目的具体情况和评估要求选择合适的方法，并关注模型假设的合理性、计算效率和精度以及风险评估等方面的问题。

五、可比公司法

（一）定义与原理

可比公司法，也被称为市场比较法或相对估值法，是通过选取与目标公司在业务、规模、财务状况等方面相似的上市公司（即可比公司），以其市场价值或相关财务指标（如市盈率、市净率、企业价值/息税折旧摊销前利润等）为基准，对目标公司进行估值的一种方法。该方法的原理在于，相似的公司在市场上应有相似的估值，因此可以通过比较来推断目标公司的价值。

（二）关键步骤

1.选取可比公司：这是可比公司法中最关键的一步。需要选取与目标公司在同一行业、具有相似核心业务、财务特点和风险特征的上市公司作为参照。通常，应选取5—10个这样的公司作为比较对象，以确保结果的准确性和可靠性。

2.确定比较指标：根据选取的可比公司，确定用于比较的具体财务指标。这些指标应能够全面反映公司的盈利能力、成长性和风险水平。常见的比较指标包括市盈率、市净率、企业价值/息税折旧摊销前利润等。

3.计算估值：根据选取的比较指标和可比公司的相应数据，计算出目标公司的估值。这通常涉及对可比公司的指标进行加权平均，然后根据目标公司的具体情况进行调整，以得出最终的估值结果。

（三）优缺点

1. 优点

（1）简单易行：可比公司法相对直观易懂，操作简便，不需要复杂的数学模型和预测。

（2）反映市场情况：该方法基于市场上的可比公司进行估值，能够反映市场对目标公司的看法和预期。

2. 缺点

（1）可比公司选择困难：在实际操作中，找到与目标公司完全相似的可比公司并不容易。不同公司在业务、规模、财务状况等方面可能存在差异，这会影响估值的准确性。

（2）财务指标局限性：可比公司法主要依赖于财务指标进行比较，但这些指标可能无法全面反映公司的价值。例如，无形资产、品牌价值等可能无法在财务指标中得到充分体现。

（四）应用场景

可比公司法适用于对股权投资项目进行初步估值和筛选。在投资决策过程中，投资者可以通过该方法快速了解目标公司的市场价值和潜在风险，为后续的尽职调查和深入分析提供参考。同时，该方法也常用于并购交易中的估值谈判和定价决策。

（五）注意事项

一是在选取可比公司时，应确保所选公司与目标公司在业务、规模、财务状况等方面具有相似性和可比性。二是在确定比较指标时，应根据目标公司的具体情况和所处行业的特点进行选择,以确保指标的准确性和有效性。三是在计算估值时,应对可比公司的指标进行加权平均,并根据目标公司的具体情况进行调整,以得出合理的估值结果。

综上所述,可比公司法在股权投资项目投资价值评估中具有广泛的应用前景和重要的参考价值。然而,在实际操作中,投资者应充分了解该方法的优缺点和局限性,并结合其他估值方法进行综合分析和判断。

六、可比交易法

(一)定义

可比交易法,又称市场比较法或间接比较法,是指在给公司融资估值时,参考同行业里与目标公司规模相似且已被投资或并购的公司的交易价格,以此为基础来调整并评估目标公司的价值。

(二)关键步骤

1. 选取可比交易:这是评估是否科学的关键。需要找到与目标公司在行业、业务、规模等方面相似的已被投资或并购的交易案例。这些案例应该具有代表性,能够反映目标公司所在行业的市场情况和交易趋势。

2. 确定估值指标:选定一个标准化的度量指标,如市盈率、市净率、市销率等,这些指标能够反映公司的盈利能力、资产质量和市场前景。

3. 调整并计算价值:根据选取的可比交易和确定的估值指标,对目标公司进行价值评估。这通常涉及对可比交易的交易价格、交易条件、市场环境等因素进行调整,以更准确地反映目标公司的实际情况。然后,利用调整后的估值指标对目标公司进行价值计算。

(三)应用与优势

1. 应用

在股权投融资交易中,帮助投资人和融资方确定合理的交易价格和交易条件。在并购交易中,为买卖双方提供谈判和定价的依据,确保交易的公平性和合理性。

2. 优势

(1)简单易行:通过参考市场上的可比交易,可以快速得出目标公司的估值范围。

(2)反映市场情况:由于是基于市场上的实际交易案例进行估值,因此能够反映目标公司所在行业的市场情况和交易趋势。

(3)易于理解:相比其他复杂的估值方法,可比交易法更易于被投资人和融资方理解和接受。

(四)注意事项

1. 可比性:需要确保选取的可比交易与目标公司具有高度的可比性,否则估值结果可能不准确。

2. 交易条件:在比较可比交易时,需要考虑交易条件(如支付方式、融资结构等)对估值结果的影响。

3. 市场环境:市场环境的变化(如宏观经济形势、行业政策等)可能对估值结果产生影响,因此需要对市场环境进行充分的分析和预测。

综上所述，可比交易法在股权投资项目投资价值评估中具有广泛的应用和优势，但也需要在使用时注意其局限性和潜在风险。

第三节　股权投资项目投资价值分析案例

案例分析：XX 创投公司对 XX 生物制药公司的尽职调查及价值预测

一、行业上市及市值情况

目前的上市公司中，甾体激素中间体原料药公司的市盈率普遍在 50—70 倍之间，而集研发到产品包装一站式生产平台的原料药企业，目前市盈率普遍在 50—80 倍之间，高于中间生产的企业。行业上市公司的市盈率情况见表 7-1。

表 7-1　行业上市公司市盈率情况

企业名称		上市时间	市盈率 TTM（2022-2-23）	企业的主营业务
甾体激素原料药、中间体类	共同药业	2017 年 4 月	60.86	甾体药物原料的研发、生产、销售
	赛托生物	2013 年 1 月	62.35	甾体药物原料、成品药、贸易类
原料药 DMO	九州药业	2010 年 10 月	57.92	化学原料药及医药中间体的研发、生产与销售。
	博腾股份	2010 年 1 月	75.55	化学原料药、化学制剂 CDMO 业务

二、投资收益预测

假设上市发行市盈率为 40 倍，依据 2024 年的净利润 16 609 万元计算（2024 年 4—5 月申报，2025 年发行），发行时的投资收益为 2.07 倍（发行时向社会公众增发 25%）。投资者收益测算见表 7-2。

表 7-2 投资者收益测算

指标	数值
2024 年净利润 / 万元	16 609 万元
市盈率	40
市值 / 万元	664 360
投资者占股权比例 / %	75
投资者资产价值	498 270
投资者收益 / 倍	2.07

未来 5 年将是原料药全球高端市场、CDMO 业务发展的高峰时期，XX 生物在重组增资后，公司战略将注重开拓甾体激素原料药的高端市场，以及专注创新药的研发，并建立起甾体激素行业"中间体—原料药—制剂"一体化的商业化生产能力，其市值具有巨大的成长空间。

假设投资者在 2026 年完全退出，在不同的市盈率下，投资者的投资收益见表 7-3。

表 7-3 投资者的投资收益情况

盈利增速	投后估值 / 亿元	预测情况	2025 年净利润 / 亿元	退出时 PE	退出估值 / 亿元	退出回报率 /%
低速	16.233 6	谨慎	1.254 2	20	25.083 0	15.88
		中性		30	37.624 5	73.83
		乐观		40	50.166 0	131.77
中速	16.233 6	谨慎	1.823 3	20	36.466 4	68.48
		中性		30	54.699 6	152.71
		乐观		40	72.932 8	236.95
高速	16.233 6	谨慎	1.973 4	20	39.468 6	82.35
		中性		30	59.202 9	173.52
		乐观		40	78.937 2	264.69

综上所述，随着医药行业监管加强，行业集中度逐渐提高，导致甾体激素行业进入门槛提高，作为中间体生产的龙头企业，XX 生物凭借其广泛稳定的客户和资源，以及具备丰富行业管理经营经验的团队，其行业优势将进一步凸显；公司未来布局将全产业链打通，丰富产品类别，从而提高营收规模，公司未来发展前景广阔。因此，建议 XX 创投以增资扩股方式对该公司进行投资 XX 万元。

第八章　股权投资尽职调查报告

第一节　股权投资尽职调查报告的作用、特点和编写要求

一、股权投资尽职调查报告的作用

（1）评估企业价值：尽职调查报告通过详细分析企业的财务状况、经营情况、市场环境等，为投资者提供企业的真实价值评估，为制订投资计划提供有效的指导。

（2）减少投资风险：报告揭示了企业潜在的法律风险、财务风险和市场风险，帮助投资者在投资前充分了解这些风险，从而采取相应的风险规避措施，降低投资风险。

（3）促进投资流程：尽职调查报告为投资者提供了全面的企业信息，使投资者能够基于可靠的信息进行决策，促进投资流程的顺利进行。

（4）保护投资者利益：报告通过深入分析和评估，确保投资者的利益得到保障，同时有助于投资者全面了解企业的管理和运营情况。

二、股权投资尽职调查报告的特点

（1）全面性和系统性：尽职调查报告涵盖了企业的基本情况、经

营情况、财务信息、法律风险、市场环境等多个方面，形成一份全面、系统的报告。

（2）客观性和公正性：报告以客观、公正的态度对企业进行分析和评估，避免主观偏见和利益冲突，确保报告的准确性和可信度。

（3）专业性和深度：报告通常由专业的投资顾问或团队编写，具备丰富的投资经验和专业知识，能够深入挖掘和分析企业的潜在价值和风险。

（4）合规性和合法性：尽职调查报告必须遵循相应的法规要求，如公司法、证券法、财务会计法等，确保调查结果的合法合规。

三、股权投资尽职调查报告的编写要求

（1）明确调查目的和范围：在编写报告前，应明确尽职调查的目的和范围，包括调查的重点领域、关键问题和预期目标，以确保报告的针对性和实用性。

（2）全面收集和分析信息：通过审阅文件资料、参考外部信息、相关人员访谈、企业实地调查等多种方法，全面收集企业的相关信息，并进行深入分析和评估。

（3）科学分析和评估：基于可靠的数据和合理的假设，对企业的财务状况、经营情况、市场环境等进行科学分析和评估，揭示企业的潜在价值和风险。

（4）清晰表达和呈现：报告应结构清晰、逻辑严密，采用图表、表格等多种形式直观呈现分析结果，便于投资者理解和决策。

（5）遵循法规和伦理：在编写报告时，应严格遵守相关法律法规

和职业道德准则，确保报告的合法合规性和客观性。

（6）提出合理建议：根据尽职调查的结果，提出针对性的投资建议和风险应对措施，为投资者的决策提供有力支持。

综上所述，股权投资尽职调查报告在股权投资过程中发挥着至关重要的作用。编写一份全面、客观、专业的尽职调查报告，不仅有助于投资者准确评估企业价值，降低投资风险，还能促进投资流程的顺利进行，保护投资者的利益。因此，在编写尽职调查报告时，应严格遵守相关要求和规范，确保报告的质量和可信度。

第二节　股权投资尽职调查报告的内容

股权投资尽职调查报告是投资前对目标公司进行全面、深入调查的重要文件，旨在为投资者提供关于目标公司的详细信息，以便投资者做出明智的投资决策。本报告通过综合运用现场访谈、文件查阅、第三方查询等多种方法，对目标公司的基本情况、股东结构、业务和技术、法律合规性、市场和竞争情况、经营风险以及企业价值等方面进行了详尽的分析。

一、企业基本情况调查

（1）企业注册信息：包括公司名称、成立时间、注册资本、实收资本、注册地址、经营范围、营业执照等。

（2）企业经营状况：主要财务指标如营业收入、净利润、毛利率、资产负债率、经营现金流等；企业经营策略、管理层结构、员工情况、研发投入等。

（3）企业财务状况：资产负债表、利润表、现金流量表等财务报表；审计报告、财务分析报告等财务文件；税收政策、税收优惠情况等。

二、股东和实际控制人调查

（1）股东背景：股东的名称、持股比例、出资方式、出资时间等；股东的注册资本、实收资本、经营范围、信用状况等。

（2）实际控制人调查：实际控制人的身份背景、资产状况、信用状况、关联方关系等。

（3）关联关系调查：股东和实际控制人之间是否存在关联关系，包括股权结构、管理团队、业务往来等。

三、企业业务和技术调查

（1）业务模式：产品或服务、销售渠道、客户群体、市场竞争地位等。

（2）技术实力：专利技术、研发团队、研发投入、技术成果转化等。

（3）产品或服务：产品或服务的特点、质量、价格、市场份额等。

四、企业法律合规性调查

（1）法律资质：各类许可证书、资质证明、合规证明等。

（2）合规情况：环保合规、税收合规、劳动合规、反垄断合规等。

（3）法律风险评估：知识产权侵权风险、合同违约风险、诉讼风险等。

五、企业市场和竞争情况调查

（1）市场规模：市场容量、增长趋势、市场潜力等。

（2）市场竞争格局：市场份额、主要竞争对手情况（公司实力、产品情况、市场占有率等）、潜在竞争对手情况和市场变化分析等。

（3）竞争优势：规模、成本、商业模式、管理、人才等。

六、企业经营风险评估

（1）财务风险：基于财务报表和财务分析，评估企业的财务风险。

（2）业务风险：市场变化、技术更新、供应链稳定性等业务方面的风险。

（3）法律风险：法律合规性调查中发现的可能影响企业正常运营的法律风险。

七、企业价值评估

（1）价值估算方法：采用现金流折现法、市盈率法、市净率法等多种方法对企业价值进行估算。

（2）价值估算结果：根据所选方法得出的企业价值估算结果。

（3）价值评估分析：对企业价值估算结果进行分析，结合市场前景、竞争优势等因素，为投资者提供投资建议。

八、投资建议和风险提示

（1）投资建议：基于尽职调查的结果，提出具体的投资建议。

（2）风险提示：明确投资过程中可能面临的风险，并给出相应的应对措施。

（3）投资决策依据：提供投资决策的依据和理由，包括财务分析、市场前景、竞争优势等方面的综合考虑。

九、尽职调查报告提交和保密

（1）报告提交时间：明确尽职调查报告的提交时间。

（2）报告提交方式：纸质报告或电子报告等提交方式。

（3）保密义务和期限：明确尽职调查报告的保密要求和保密期限。

以上内容仅为股权投资尽职调查报告的一般框架和要点，具体报告应根据目标公司的实际情况和投资者的需求进行定制和调整。

第三节 股权投资尽职调查总结

股权投资尽职调查的结尾部分应当是对整个调查过程的总结与归纳，通常包含以下几个关键要素。

一、总结发现的问题与风险点

在尽职调查的结尾部分，需要详细总结在调查过程中发现的问题和风险点。这些问题和风险可能涉及目标公司的财务状况、法律合规性、市场前景、管理团队的能力以及潜在的技术或市场风险等。通过列出这些问题和风险，投资者可以对目标公司有一个更全面的了解，并为后续的投资决策提供依据。经过全面、深入的尽职调查，我们获取了关于目标公司的第一手资料和信息，并对其基本情况、股东变更情况、公司治理结构、市场前景、竞争态势、财务状况、法律风险等多个方面进行了详细的分析和评估。调查过程中，我们采用了多种方法，包括查阅文件资料、与公司管理层和员工进行深入访谈、实地考察等，以确保调查结果的准确性和可靠性。

二、提出专业投资建议

目标公司在其所在行业具有一定的竞争力和市场地位，拥有较为稳定的客户群体和销售渠道。公司治理结构较为完善，内部管理制度健全，但存在一定的管理风险和财务风险。在法律方面，目标公司存在部分土地使用权问题、劳动合同签署不规范等潜在法律风险，但整体而言，这些风险可控，且可通过后续工作加以解决。针对目标公司存在的法律风险和管理风险，建议在投资前与目标公司进行深入沟通，明确双方的权利和义务，制定相应的风险防范措施。鉴于目标公司的财务状况，建议在投资前进行全面的财务审计和评估，以确保投资的安全性和收益性。在投资后，建议加强对目标公司的监督和管理，确保其按照既定的战略规划和经营计划进行运营，以实现投资回报的最大化。

基于尽职调查的结果，投资者需要提出专业的投资建议。这些建议可能包括是否进行投资、投资的条件、风险控制措施等。例如，如果尽职调查发现目标公司存在重大的法律风险或财务问题，投资者可能会建议谨慎投资或放弃投资。相反，如果目标公司表现出良好的发展前景和稳健的财务状况，投资者可能会建议积极投资并寻求合适的投资条件。

三、强调持续监控与风险管理

在得出结论和建议的基础上，我们将进一步与目标公司进行沟通和协商，明确双方的合作意向和条件。同时，我们将根据尽职调查的结果，制订详细的投资计划和方案，包括投资金额、投资方式、投资期限等。在投资计划确定后，我们将按照相关法律法规的要求，办理相关的审批和备案手续，确保投资的合法性和合规性。

在尽职调查的结尾部分，投资者还需要强调持续监控与风险管理的重要性。股权投资是一项长期活动，投资者需要持续关注目标公司的运营情况和市场环境变化，以便及时调整投资策略和风险控制措施。此外，投资者还需要与目标公司保持密切沟通，确保能够及时获取重要信息和应对潜在风险。

四、明确后续行动计划

尽职调查的结尾部分还需要明确后续的行动计划。这包括与目标公司进行进一步谈判、签署投资协议、安排资金注入等步骤。通过明确后续行动计划，投资者可以确保尽职调查的成果能够得到有效利用，并为成功投资奠定基础。

尽管我们已经对目标公司进行了全面、深入的尽职调查，但仍然存在一些无法预见和控制的风险因素。因此，在投资过程中，我们需要保持高度的警惕和谨慎，密切关注市场动态和政策变化，及时调整投资策略和方案，以应对可能出现的风险和挑战。

综上所述，股权投资尽职调查的结尾部分是对整个调查过程的总结与归纳，旨在帮助投资者做出明智的投资决策。通过详细列出发现的问题与风险点、提出专业投资建议、强调持续监控与风险管理以及明确后续行动计划，投资者可以确保尽职调查的成果能够得到有效利用，并为成功投资奠定坚实的基础。

总之，股权投资机构只有通过详尽的业务尽职、财务尽调、法律尽调，形成尽调报告，对被投资企业的调查资料进行全面详细研究后，明确企业项目股权投资的可行性，由此对投资风险进行有效防范，减少潜在风险造成的损失，切实保障企业股权投资的经济效益。

附件

一、股权投资尽职调查清单

基本情况调查说明：企业尽职调查是企业获得风险投资和企业上市的关键环节，直接影响到企业价值评估和项目的运作，请务必保证提供所有资料的准确性和可靠性；同时尽职调查涉及企业各方面内部信息，是企业最高级的调查，请相关参与人员严格保守企业机密。

（一）公司背景

1. 公司成立

（1）历史沿革。请提供公司发起人协议、股东协议、批准证书以及与成立、组建及改组有关的政府批文，包括任何对该文件进行修改的文件；公司主要股东背景信息。

（2）请提供公司成立的验资报告、出资证明和资产评估证明及/或产权登记证，公司现有注册资本及历次变更的验资报告、相关证明文件和工商变更登记证明。

2. 公司简介

（1）请提供公司对外的正式的公司介绍资料，包括企业经营宗旨、企业愿景、企业发展战略规划/构想等。

（2）请提供公司发展沿革资料及相关证明文件。

3.部门设置

（1）请说明公司目前部门设置及人力资源的配置。

（2）请提供公司各主要业务部门的职责描述、核心业务介绍和经营目标。

4.公司管理

（1）请提供公司正式的组织架构图。

（2）请提供公司股东会、董事会主要成员背景资料（股东出资、股权占有情况及股东、董事简历/背景介绍）。

（3）请提供公司核心经营管理人员的背景资料（简历、经营业绩及评价）。

（4）请提供公司现有的外部支持（法律顾问/财务顾问/健康顾问/投资顾问等）。

（二）产品/服务

1.请提供公司现有产品/服务项目的介绍资料（名称、介绍、服务对象、价格）。

2.请说明公司现有核心产品/服务的优势、特点，以及经营成绩。

3.请提供公司正在开发的产品/服务项目的介绍资料，以及这些产品/服务项目的开发时间计划表。

4.请说明公司现在是否有知识产权开发，如有，请具体说明；

5.请提供公司现有无形资产资料（商标/知识产权/专利）。

（三）市场分析

1. 请说明公司经营产品/服务属于哪一种行业，国家、地方对此行业的政策是鼓励的还是限制的，有无相关的文件或资料说明？

2. 请说明公司目前经营产品/服务的市场规模、市场结构与划分，并注明资料的出处或来源。

3. 请说明公司是根据什么，如何设定目标市场的？

4. 请说明公司提供产品/服务的经营是否受消费群体、消费方式、消费习惯的影响？其主要影响因素是什么？

5. 请说明目前公司产品市场状况，产品所处的发展阶段，产品的市场占有率、排名及品牌状况，并注明相关的数据、信息来源。

6. 请对公司产品/服务市场趋势和市场机会进行预测说明。

（四）竞争分析

1. 请说明公司所在行业有无行业垄断性。

2. 请分别从公司提供的产品/服务的市场细分说明竞争者的市场份额。

3. 请列表说明公司现有的主要竞争对手情况：公司实力、产品情况（种类、价位、特点、营销、市场占有率等）。

4. 请说明公司现有的潜在竞争对手情况和市场变化分析。

5. 请具体说明公司产品竞争优势（规模、成本、商业模式、管理、人才、其他）。

（五）市场营销

1. 取得前 3 年及最近一个会计期间委托贷款及投资收益明细表，判断委托贷款安全性。

2. 取得前 3 年及最近一个会计期间长期股权投资、减值准备及投资收益明细表，关注大额及异常投资收益；对现金分得的红利，关注是否收现，有无挂账情况。

（六）融资环节财务调查

1. 调查目标

（1）了解债务融资的规模、结构。

（2）了解权益融资。

2. 调查程序

（1）取得前 3 年及最近一个会计期间短期及长期借款增减变动及余额表，并与会计报表核对是否相符。

（2）取得前 3 年及最近一个会计期间应付债券明细表，并与会计报表核对相符。

（3）取得财务费用明细表，与贷款合同规定的利率进行复核。

（4）取得前 3 年及最近一个会计期间长期应付款及专项应付款明细表，与会计报表核对是否相符。

（5）取得前 3 年及最近一个会计期间所有者权益增减变动及余额表，与各年增资、配股情况和各年利润分配方案相核对。

(七)税务调查

1. 调查目标

(1)调查公司执行的税种和税率。

(2)调查公司执行的税收及财政补贴优惠政策是否合法、真实、有效。

(3)调查公司是否依法纳税。

2. 调查程序

(1)查阅各种税法、公司的营业执照、税务登记证等文件,或与公司财务部门人员访谈,调查公司及其控股子公司所执行的税种(包括各种税收附加费)、税基税率,调查其执行的税种税率是否符合现行法律法规的要求。

(2)调查公司是否经营进口、出口业务,查阅关税等法规,调查公司所适用的关税、增值税以及其他税种的税率。

(3)如果公司享受有增值税的减、免,查阅财政部、国家税务总局法规或文件,调查该项法规或文件是否由有权部门发布,调查公司提供的产品(服务)的税收优惠是否合法、合规、真实、有效,该项税收优惠的优惠期有多长。

(4)如果公司享受有所得税减、免的优惠政策或其他各种形式的财政补贴,查阅有权部门的法规或文件,调查该政策是否合法、合规、真实、有效,该项税收优惠的优惠期有多长。

(5)获取公司最近几个会计年度享受的税务优惠、退回的具体金额,依据相关文件,判断其属于经常性损益,还是非经常性损益,测算其对公司各期净利润的影响程度。

（6）查阅公司最近三年的增值税、所得税以及其他适用的税种及附加费的纳税申报表、税收缴款书等文件，调查公司最近3年是否依法纳税。

（7）获取公司所处管辖区内的国家税务总局下属的税务局直属的税收分局、征收处的证明，调查公司是否存在偷、漏税情形，是否存在被税务部门处罚的情形，是否拖欠税金。

（8）如果公司企业组织形式变化，如外资企业变为内资企业，是否补足了以前减免的税款。

（八）或有事项调查

1. 调查目标

（1）调查或有事项的具体情况。

（2）判断上述事项对公司财务状况、经营成果、声誉、业务活动、未来前景等可能产生的影响。

2. 调查程序

（1）调查公司因诉讼或仲裁情况可能引起的或有负债，引用诉讼相关专题资料。

（2）如果企业对售后商品提供担保，参照历史情况，估量顾客提出诉求的可能性。

（3）公司为其他单位的债务提供担保，调查提供担保的债务数额，是否承担连带责任，是否采取反担保措施，估算可能发生或有负债金额，确认公司是否以公司资产为本公司的股东、股东的控股子公司、股东的附属企业或者个人债务提供担保。

（4）环境保护的或有负债

①查阅公司有关环保方面的批文，明确是否达到环境保护的相关标准。

②调查公司是否有污染环境的情况发生。

③测算出公司可能发生的治理费用数额或者可能支付的罚金数额。

（九）发展规划与财务预测调查

1. 公司发展规划调查

（1）调查目标

调查企业未来几年的发展规划。

（2）调查程序

①取得企业所提供的商业计划书，或直接要求被投资企业提供未来3—5年公司的发展规划，获知企业未来几年的发展目标、发展方向、发展重点、发展措施。

②取得企业计划投资项目的可行性研究报告，评估报告的可行性。

2. 公司财务预测调查

（1）调查目标

调查企业在未来几年的发展目标、发展规模、发展速度、发展的可能性。

（2）调查程序

①取得企业所提供的商业计划书，或直接要求被投资企业提供未来3—5年公司的财务预测表，获知企业未来几年的财务发展目标、

发展规模、发展速度。

②以销售为起点,核实企业所提供的各项预测指标制定的依据。

③根据企业所处的外部环境,调查企业各项指标实现的可能性。

④根据企业的经营管理水平与生产经营的其他条件,判断企业各项指标实现的可能性。

(十)本轮融资及上市计划调查

1. 与本轮融资有关事项调查

(1)调查目标

获知企业提出的与本轮融资有关的事项。

(2)调查程序

通过企业所提供的商业计划书,或与公司领导人交流,获知与本轮融资有关的如下信息。

①本轮的融资是股份转让,还是增资扩股,抑或二者兼而有之。

②企业价值的估计、本轮融资的金额、所占的投资比例。

③拟引入的投资者的数量,对投资者的具体要求;目前已接触过的、有倾向性的投资者。

④募投项目及资金的具体用途。

⑤本轮融资时间计划。

⑥融资后的管理制度安排及人事安排。

⑦信息披露的程度及具体措施。

⑧企业能够接受的对赌协议的内容。

⑨是否有管理层或核心技术人员的股权激励计划及具体内容。

2.未来上市计划调查

（1）调查目标

获知企业的上市计划及已做的工作。

（2）调查程序

通过企业所提供的商业计划书，或与公司领导人交流，获知如下与上市有关的情况：①上市的时间进度计划；②上市地点的选择及理由；③已经接触的、有倾向性的中介机构，是否与其签订意向书或协议，是否已经支付部分款项。

参考文献

[1] 蒲忆.国有企业在股权投资过程中财务尽职调查应关注的重点[J].商场现代化,2022(11):158-160.

[2] 谢坚.财务尽职调查在企业股权投资中的技巧和重要性[J].时代金融,2020(36):139-140,143.

[3] 索佳明.基于企业股权投资的财务尽职调查探析[J].企业改革与管理,2020(12):117-118.

[4] 张丽,牛艳丽.财务分析在股权投资尽职调查中的应用[J].中国总会计师,2020(05):70-71.

[5] 陈丽芳.浅谈财务尽职调查在企业股权投资中的技巧和重要性[J].现代商业,2019(36):93-94.

[6] 百度文库VIP复制全文特权.

[7] 郭晓静.并购过程中财务尽职调查的探讨[J].中国市场,2020(33):60-61.

[8] 隋宛辰.以财务规范为中心的企业筹备上市管理探究[J].中小企业管理与科技(上旬刊),2020(11):19-20.

[9] 戴文静.关于医药流通企业并购中财务尽职调查的研究[J].纳税,2020,14(26):79-80.

［10］李鑫.关于债转股中的财务尽职调查的探讨［J］.对外经贸，2020（08）：119-122.

［11］梁紫霞.探析财务尽职调查方法在企业并购中的应用［J］.中国商论，2020（15）：145-146.

［12］郭春光.基于投资并购目的的企业财务尽职调查探讨［J］.商业会计，2020（13）：35-38.

［13］范丽霞.企业并购尽职调查阶段财务风险管理研究——基于A公司并购B公司项目［J］.知识经济，2020（19）：69-70.

［14］吴莹.地产基金公司项目财务尽职调查的风险点及应对措施研究［J］.全国流通经济，2020（18）：171-172.

［15］邹芬.会计事务所在企业并购财务尽职调查中的风险防范［J］.管理观察，2020（17）：160-161.

［16］余志勇.安庆昌德会计师事务所财务尽职调查业务的风险评价研究［D］.江西：华东交通大学，2020.

［17］于智超.财务尽职调查是股权投资重中之重［J/OL］.金融时报-中国金融新闻网，2022-01-27. https://www.financialnews.com.cn/zq/pevc/202201/t20220127_238427.html.

［18］投行小兵.国九条出来后，研发费用该如何核查呢［ZB/OL］.（2024-05-15）. https://zhuanlan.zhihu.com/p/697846173.

［19］林立.股权投资实务精要［M］.北京：中国法制出版社，2023.

［20］储小青.股权投资争议解决：对赌与回购实务要点及案例精析［M］.北京：法律出版社，2020.

［21］戚威.投资尽职调查：投资逻辑、尽调方法、实战案例［M］.北京：人民邮电出版社，2022.

［22］周涛.财务尽职调查全流程方法与实务案例［M］.北京：人民邮电出版社，2021.